好妈妈不娇不惯
培养女孩300个细节

静　涛　李厚泽◎编著

南海出版公司

2019 · 海口

图书在版编目（CIP）数据

好妈妈不娇不惯培养女孩300个细节 / 静涛, 李厚泽编著. -- 海口 : 南海出版公司, 2019.5

ISBN 978-7-5442-9552-9

Ⅰ. ①好… Ⅱ. ①静… ②李… Ⅲ. ①家庭教育 Ⅳ. ①G78

中国版本图书馆CIP数据核字（2019）第043074号

HAO MAMA BU JIAO BU GUAN PEIYANG NÜHAI 300 GE XIJIE

好妈妈不娇不惯培养女孩300个细节

编　　者　静　涛　李厚泽
责任编辑　余　靖
装帧设计　李爱雪
出版发行　南海出版公司　电话:（0898）66568511（出版）（0898）65350227（发行）
社　　址　海南省海口市海秀中路51号星华大厦五楼　邮编: 570206
电子邮箱　nhpublishing@163.com
经　　销　新华书店
印　　刷　北京柯蓝博泰印务有限公司
开　　本　710毫米×960毫米 1/16
印　　张　21
字　　数　282千
版　　次　2019年5月第1版　2019年5月第1次印刷
书　　号　ISBN 978-7-5442-9552-9
定　　价　45.00元

前言

preface

女孩是上帝赠予凡间最美丽的礼物，每个女孩都是最可爱的天使。自人类创世纪开始，女孩就从“圣母”夏娃那里传承了不同于男孩的种种特质：迷人的身体、缜密的大脑、温柔的性情、天赋的灵性、超凡的聪慧等等，这些特质的组合让女孩变得独一无二。

我们常常听到“女孩要富养”的说法。有的家长认为，富养就是给女孩最好的物质条件。无论女孩提什么样的要求都满足。可是女孩仅仅在物质生活上富有是远远不够的，精神、能力上的富有更重要。要培养女孩精神和能力上的自我丰富，不娇不惯的教育方法非常关键。

女孩之所以成为女孩，并不是后天的教育方式所造成的。相反，她们自从出生的那一天起，就和男孩有着体质的区别，在她们的身体深处发出这样的呼唤：我是女孩，我应该这么做！

女孩和男孩不同，她们敏感、任性、胆小、爱耍小脾气、喜欢关心别人……她们没有男孩子“皮实”，她们更需要父母的关爱和正确的引导。女孩的成长是有规律的，她们在成长过程中面临的问题和男孩是不一样的。

要想让女孩学会爱自己，妈妈在教育女孩的过程中就要用女孩乐于接受的方法，不能给她们过多的限制。因为，一个充分肯定自己性别的女孩，一个充满自信的女孩，才有能力做最好的自己，将来才能成为一个合格的妻子，一个温柔的母亲。在女孩的成长和教育过程中，妈妈认清下面这些内容至关重要。

关键一：一流的家庭比一流的学校更为重要，重视家庭教育对女孩的影响。

女孩教育要从妈妈开始，对于女孩而言，一流的家庭比一流的学校更为重要。家庭是女孩生命的摇篮，是出生后接受教育的第一个场所，人生的第一个课堂；妈妈是女孩的第一任教师，即启蒙之师，是教育的实践者。妈妈的一言一行，都将对女孩的人格及习惯产生不可忽视的影响，正确的教育方法能够塑造一个成功的女孩，而错误的教育方法将会扼杀女孩的天性。因此，妈妈的教育方式直接关系着女孩是否能够成才，决定着女孩未来的命运。望子成龙、望女成凤是每个做妈妈的夙愿，但仅仅有这样的愿望，女孩是成不了才的，要教“子”才能成才。

关键二：爱女孩要理智，要有原则。

许多妈妈面对柔弱的女孩往往会不自觉地溺爱，女孩提出的一切要求妈妈都无条件满足。其实这种方法是错误的。妈妈的教育在女孩的成长过程中非常重要，在此阶段，女孩的人生观、价值观渐现端倪；学习方法、学习能力慢慢起步；交际方式、处事方法正在成型。这个时期，是女孩最为关键的时期；而作为这个时期女孩最贴心、最直接、最好的领航者与护航者——妈妈，将对女孩一生的发展产生最为深远的影响。妈妈可以爱女孩，但是一定要有原则、理智地去爱。

妈妈的素质、水平、教子方法将直接决定女孩的素质。为此，本书重点讨论妈妈怎样做、怎样站在女孩的立场上，陪女孩一起成长，帮助女孩在这个决定她们未来高度的孩童时期做得更好。

关键三：激发女孩的求知欲比单纯的传授知识重要百倍。

教育不一定是在学校的教室里进行。妈妈作为女孩的第一任老师，也是最具权威、最有影响力的老师，在女孩放学后，不仅要承担起妈妈的角色，更要承担起老师的角色，从学习到生活，全方位地教育女孩。学习中，妈妈要做好女孩的"家庭教师"，将课堂搬到家庭中，巧妙地利用各种条件，激发女孩的求知欲望，辅导女孩认真地完成家庭作业。在发展女孩特长的同时，给女孩留出玩耍和阅读的时间，让这种劳逸结合的家庭教育开启女孩的成功之门。

本书正是基于上面这些内容编写的。从"妈妈的教育能决定女孩的未来命运"的角度入手，为妈妈们介绍女孩在成长道路上可能遇到的困难，并分析解决的办法。作者秉承科学的教育理念，从实用、通俗的角度出发，结合具体的家教案例，让妈妈在简短、有趣、真实、生动的故事中，轻松获得启迪，找到一个科学的方式去教育女孩，让女孩在快乐中感受教育，培养女孩的好性格、好习惯，从而总结出自己独特的、行之有效的教子方式。

妈妈可以没有很多钱，没有很深的社会背景，这些都不能阻碍我们用正确的方式爱女孩。每个女孩都是妈妈的天使。只要我们有科学的教子方法，能正确地给女孩帮助，在女孩成长的不同时期加以引导，女孩的成长一定会得到最好的养分，一定会开出最灿烂的花朵。

目录

contents

第一篇　男孩来自火星，女孩来自金星

第1章　男女有别，走进女孩的别样天地 / 002
女孩和男孩的差别是与生俱来的 / 002
荷尔蒙——女孩成长的“魔法师” / 004
X染色体——决定女孩的成长轨迹 / 005
女孩和男孩大脑结构的差别 / 007
女孩天生比男孩缺乏主见 / 009
男女不一样，教育大不同 / 010
根据女孩的特点因材施教 / 011
养育女孩，不要娇惯更不要苛刻 / 013

第2章　带刺的玫瑰，探秘女孩的情感世界 / 016
吾家有女初长成 / 016
女儿是妈妈的贴心小棉袄 / 018
女孩比男孩更渴望爸妈的关注 / 019
抽屉里锁着的“秘密” / 020
不可碰触的关闭之门 / 022
没有秘密的女孩长不大 / 024
正确理解、谅解女孩的逆反心理 / 025
陪女儿一起顺利走过青春期 / 026

第3章　娇美女孩，不等于娇生惯养 / 029
娇养女孩，但不等于娇生惯养 / 029
爱之深而不溺，爱之热而不宠 / 030
可以宠爱女孩，但不娇惯女孩 / 032

爱而不溺，更不会放纵 / 033
爱有分寸——理智地养育女孩 / 034
要让女孩懂得珍爱自己 / 035
妈妈教女孩珍爱自己的好方法 / 036

第4章　走进女孩的内心，倾听女孩的心声 / 039
妈妈，你了解女儿的心事吗 / 039
要多关注女孩的心灵成长 / 040
要多听听女孩的心里话 / 042
耐心地听女孩把话讲完 / 044
倾听，分享女孩的快乐和忧伤 / 045
在倾听中和女孩“交心” / 046
从老师那里了解女孩的情况 / 048
从女孩的闺密那里搜集信息 / 049

第二篇　不娇不惯——妈妈不可不知的育女智慧

第5章　贴心“小棉袄”，不要娇惯要沟通 / 054
女孩为何爱缠人 / 054
女孩爱缠人，妈妈怎么办 / 055
“贴心小棉袄”也有脱下的时候 / 057
沟通是养育女孩的“维生素” / 058
妥善解决“代沟”问题 / 059
妈妈错了也应向女儿道歉 / 060
由“专制”转变为“顾问” / 061

第6章　以诚相待，与女孩建立良性亲子关系 / 064
放下架子，和女孩平等沟通 / 064
让女孩发表自己的意见 / 065
学会听懂女孩的潜台词 / 067
用平和的口气和女孩商量 / 068

给女孩一个平等争辩的机会 / 070
站在女孩的角度看问题 / 071
女孩情绪化，妈妈应怎样沟通 / 073
再忙也要陪女儿说说话 / 074
第7章 不娇不惯，不要迁就女孩的任性行为 / 076
爱女孩忌矫枉过正 / 076
一味妥协只会让女孩更任性 / 077
学会对女孩的要求说“不” / 078
不要过于迁就女孩的脾气 / 079
妙招应对女孩的“小姐脾气” / 080
妙招应对女孩和自己的较劲 / 081
对叛逆女孩有原则地示弱 / 082
任性偏执不服管教的女孩怎么教 / 084
真正的爱是带有规矩的爱 / 085
把握立规尺度，宽严双管齐下 / 087
第8章 折翼天使不娇宠，“问题女孩”早纠正 / 088
爱说谎的女孩怎么教 / 088
做错事后拒不认错的女孩怎么教 / 090
提无理要求、爱慕虚荣的女孩怎么教 / 091
满口脏话、叛逆成性的女孩怎么教 / 092
有吸烟、喝酒癖好的女孩怎么教 / 094
害羞敏感、怕见人的女孩怎么教 / 095
性情孤独、自我封闭的女孩怎么教 / 097
不讲卫生、生活邋遢的女孩怎么教 / 099
挑食、偏食的女孩怎么教 / 101
第9章 赞美不过头，适时肯定女孩点滴进步 / 103
赞美是亲子沟通的润滑剂 / 103
赏识成就了哈佛女孩刘亦婷 / 104
好女儿是夸出来的 / 105

赞美小公主，妈妈要掌握技巧 / 107
大声告诉女孩：你真棒！ / 109
鼓励女孩大胆尝试和探索 / 110
称赞和批评的比重要三比一 / 111
赞扬女孩的话这样表达最有效 / 112

第10章　批评不过火，责备女孩要讲究艺术 / 113
女孩脸皮薄，别当众敲警钟 / 113
别当众数落女孩的毛病 / 114
批评之前，先教会女孩欣赏自己 / 116
换一种女孩能够接受的批评方式 / 117
用赞扬的语言表达批评的话 / 119
批评女孩不如告诉她应该如何做 / 120
好妈妈批评女孩的5个好方法 / 122

第11章　适度“圈养”，教女孩学会自我保护 / 124
给女孩买玩具，安全第一 / 124
告诉女孩在运动时避免受伤 / 126
玩危险游戏要有父母陪同 / 128
和女孩一起进行安全演习 / 129
手把手教女孩在劳动中保护自己 / 131
给女孩补补交通安全教育课 / 132
增强女孩的自我保护意识 / 134
女孩成长必修课，教她们警惕性骚扰 / 135
教给女孩户外避险的基本常识 / 137

第三篇　不娇不惯——培养最了不起的完美女孩

第12章　立品修德，把女孩雕琢成无瑕美玉 / 140
培养女孩正直的珍贵品质 / 140
教女孩做一个诚实守信的人 / 141

教导女孩以谦虚为美德 / 143
承担责任，女孩成长大于成功 / 145
乐于助人，培养爱心小天使 / 146
女儿，爱父母不是一种义务 / 147
懂感恩的女孩更美丽 / 149
引导女孩明辨是非，抵制不良诱惑 / 151
第13章　心灵决定幸福，培养阳光灿烂的女孩 / 153
做女孩心灵的守护神 / 153
驱散抑郁阴影，养育阳光女孩 / 155
拥有知足心态，享受快乐人生 / 156
培养女孩一颗平和的心 / 158
赶走自卑，让女孩昂起头来 / 160
启发女孩发现生活中的美 / 161
压力时代，为女孩“降降压” / 163
6个小诀窍培养女孩乐观心态 / 165
第14章　好性格好人生，塑造女孩成熟的性格 / 168
别让你的性格硬伤伤了女孩 / 168
开朗是一切美好性格的源泉 / 169
换掉女孩性格中的“完美”短板 / 171
引导女孩认识她性格的优点 / 172
培养孩子理解与宽容的心性 / 173
远离嫉妒和猜疑的女孩最美丽 / 175
女儿，你可以温柔但不能软弱！ / 176
4个小技巧改变女孩的软弱性格 / 177
激发影响力，培养女孩领导才能 / 179
第15章　好习惯好未来，让女孩赢在起跑线上 / 182
别让不良习惯害了女孩一生 / 182
女孩习惯养在“黄金期” / 183
管、教、疏、导，一个都不少 / 185

惜时如金，培养女孩的时间观念 / 186
自我反省，女孩越来越优秀 / 187
不娇不惯，教育女孩做事不拖延 / 189
戒除懒惰，勤奋让女孩受益终身 / 191
女孩做事要有计划、有条理 / 192
耐心、专注、坚持，成就女孩一生 / 194
帮助女孩改掉不良习惯的好方法 / 196

第16章　每个女孩都是公主，培养高贵优雅小天使 / 198

教女孩学会礼貌用语 / 198
谈吐文雅，举止也要优雅 / 199
在日常交往中培养女孩礼仪修养 / 200
打造千金的别样气质 / 201
从生活细节教女孩塑造仪表 / 202
端庄优雅，妈妈给女孩金贵的礼物 / 203
美感教育，美丽女孩 / 206
妈妈如何教女孩学会审美 / 207
优雅绽放，培养女孩艺术气质 / 208

第17章　破茧成蝶，将温室花朵浇灌成铿锵玫瑰 / 211

挫折教育——女孩成长的精神钙 / 211
“输得起”的女孩是教出来的 / 213
重视培养女孩坚强的个性 / 214
告诉女孩从长远来看成败得失 / 216
给女孩设置一些成长“障碍” / 217
给温室花朵一个挫折历练的机会 / 219
让女孩从小多吃点苦 / 220
培养抗挫力强大的正能量女孩 / 221
妈妈勇敢一点，女孩勇敢一生 / 223
妈妈培养女孩意志力的好方法 / 224

第18章　女儿当自强，放手让女孩早日自立 / 228
花盆效应——别让娇生惯养害了孩子 / 228
不娇不惯，更不要为女孩包办 / 230
不做女孩后盾，纠正女孩依赖心 / 231
要舍得让女儿早日学会自立 / 232
教女孩学会如何自我管理 / 233
培养女孩的独立生活能力 / 235
给女孩布置一些适合的家务劳动 / 236
逐步培养女孩的生活自理能力 / 238
妈妈培养女孩独立能力的好方法 / 239
第19章　天才早发现，培养聪明聪颖聪慧的女孩 / 242
以智能育智能，培育聪明女孩 / 242
留心观察，挖掘女孩潜能 / 243
做女孩成长道路上的伯乐 / 245
好奇心是女孩智慧的营养素 / 246
6大途径激发女孩的好奇心 / 247
想象力是女孩思维的翅膀 / 249
激活和培养女孩的想象力 / 250
观察力，开启女孩的智慧窗户 / 251
动手能力，培养心灵手巧的女孩 / 253
妈妈提高女孩思维能力的好方法 / 255
第20章　众星捧月，教女孩做社交场人气女王 / 257
近朱者赤——女孩要交上进的朋友 / 257
带女孩走出去，扩大女孩交友范围 / 258
鼓励女孩走出家门交朋友 / 260
珍视友谊，新老朋友都是好朋友 / 261
允许女孩有能谈得来的异性朋友 / 263
不要为自己的女孩选择朋友 / 265
孩子间的矛盾让孩子自己解决 / 266

指导女孩交友，用对方法最重要 / 268
帮助女孩走出交友中的挫折和误区 / 269
第21章　莫以成绩论成败，引导女孩成为学习达人 / 271
学海无涯“乐”作舟 / 271
兴趣是女孩学习最好的老师 / 272
引导女孩及时总结，汲取课堂精华 / 274
融会贯通，乘上高效学习快车 / 275
优秀学科攻难点，弱势学科攻基础 / 277
胜不骄败不馁，教女孩正确对待考试 / 278
寓学于乐，让女孩在游戏中学知识 / 279
培养女孩自主学习的能力 / 281
给女孩创造自由学习的时间和机会 / 283
第22章　不娇不惯养女孩，好妈妈胜过好老师 / 285
榜样的力量——好妈妈胜过好老师 / 285
在家中扮演好家长的角色 / 286
在家庭教育中要做好分内事 / 288
以身作则，用行动去做表率 / 290
形象是一种润物无声的教育 / 291
做优秀的导航手，引导女孩树立理想 / 292
家庭环境对女孩的影响有多大 / 294
创建家庭氛围，让女孩飞向广阔蓝天 / 295
附录一　好妈妈给女孩的50句成长忠告 / 299
附录二　日本妈妈培养女孩100句金言 / 303
附录三　美国妈妈培养女孩100句金言 / 312

第一篇

男孩来自火星，女孩来自金星

第1章

男女有别，走进女孩的别样天地

与男孩相比，女孩有着更为显著的个性。女孩之所以成为女孩，并不是后天的教育方式所造成的。相反，她们自从出生的那一天起，就和男孩有着本质的区别，在她们的内心深处发出这样的呼唤：我是女孩，我应该这么做！

妈妈只有根据女孩的具体情况，运用科学合理的教育方法，才能使女孩得到更好的发展。

女孩和男孩的差别是与生俱来的

女孩和男孩的差别是与生俱来的。在遥远的古代，人们认为女孩与男孩的不同是自然的，而且也是固有的。甚至对女孩来说，这种差别一直都是神秘而重要的。在生活中，我们也很容易看到女孩和男孩的各种不同。

大部分女孩都是爱哭鼻子的“小天使”，为了一点小事就会泪眼汪汪；而男孩则不然，他们即使突然栽倒在地上，也会像什么都没发生一样爬起来接着玩。其原因在于女孩的视觉、听觉、触觉、嗅觉、味觉这五种感觉都比男孩敏感。与刚出生的男婴相比，女婴对噪声更容易产生不舒服的感觉。女孩喜欢的游戏一般都是跳皮筋、过家家等，因为这种游戏的秩序感比较强，每一个步骤都有明确的规定，其竞争性也不强。也就是说，她们在乎的只不过是“一起玩”的感觉而已。相比之下，男孩则会偏爱那些充满竞争和战斗色彩的游戏，比如三五个小男孩在一起玩“奥特曼”、大战“怪兽”的游戏，因为这种游戏的输赢是显而易见的。

在学习方面，一般女孩的语文学得都比较不错，因为女孩的语言能力优于男孩。在小学阶段，一般都是由女孩来担任班长一职，对一群男孩进行“指挥”。到了中学阶段，这种状态就会逐渐发生转变。

在空间识别能力方面，女孩则明显不如男孩。男孩很容易通过看地图找到要去的地方，女孩则需要经过一番仔细的观察，才能找出正确的方向和道路。

在记忆方面，对于毫不相干的人名、地点、数字等，女孩都能记得非常清楚，在背诵时一般能原原本本地从头背到尾。由于在小学阶段的教学中，单纯的机械背诵比较多，因而女孩的记忆力就显得比男孩强。然而，女孩记忆时的逻辑思维相对较差，不会注意其中的逻辑关系，而男孩则比女孩要强很多。

在审美方面，女孩一般喜欢粉色或者其他柔美的颜色，她们的衣服也大都是粉色、红色的。女孩天生就喜欢漂亮的衣服，在很小的时候就会偷偷穿上妈妈的衣服，拿着妈妈的包包，甚至蹬上妈妈的高跟鞋，尽情地“臭美”。而男孩则更偏爱天空蓝或白色的衣服，对于衣服的款式和质量也不在意。很多时候，在男孩眼里，一件质量上乘的衣服还比不上一件做工粗糙但印有“奥特曼”的衣服。

在人际关系方面，女孩更看重亲密的人际关系，不像男孩那样富有“侵略性”。女孩更喜欢与一两个好朋友来往密切，互诉衷肠。这就是说，对女孩来说，人际关系显得更加重要，因此她们在这方面显得比男孩更加出色。这样，女孩对他人也有更强的感受性，她们可以更多地表达对他人的关心和同情。而男孩通常都是成帮结伙，形成较大的团体，大部分都属于“泛泛之交”，具有更强的社会性。

科学研究还表明，男孩和女孩的差别是因大脑结构、荷尔蒙、染色体的不同而不同的。由于在大脑结构和功能方面存在差异，所以女孩的生理与男孩呈现出很大的不同。

在4个月大时，对于照片里家庭成员的面孔，女孩就比男孩拥有更好的识别能力，而男孩在这方面表现得就很差。出生一周左右的女孩，对于其他婴儿的哭声比男孩有更好的辨别力。通过研究发现，在大脑很多区域的发育上，女孩与男孩呈现出很大的不同。

男孩大概到了4岁半的时候，才能把自己想表达的东西讲清楚，而女孩在3岁时就做到这一点了。所以，男孩在娱乐、学习和交流方面更多地借助于他的身体运动。

实际上，尽管男孩和女孩有一些相同的荷尔蒙，但是这些荷尔蒙所发挥的作用并不相同。可以说，女孩和男孩的差别是与生俱来的。

荷尔蒙——女孩成长的“魔法师”

每个女孩都是大自然的精灵，需要父母给予精心的呵护。在女孩的成长过程中，女性的荷尔蒙发挥着决定性作用，可以这样说，它是女孩成长的“魔法师”。妈妈要教育好女孩，就要先认识一下女性的荷尔蒙。

从妈妈受孕的时候开始，女性荷尔蒙就激活了女性染色体基因，这些荷尔蒙在女孩出生之前就已经决定了她们的未来。比如，女孩细心、安静、温柔，同时这也让女孩更加敏感，更注重人与人之间的关系。

荷尔蒙，也就是激素，它能对肌体的代谢、生长、发育和繁殖等发挥重要的调节作用。荷尔蒙通过与大脑细胞相联系的受体位置，来告诉女孩体内几十万亿个细胞该做些什么事情。那些受体的位置是特意为荷尔蒙而留的。在大脑细胞里有雌激素受体、孕酮受体、睾丸激素受体，还有其他激素的受体等。荷尔蒙控制着大脑里的神经递质，对身体里的活动产生影响，并进一步控制女孩的情绪、性格、气质等各个方面。这些影响具体主要包括以下一些方面：

她的情绪、语言、说话的速度；她吃多少食物；为了应对考试，她会怎么做；对所喜欢的人，她会有什么感觉；在不使用语言时，她怎样与他人保持联络；她的自尊；她怎样进行自我调整；她的重要情感——如生气、快乐以及痛苦；她的抱负；她的竞争水平；她的进取心等。

此外，荷尔蒙还会对女孩的其他方面产生影响，例如，催乳激素——一种次要的荷尔蒙。这种物质控制着乳腺和泪腺的生长发育和乳汁的分泌，控制着女孩什么时候会哭和哭到什么程度。假如你的孩子动不动就会哭，而且哭起来泪如雨下，那就说明她的催乳激素水平过高；假如你的孩子只是“光打雷不下雨”，那就说明她的催乳激素水平或许有些偏低。

当然，雌性激素只是一个方面，其他激素也会对女孩产生影响。例如，孕激素使女孩更喜欢小女孩和照顾小动物；催产素则会让女孩产生更多的“怜悯之情”，这就是所谓的“母性的本能”。此外，女孩体内也存在着睾丸素，但其水平仅为男孩的1/20，所以女孩表现出较弱的攻击性。

X染色体——决定女孩的成长轨迹

究竟是什么决定生女孩还是生男孩的呢？答案就是染色体。

提及染色体，就不能不说DNA。平时，DNA在细胞核中的分布是杂乱无章的，但当细胞快要分裂时，DNA便与组织蛋白相结合，形成巨大的染色体。可以说染色体是遗传信息的主要携带者，是遗传基因DNA的载体。根据不同的大小、形态，人类细胞内的46条染色体可以配成23对，每一对都来源于亲代双方，可以将其称为同源染色体。其中第1～22对被称为常染色体，为男女所共有；第23对是一对性染色体——决定女性性别的X染色体和决定男性性别的Y染色体。女孩一生的成长轨迹都是由这小小的X染色体所决定的。

小小的X染色体，不仅可以决定女孩的性别，还可以决定女孩一生成长的轨迹，这是一件多么奇妙的事情。当然，在女孩的成长过程中，X染色体还要得到雌性激素的“帮助”。正是在雌性激素的共同作用下，女孩才表现出很多不同于男孩的特质——在青春期出现第二性征并最终成为一个成熟的女性。在现实生活中，我们大都对女孩有“安静、乖巧”的印象，她们通常表现得都很文静、懂事。同龄的女孩比男孩要听话得多，她们在学校里是好学生，在家里也是乖乖女。大部分女孩都喜欢与人交往，很快就可以融入陌生的新环境中。一般女孩都会有很多朋友，她们也很会讨父母和老师的欢心。

除此之外，X染色体不仅强化了女孩这些与生俱来的女性特征，而且使女孩拥有不少天生的弱点。例如女孩一般都很敏感、爱哭鼻子；胆子很小，不敢一个人睡觉；性格一般都很软弱，比较容易妥协；很看重朋友，总担心小伙伴和她关系不好……女孩拥有这么多弱点的原因就在于X染色体“比较合群”“不热衷隐居生活”。正因为如此，女孩才十分在意人与人之间的关系，担心自己与别人处不好，所以她们常常不会坚持自己的观点，委曲求全。于是她们身上那些胆小、软弱、敏感的弱点便会暴露出来。

认识X染色体，可以使我们对女孩有一个更好的了解。正是由于X染色体的存在，女孩才那么看重别人如何评价她，关心爸爸妈妈是否爱自己。因为在女孩看来，这些是衡量自己与爸爸妈妈之间关系的标准。假如女孩认为爸爸妈妈不爱自己了，她的内心就会产生一种强烈的不安全感。假如一个女孩长期受到这种不安全感的困扰，她的心理就会受到很大的影响。女孩的这个特点，需要家长们为她提供一个充满安全感、精神“富足”的环境，这样才能使她们的内心感到幸福和安宁。

女孩和男孩大脑结构的差别

种种现象表明，女孩和男孩的很多差别是与生俱来的，那么女孩和男孩的大脑结构的差异究竟都有哪些呢?

科学研究发现，女孩和男孩大脑结构的差异主要表现在两个半球、大脑皮层物质、海马趾上。女孩与男孩大脑的发育，始于相同地方——额叶、颞叶、前额叶、边缘系统等，但其各自的发育又存在着很大的差异。女孩在出生以前，她们的大脑就处在发育状态，脑干上慢慢形成边缘系统，在边缘系统上逐渐形成新大脑皮层。当女孩降生的时候，她的大脑已经成为一团有着无数细胞通过神经递质相互联系、相互作用形成的物质。其结构是由遗传决定的，但它的结构也会因个体的不同而有所差别。

当然，和男孩一样，女孩的大脑也是右半球先发育，然后是左半球。然而，女孩的大脑从右向左发育的速度要快于男孩。这样，女孩比男孩更早学会说话的原因就不难理解了，因为正是大脑的左半球控制着人类的语言中枢。

当女孩学走路的时候，大脑皮层的枕叶就会得到更快的发育，这让女孩能够接受更多的感性材料。例如，女孩可以准确地从很多声音中辨别出爸爸妈妈的声音，因为她们对声音比男孩更敏感。此外，女孩的触觉、听觉、味觉也是如此，她们的内心世界也比男孩更加感性。这就可以解释为什么女孩更喜欢抱着洋娃娃了。

与女孩相比，男孩的大脑随着年龄变化而有些差别。男孩大脑的右半球优于女孩，他们具有更强的空间感，但相对缺乏感性。男孩大都不喜欢安静地坐着，他们总爱四处乱跑。他们看到一样东西就想抓着玩，总喜欢打打闹闹。

人的大脑是通过神经递质的传递来完成学习和工作的，但是男孩和女孩的神经递质的性质是不同的。例如，女孩的大脑会比男孩分泌更多的5-羟色胺，这种物质可以控制人的冲动情绪，这样就很容易理解为什么两三岁的女孩比同龄的男孩子更安静了。

女孩的大脑还可以分泌一种被称为催产素的物质，这种物质与照顾孩子有着密切的关系。在生活中，无论什么年龄的女孩都会对洋娃娃产生一种喜爱之情。一项科学研究还表明，除了人类之外，那些雌性的灵长类动物在接近婴儿、小动物或者其他弱小的对象时，大脑也会分泌出这种物质。

在进入青春期之后，女孩大脑的很多区域都比男孩活跃。其表现之一，就是女孩更注重事情的细节，并且主观色彩较为强烈。而男孩则更注重逻辑推理，不会更多地考虑各种细节。在这个时期里，当女孩面对压力时，大脑中会出现更多的促肾上腺皮质激素释放因子，这种化学物质会增加压抑反应，会让女孩变得少言寡语，不爱和人交往。而男孩面对压力时，大脑的反应会表现得更强烈。他们通常会通过暴力或者像抽烟、喝酒之类的行为来宣泄内心的压抑。

总之，只有了解了女孩和男孩大脑结构的差异，妈妈才能更好地针对女孩的特点，对其进行更好的教育。

女孩天生比男孩缺乏主见

甜甜今年快5岁了，在妈妈的眼里，她是个非常听话的乖乖女；在老师看来，她是个上课专心听讲、下课文静懂事的好学生。然而，有一点却让妈妈感到不知所措。每当甜甜和小朋友一起玩耍时，她总是服从别人的领导，按别人的意愿做事，很少提出自己的想法；在生活中，甜甜也同样缺乏主见，常常在穿什么衣服、吃什么食物上犹豫不决；在学校里，当学习了一种解题方法时，她就只会按部就班，不去尝试别的方法，就算有同学告诉她，她也会以老师的为准。面对甜甜的这种表现，妈妈们非常担心。

当然，听话、乖巧的女孩的确可以省掉妈妈的许多担心，也不会和其他小朋友闹矛盾。可是，如果一个女孩顺从过度，什么事情都没有自己的主见，总是模仿别人的话，对于女孩个性的健康发展是很不利的。

下面我们来探讨一下女孩总是缺乏主见的原因。

首先，可以说这是女孩天性使然，是女孩与男孩不同的生理特点，女孩把感情和人际关系看得更重，也更安静一些。女孩从小就已经懂得察言观色。为了得到父母的爱与关怀，讨好父母，获得家长的赞扬，有些女孩表现得很乖，很听大人的话，认为这样就能让父母喜欢自己。于是，女孩们便没有了自己的主见，很容易人云亦云、随声附和。

其次，在女孩心目中，家长、教师本来就是权威，再加上有些家长习惯于把一切都为女儿设想好，这样就很容易使女孩唯命是从，不敢做与家长或教师的意愿相违背的事情。

最后，有些家长由于工作太忙，疏于和女孩沟通，不能理解女孩，往往让女孩产生畏惧心理，不敢做自己想做的事情。

有主见对女孩来说是一种优秀的品质。如果女孩没有主见，通常会形成一种优柔寡断、易受暗示的不健全性格。如果这种性格得不到及时的引导，就可能影响女孩的健康成长。所以，妈妈必须注重培养女孩的主见，让她们今后可以独立解决问题。

男女不一样，教育大不同

我们都知道，婴儿的性别取决于母亲的X染色体是同父亲的X染色体还是Y染色体的相遇。这两种小小染色体的结合将决定这个孩子是女孩还是男孩。

在母亲怀孕的前6周，几乎无法看出女性胚胎与男性胚胎的区别。胎儿的性器官在怀孕的第7周开始发育。由于性器官的发育不同，所以婴儿出生时的性别就很容易分辨了。那么，除了这一点外，男孩和女孩的区别还有其他的吗？

根据儿童专家的观点：“一直到3岁之前，女孩和男孩之间都没有太大的区别，他们的身长和体重的成长曲线几乎相同。3岁之后，同龄的男孩比女孩一般会高1～2厘米。体重也会比女孩重600～700克。”之所以会产生这种差别，是因为男孩体内分泌的睾丸素加速了男孩身体发育的速度。同样也是由于这种激素的存在，男孩和女孩的行为也表现出差异性。有研究发现，男孩比女孩更需释放自己的能量。

根据最新的医学成像技术，男人和女人（婴儿也不例外）使用大脑的方法是不同的，大脑活动的优势区域也是不一样的。比如，如果说女孩在语言方面更强的话，男孩的空间识别能力可能会优于女孩。

这是什么原因呢？有专家认为可以从激素分泌方面来寻求答案。因为对胎儿性器官发育发挥作用的激素，同时也会影响到大脑的发育。它往往会激活某些神经元的连接，同时使得其他神经元的连接受到抑制。简而言之，男孩和女孩的大脑存在着很大的差别。

既然一个婴儿是男是女是由染色体的不同而决定的，那我们为什么还会提出“怎么成为女孩或者男孩”的疑问呢？

其原因在于染色体只能决定婴儿的生理性别，而在后天的成长过程中，这个孩子更具有男孩特征还是女孩特征，则更多的是由父母的抚养与教育方式来决定的。

其实，这一点在20世纪50年代就已经为科学家所认识了。1957年，3位美国科学家跟踪了105个婴儿的成长。这些婴儿出生后，人们不能根据外部的生殖器官来对他们的性别作出判断（由于染色体或激素分泌异常，会出现这样的现象）。结果如何呢？这些婴儿完全是根据父母的培养方式来确定自己的性别角色的。

我们在生活中常可以看到，如果用培养女孩的方式来培养一个男孩，那他长大后的言谈举止就会有女性化的趋势。同样的道理，如果把一个女孩当成男孩来教育，那么她的行为也会变得像个男孩。这表明，教育在其中所起的作用是非常重要的。

尽管在社会不断进步的今天，我们大力倡导男女平等，然而，用完全相同的教育方式来培养不同性别的孩子是根本行不通的。对孩子的养育方式、传递给孩子的信息以及对他们的期望，要视孩子性别的不同而有所不同。所以，养育孩子时，不同性别孩子的养育方式也是不同的。养育女孩，就要根据女孩的基因特征和生理特性，针对女孩的性格特征因材施教，采取适合女孩的教育方式，方能达到理想的教育效果。

根据女孩的特点因材施教

正是因为受到女性荷尔蒙的影响，女孩的心思才会更加细腻，神经才会更加敏感，同时这也需要妈妈给予她们更多的爱与关怀。

妈妈在教育女孩的过程中，以下几点是需要加以注意的：

1. 要同时看到女性特征的优点与不足

女孩的攻击性、冒险性和控制欲不像男孩那样强烈，所以相对来说，女孩子比男孩容易管理和教育，但需要注意：不要认为听话的乖乖女就是最好的女孩。要知道，女孩生来心思细腻，对于一个“心较比干多一窍”的玲珑剔透的女孩来说，如果你不能了解她的内心世界，那么你的教育就很有可能会给她带来伤害。

女孩比男孩更具有预测力和稳定性，也更加谨慎细心、从容稳定。几乎所有的女孩都会认为友谊和家庭比成就和机会更重要。与其说这折射了社会对女性的一种要求，不如说这反映了一种真实的女性生命特征。与男孩的独立和喜欢竞争不同，女孩渴望妈妈更多的爱、渴望更多的知心伙伴，她们需要在人际关系中获得认可和尊重。所以，妈妈要教女孩一些交际的技巧，以便让女孩在人际关系中游刃有余。同时，随着女孩的不断成长，也可以让她们了解一些营造温馨家庭的艺术。

2. 女孩比较脆弱，要提升女孩的心灵“痛点”

任何一个女孩子心中都有一个理想的关系模型，但实际上往往事与愿违，于是女孩子就很容易受到伤害。比如，妈妈随意说出的某句话就会刺痛她，给她的心灵造成阴影。

有一位妈妈曾把自己瘦弱的女儿形容成“一蹦一跳的小兔子”，她本来是想说孩子轻盈灵活的，但在孩子看来，这是对自己的一种否定，结果为此而感到伤心。直到后来妈妈说自己特别喜欢兔子，还在女儿面前学兔子蹦来蹦去，才把女儿哄得破涕为笑。

由此可以看出，女孩具有很低的心灵“痛点”，别人不经意的一个眼神，一句无心的话，都能在她们心中形成阴影。要想提升女孩的“痛点”，就要让女孩子不再那么敏感。具体的方法就是对孩子实施挫折教育，孩子能够经受住挫折的考验了，其心灵“痛点”自然就会得到提高。

3. 告诉孩子什么可以妥协，什么需要坚持

因为睾丸激素水平较低，很多女孩子都很容易妥协，性格显得比较软弱。同时，在关系和利益面前，女孩也很容易因为更注重关系而向关系妥协。因此女孩常常会放弃自己的正当利益，但是建立在这种妥协基础之上的关系通常并不可靠，它会使女孩心中理想的关系模型遭到破坏，因此而伤害女孩。所以，妈妈要让女孩清楚什么是可以妥协的，什么是需要坚持的，当了解了原则之后，女孩就不会再受制于自己的情感，也不会再被自己的情感所伤害。

当然，无论如何，妈妈的教育都无法改变女性荷尔蒙的本质，但是，妈妈要尽量对女孩加以引导，使她拥有美丽的人生。

养育女孩，不要娇惯更不要苛刻

在中国的家庭教育中，存在着一个奇特的现象：一方面，对孩子十分溺爱；另一方面，对孩子又极为专制。对女孩的教育更是如此：一方面，女孩比较娇贵，于是对其“娇生惯养”；另一方面，又怕女孩受欺负，于是对其提出种种束缚性要求。

一位教育专家在给小学六年级的学生做一个关于青春期的讲座时，向孩子们问道：如果可以重新选择一次自己的性别，你会作出什么样的选择？结果，大约有3/4的女生选择了做男生，她们作出这样选择有各种各样的理由，但其中最重要的一条就是做女孩子受到的束缚太多了。在这里，可以说性别成为一个潜在的标签：男孩可以拥有更多的自由，受到更少的限制，而女孩应该更收敛、更谨慎、更乖巧。或者可以说，成人对男孩的限制比对女孩要少很多。这样，这个标签就如同一副无形的枷锁，对女孩自由成长的天性构成一种束缚。

要想让女孩学会爱自己，就不能给她们过多的限制。因为，一个充分肯定自己性别的女孩，一个充满自信的女孩，才有能力做最好的自己，将来才能成为一个合格的妻子，一个温柔的母亲。那么具体来说，家长们尤其是妈妈们需要怎么做呢?

1. 不要用淑女标准给孩子过多的限制

这里并不是反对让女孩子接受淑女教育，但是所谓的淑女教育是一种关于礼仪、气质和精神方面的教育，而不是“小女孩就应该干干净净，千万不要把衣服弄脏了”或者“女孩子不适合去踢球，还是不要去了”之类的教育。

请家长朋友们记住，要积极鼓励女孩去做她自己想做的事情。想要装扮成牛仔？可以！如果她还没有进入工作的空间，那么她就有权利选择自己的形象，不要刻意把她培养成“琼瑶式”的美女——温柔懦弱，哭哭啼啼。

2. 不要阻止女儿对世界的探索

孩子是通过自己的不断探索而成长的。她会在探索中学习、创新并取得进步，如果家长将她探索世界的道路切断，无异于堵住了她学习的大门。相信任何一位家长都不会希望自己的女儿成为一个一无所知的人。如果你不再相信“女子无才便是德”的古代传统教育，就请你就不要阻止孩子去探索世界，别让你的孩子日后成为一个懦弱的胆小鬼，对任何事情都充满恐惧。

3. 不要强行塑造孩子

强行塑造孩子是一种简单而粗暴的方法，是一种硬性灌输的填鸭方法，是一种输血不造血的培养方法。

比如，目前家长都会让孩子参加一些兴趣学习班——钢琴班、书法班、乒乓球班、游泳班……假如孩子对此丝毫不感兴趣，父母就不要再勉强其去学习，不管在你眼里这件事具有多大的价值，如果孩子不认可，那就没有多大意义。家长应注意激发孩子的兴趣，不要采取强硬的态度，以免使孩子的积极性受到伤害。

对于女孩的家长来说，要充分认识到，应该避免用烦琐而过度的约束使孩子的习惯固定化，把孩子造就成一部不会自己思考的机器。应该尽量给孩子成长的自由，这样才不会让孩子的灵性丧失。

出色的雕塑家不是依据自己心中的模型来进行雕塑的，他们先要看材质如何，按照材质的不同顺其自然地进行雕塑。家长对女孩的教育也应该如此，顺其自然，让女孩自然发展，给她足够的自由和独立性，尊重她的个性，研究她的特性，创造必要的条件，并对她的思维和行动加以合理的引导。

第2章
带刺的玫瑰，探秘女孩的情感世界

随着岁月的流逝，女孩一天天在长大。然而女孩也越来越不听话了，爱缠人、任性、动不动发脾气、不听爸妈的话，日益显示其叛逆的个性，如同一朵带刺的玫瑰。

面对青春期的女孩，妈妈都会有不同程度的惶恐。其实，女孩这一时期的“叛逆”是正常的生理和情感表现，妈妈不应感到恐慌，应冷静对待。妈妈要努力为寻求最好的解决方法，陪伴女孩一同走过这一特殊的时刻。

吾家有女初长成

变了，完全变了！

梅子站在穿衣镜前，反复打量着自己：修长的大腿、浑圆而微翘的臀、纤细的腰、隆起的胸……她惊喜不已，惊喜中又分明掺有一丝丝恐慌——她不明白，那个在世上晃荡了整整15个年头的“丑小鸭”，怎么一夜之间就变成“美天鹅”了，而且在成长中如此悄无声息，如此天衣无缝，背后的奥秘究竟是什么？

其实，穿衣镜展现给她的还只是外观，深层次的变化更令她惊慌，如每月的例假来潮、隐秘部位的体毛萌发，还有心灵深处对异性的那一缕兴趣与依恋……

更让梅子烦恼的是，现在她的脾气性情与原来有了很大的改变，生气、烦躁的时候多了，有时更会莫名其妙地与父母发生争执。

青春期是一位女性由幼女向成年妇女成长的过渡期，是女人一生中的第一个关键时期。在这个时期，她们的身心发生巨大变化，这些变化很多是由性生理的成熟引起的，及时地、科学地对她们进行性教育，对于帮助她们顺利地度过青春期，健康地走进成年期，是十分重要的。作为母亲，对女儿进行性教育，有不容推卸的责任。做母亲的如果不是把自己放在长者的位置，而是与女儿平等地相处，以朋友的身份出现，母女之间就可以无话不谈了。

在几十年前，中国还有很多女生16岁才会月经来潮，但在今天是很少见了。今天中国女孩的平均初潮年龄是13岁左右。但相当一部分十一二岁就来了。这倒不是我们早熟，而是过去的人因为营养缺乏而发育滞后。

女生，一般正常条件下，10岁之后就开始有发育征兆了，10~11岁时，女生身高体重就会猛长。所以这时女生往往超过男生。而这时乳房已经发生变化：乳头会微微隆起，乳头颜色会发生一些改变。这时阴毛也开始生长了，当然还是很稀松的。而十一二岁后，乳房就会隆起了，这时阴毛已经很浓密了，只是还没有像成人那么长并且分布范围不太广。一般来说，女孩进入青春期后外阴不会有太明显的外观上的变化，只是大小不同。当然，外阴颜色和比例会有些改变，但这也有因人而异的。从外表看，当乳房和阴部发育到一定程度后才会有月经。深一点讲，女人有月经就是卵巢、子宫这些内生殖器官成熟的开始。也就是说她可以生育了，这当然要等到外生殖器官发育到一定程度后才行。所以月经肯定是青春期到来一段时间后才有的。一般女孩10~11岁开始进入发育阶段，在外形上十一二岁的女生就会出现很明显的第二性征。而十二三岁女生一般就会来月经。农村地区一般会迟一些（十四五岁）。与男孩不同的是，女孩子发育早，但发育得慢而且结束的时间早。

女儿是妈妈的贴心小棉袄

都说女孩是妈妈的“贴心小棉袄”，在女孩的成长过程中，妈妈是跟女孩在一起时间最长的人，妈妈的一举一动都是女孩模仿的对象。当女孩调皮地穿上妈妈的高跟鞋，用妈妈的口红把自己画成小花脸，试穿妈妈的漂亮衣服，学着妈妈照镜子……母女之间不仅是血缘关系，而且是一生的牵连，她们相辅相成，是彼此人生道路上最密切的同伴。

有研究表明，女孩在7岁之前会十分依赖妈妈，她们与妈妈关系最好；7~10岁之间，女孩更乐意模仿爸爸，更愿意与更有权威的爸爸交流。但当女孩进入青春期后，因为妈妈的“贴心”，女孩与妈妈的关系在一点点地升温。

特别是女孩进入青春期后，妈妈对女孩的贴心程度更是在一点点地增加，青春期的女孩情绪很不稳定，她们常常会莫名其妙地发脾气，但她们的情绪常常表达给最关心和最了解她们的妈妈。而这时，妈妈虽然不能使女儿在短时间内心情变好，但贴心妈妈的容忍往往阻止了女儿坏脾气的蔓延。所以，当女孩的青春期稳定之后，她会因为体会到妈妈的苦心，而与妈妈更加亲近。

当女孩的青春期来临，她就要经历荷尔蒙循环的周期，这使得女孩以新的方式去面对世界。荷尔蒙的循环使得女孩的情绪像波浪一样起伏不断，且变化无常——当波浪上升的时候（雌性激素水平比较高），女孩感觉良好，身边的一切都会让她快乐，女孩也像甜蜜的糖果一样讨人喜欢；而波浪下降时，女孩的世界就会阴云密布、缺憾重重，女孩也会无精打采、烦恼和沮丧。这种变化是正常的。

第一次经历月经的女孩可能会觉得惊慌失措，甚至产生羞耻感，这时候，妈妈是女孩最有效的安慰剂。妈妈的安慰可以使女孩从惊恐中走出来，甚至可以鼓励女孩在今后的许多年中同自己的坏情绪作斗争。

女孩比男孩更渴望爸妈的关注

妈妈对女孩影响可谓最大，她们对女孩的成长教育也最为重视。有一项调查表明，不管一个人喜不喜欢自己的性格，其中的80%都来自于妈妈的影响。因为妈妈和女孩相处时间最长，对女孩可以产生最大的影响，特别是在幼年时期至性格形成的青少年时期。

女孩最害怕被父母“冷落”，特别是妈妈的冷落。精神上的满足是物质所无法替代的。与物质相比，女孩更需要妈妈对她精神上的关注。那么对妈妈来说，该如何给女孩积极的关注呢？

1. 关注日常生活

在日常生活中，需要重点关注的是女孩的营养、运动和睡眠。这三项基本要素是儿童体格和大脑发育的基础。儿童每天都需要摄取足够的蛋白质、维生素和微量元素，同时还要保持营养的平衡。另外，不能忽视儿童运动和睡眠的不足。儿童如果缺乏营养、运动和睡眠，不仅会影响其体格和智力的发育，也会对其心理和社会功能的发育产生影响。所以，妈妈应该时刻关注女孩的日常生活，保证她有充足的睡眠、充分的运动和平衡的营养。

2. 重视家庭的环境

对女孩的成长来说，和睦、充满活力的家庭是最重要的环境和条件。作为妈妈，必须清楚自己的人格、修养、胸怀会对女孩成长造成什么样的影响，要努力创造一种和谐的家庭氛围，让女孩充满安全感，为女孩的健康成长打下良好的基础。

3. 注重女孩社会能力的培养

从幼儿时期开始，就要为女孩提供与其他女孩一起玩耍的机会，让她学会自己结交朋友，并能维持友谊，这种经历对一个女孩来说是非常重要的。妈妈要帮助女孩学会建立和培育友谊。学会与其他小朋友建立友谊是儿童早期的一项重要任务，对儿童各种能力的培养有着深刻的影响。除此之外，从幼儿时期开始，在培养社会能力时还应该注重女孩的责任心、创造力、合作精神和自强性格的培养。

4. 经常聆听女孩的倾诉

在家庭教育中，妈妈要给孩子倾诉的机会，要善于聆听孩子的倾诉，只有这样才能明白孩子的真实意图，孩子才能感受到妈妈的关怀。所以，妈妈只有善于倾听，真正学会从孩子的倾诉中感受和把握孩子的喜怒哀乐，真正了解孩子的所思所想，才能了解孩子的真正意图并分享孩子的快乐，为孩子的进步而高兴，为孩子的成功而喝彩；才能有效地消除孩子的烦恼，赢得孩子的宝贵友谊。

抽屉里锁着的“秘密”

15岁的小歌是初三学生，她在自己房间的书桌抽屉上加了锁。上初三后的一天，母亲收拾房间时发现女儿忘记了锁抽屉，不由得拉开抽屉来看，这一看使她吃了一惊。里面有不少信件和贺卡，还有女儿的日记本。据母亲判断，大部分信件和贺卡是出自男孩子之手，女儿的日记中也描述了一些男孩子的情况，而且小歌还把班上的男生进行“排队”，她在日记中写道：“有10名男生有一些长处值得我学习……前三名有可能成为我未来的恋爱候选人。”难道女儿在早恋？这位母亲立即紧张起来，她顾不得与丈夫商量，马上配了一把女儿抽屉的钥匙。

几天以后，这位母亲“偷”出了女儿抽屉中的日记和信件，来见心理医生。“青春期的少女关注异性很正常，她的日记和信件都说明，她并没有与男孩早恋，只是正常的爱慕心理，无可非议，而且也没有影响学习呀！如果女儿没有发现您开过她的抽屉，就悄悄把她的东西放回去；若是被女儿觉察了，就要争取主动，向她承认错误，这样可以消除误解。”心理医生及时避免了一场母女关系破裂的悲剧。

处于花季的少男少女，总爱将自己的抽屉上一把锁，似乎有什么不可告人的秘密。其实，这只是孩子独立、自尊意识的一种体现，孩子以此表明自己已经长成一个拥有个人行为秘密的人，再也不像童年那样随时随地都愿对父母敞开心扉。

女孩子记日记正反映了中学生最显着的心理特点——闭锁性。她已不再像儿童时那样直率、愿意把内心的一切秘密轻易地吐露，可她们又需要倾吐，日记便成了最好的倾吐对象。随着年龄的增长，女孩子已经拥有一个相对完整、真正属于自己的世界，这个隐秘世界是女孩子的自由王国，女孩子常会用一些细小的举动为其勾画出一条“警戒线”。这条“警戒线”是包括父母在内的其他任何人都不能随便跨越的。但是，许多父母不能正确对待女孩子的这种心理需求，总是千方百计地窥视、猜测女孩子的隐私，强迫女孩子按照自己的意愿行事。父母的这种“爱心”往往会使女孩子产生强烈的逆反心理，不利于女孩子的健康成长。

隐私应该被尊重，一个女孩子如果没有体验过被尊重的感觉，她就不懂得尊重别人。尤其是当女孩子10岁以后，逐渐进入青春发育期，生理上的成熟引起心理上的变化，会出现一种“闭锁心理”，开始有了自己的小“秘密”，不想把什么都告诉父母，这就是女孩子青春期的“隐私”。这在青少年时期是很正常的现象。女孩子有了隐私是女孩子在长大的一个重要标志。如果家长不理解，往往会发生严重的亲子关系冲突。

做妈妈的应该自省：如果女孩子信任你，一定会把心中的秘密告诉你；若是两代人之间存在所谓“代沟”，女孩子当然就会形成“自我保护”的心理防御机制，必然要设法保护自己的隐私。本来，每个公民都有保护个人隐私的合法权益，作为未成年人的女孩子也不例外。不可否认，有时女孩子的隐私中也可能包含某些不良行为或是越轨行为，因为青春期本来就是危险期；妈妈要做到既尊重女孩子的隐私，又不致发生女孩子的“失教”与违法犯罪，就特别要尊重女孩子，善于与女孩子很好地进行心理沟通。如果女孩子视妈妈为可信任、可亲近的大朋友，也一定会适时地向妈妈说出自己内心最隐秘的事情。

不可碰触的关闭之门

张妈妈的女儿今年15岁了，是个很叛逆的女孩子，光转学都转了好几次，张妈妈只要一说她，她就特别烦，要么顶嘴，要么不理家人，有时干脆关上书房的门整天待在书房里不理家人。

进入青春期，少男少女结束了“少年不知愁滋味”的孩童时代，进入了“多事之秋”。此时由于心理的不断发展，孩子们的情绪自控能力比孩提时有了较大的提高，学会掩饰、隐藏自己的真实情绪，出现心理“闭锁”的特点。过去爱说爱笑的孩子，进入青春期可能会变得沉默寡言，时常会把自己关在房间里，很少和父母交谈，甚至拒绝父母的关心和爱抚。

虽然父母可能希望孩子们打开心房、毫无秘密；但研究却发现，对于孩子们的语言发展而言，让孩子们能选择独处及拥有隐私权是极其重要的。

当妈妈的，你是否记得在孩提时代，有时会隐匿在属于自己的世界里？

当你回忆这些孩提时代所拥有的梦时，你会感到满心的愉悦。你可能希望你的女儿和你当年一样能发现独处的快活，同时，你也可能对女儿会有其她的期望——希望她能与她人友善相处，与家人亲近，更希望她能与你分享她的情绪思维。很多研究证据都支持女孩需要与她人有社交性的接触，但是最近研究者也发觉保留隐私对女孩相当重要。

有些研究指出，那些拥有自己独处机会的女孩，会有较高的自我评价。还有一些研究显示女孩缺乏隐私权可能会导致攻击性或心理退缩。

女孩常以各种不同的方法寻求独处。乡下的女孩比城市的女孩拥有更多属于她们的空间，也因此她们拥有更多可以享受独处的场所。城市里的女孩则可能以在心中保持一个秘密，或者是避开其他人与噪音等方式寻求独处。

在很多情况下女孩可以感受到她们的隐私权，但最重要的是——她们是否可以选择或决定这种机会。很多女孩都会认为妈妈不该在她们没有允许之下侵犯了她们的私人空间或私密，女孩希望妈妈能尊重她们！

妈妈常常保有自己的隐私，但是却认为必须时时知道女孩的一切——她们在做什么，想什么？如果女孩拒绝分享她们的秘密，妈妈会因而生气且觉得受到伤害。

其实当青春期的女孩独处时，她们往往会想一些不存在的事，甚至自我批评。例如“我愈来愈胖”“佩佩不喜欢我”“我总是浪费时间，我应该做功课的”。但是除了这些负面情绪外，研究发现青少年一天之中醒着的时候约有1/4的时间是独处的，而事实上他们也从其中获得帮助；他们可以计划更多的事。

虽然隐私权有其正面的影响，但是妈妈们仍然会担心女孩之所以希望独处，可能是想做一些妈妈并不赞同的事。这个怀疑可能导致妈妈与青春期女孩之间的战火。而妈妈侵犯女孩的隐私有时会造成女孩们感到自己有罪，对她人产生防御心，甚至更加的退缩。为了让女孩能有很好的自我价值观，妈妈应该获得女孩的信赖。

有时当女孩们希望能独处时，她们往往寻找借口而不直接地表达出来。她们可能告诉你：她们很疲倦或者是身体不舒服。与别的孩子玩耍时的紧张不安也可能是她们需要一点独处时间的征兆。有一位母亲说：“当女儿们吵嘴时，我会建议她们去看书、听音乐，或者去散步。”

女孩们到底需要多久的独处时间？对于青少年而言，通常一周15~30小时是最恰当的。如果她们常常孤独一人，这时你就必须去了解她们做些什么。青春期的女孩若是一天到晚只看电视、重复地听同一首歌或者常发呆，那么你不妨试着引导她们对其她活动的兴趣。然而如果她们只是专注于自己的嗜好或是特别有趣的事，你就无须担心了。

没有秘密的女孩长不大

家里“独苗”的菲菲，一直被父母视为掌上明珠，但父母对她管得也很严。平时学校和家里“两点一线”距离就是她生活的全部空间。贪玩是孩子的天性，她也不例外。她还是个活泼好动的女孩子，和同学们关系很好，同学们都喜欢找她玩。可是在家里是个乖乖女的她，能跟同学出来玩的机会并不多，同学们只好选择打电话跟她聊天。

可令菲菲烦恼的是每次同学们打电话给她的时候，妈妈都会先“面试”一番，然后才让她接电话，有时还没那么简单，妈妈还会在自己的房间里用另一个电话听他们“聊天”。她也不知道是什么原因，觉得可能是妈妈担心她谈恋爱。但是她却从来不敢和妈妈提意见，是因为害怕妈妈责骂。她很不喜欢妈妈的这种管束方式。她觉得自己已经长大了，需要有自己的隐私和自己的空间，她不想一直生活在妈妈的“阴影”下。

很多做妈妈的不明白：为什么现在女孩子有话不愿意和自己说，但却可以和朋友煲几个小时的“电话粥”？其实，现在家庭大多数是独生子女，这些孩子大部分都会存在着一种“逆反”心理。他们不愿意接受父母亲或者老师长辈的教诲，而倾向于接受同学或朋友之间的建议。之所以会这样，主要是因为他们都互相了解，都能感受到彼此间所处的困境。而家长多数用强迫的方式让孩子做事情或接受意见，通常以自己的经验来教导或命令孩子。而从长远的目光来看，这样做是不合适的。

很多妈妈都希望女孩子像个水晶人一样是透明的，但是实践告诉妈妈这是不可能的。女孩子越大越不透明。有的妈妈为了多了解孩子，就偷听女孩子的电话，这对于女孩子来说是一种伤害，她会认为“你不信任我”。

女孩子有自己的小伙伴，小伙伴之间有时候有秘密，好奇心太重的妈妈就千方百计地想要问出来，但却不知道，如果真的问出来了，女孩子可能在小伙伴中失去威信。这对她以后的成长都会造成影响。秘密很多时候意味着独立面对和承担责任，没有秘密的女孩子长不大。

正确理解、谅解女孩的逆反心理

小燕的妈妈很为孩子的教育问题头疼。她找到老师诉说：“我和她爸爸现在根本不明白小燕在想什么，我和她爸爸虽然都是知识分子，但是在和孩子的沟通、对她的教育上，实在太失败了。”小燕妈妈的话语里有着太多的无奈。

“我俩把大部分时间都倾注在孩子身上，但是这些不但得不到女儿的认可，而且她还经常和我对着干，我觉得这孩子真让人伤心。”小燕的妈妈提起自己的女儿眼圈红红的。

但是，和小燕交谈的时候，老师发现这个小姑娘很有自己的一套想法。“我妈就会给别人讲，她多辛苦，我多不理解她，可她理解我吗？偷看我写的日记，不让我接男同学的电话，同学过生日，她又死活不让我去，整天唠叨着我的不是，什么都得听她的，凭什么呀？我长大了，才不想被她牵着鼻子走呢。和家长有什么好交流的，结果还不是一样？他们要的只是一个听话的木偶。”小燕把这些话一连串地说了出来。

其实，在我们的周围，小燕和她妈妈的困扰很常见。一些正值青春期的女孩子，反抗性极强，她们常常爱激动、乱发脾气、与大人唱反调，这是因其自我意识刚开始树立，做事希望按自己的意愿办，一旦大人稍加约束，她们就会产生逆反心理。

逆反心理就是指人们彼此之间为了维护自尊，而对对方的要求采取相反的态度和言行的一种心理状态。女孩子到十二三岁的时候，往往容易产生一种与家长相抵触的情绪。她们心里有话宁愿与同伴说，也不愿与家长说。对于家长的好心批评、劝导，她们动不动就反驳、对立，让一心爱她们的家长惊诧不已、心痛不已。这种逆反心理绝不只是个别女孩子的偶然冲动，而是一种值得现代家长普遍关注的现实。

许多妈妈都觉得女孩子有逆反心理对其身心健康不利，但逆反心理并非一无是处，它虽有妨碍女孩子身心发展的一面，但也有很多正效应，甚至包含许多积极的心理品质。逆反心理包含诸如自我意识强、勇敢、好胜心强、有闯劲、能求异、能创新等积极的心理品质。现代社会充满竞争，迫切需要具有创造性思维、眼界开拓、能进取的人才。因此，妈妈要善于发现女孩子逆反心理中的创造性品质和开拓意识，并加以合理引导。只要引导得当，逆反心理定然能够在对女孩子的教育中发挥积极的作用。

陪女儿一起顺利走过青春期

青春期的女孩，正处于人生成长的关键节点上，她们朝气蓬勃，有着丰富的内心情感，而对人生和世界的认识则还是懵懂的、肤浅的，言语和行为上难免有“出格”的地方。对此，妈妈既不能娇惯放纵，听之任之，也不能过于严苛，打骂训斥。

做妈妈的，如果你家里正有一个青春勃发的女孩子，那么请你认真看下面的要点：

1. 帮助女孩正确认识自己的变化

正视女孩的身体变化，并且为女儿自身的变化而感到高兴，可以告诉她你作为母亲看到女儿成长的成就感。告诉她用一种正常的眼光来看待自己生理上的变化，让女孩敢于抬头挺胸地走路，正确对待每月的“好朋友”，不要害怕，不要鄙视自己。

2. 及时掌握女孩的思想状态

在复杂的社会环境中，总有一些不健康因素无孔不入地腐蚀着女孩们的心灵，比如结交一些不三不四的朋友、养成抽烟喝酒的不良嗜好、中学时期便开始早恋等。妈妈在日常生活中要注意观察女孩的言行，及时掌握这些属于女孩“隐秘世界”的蛛丝马迹，以便对症下药，给予女孩正确的引导。

3. 尊重女孩的独立人格

随着年龄的增长和独立人格的逐步形成，女孩的“保密性”需求越来越强，如自己的日记和书信、与同学交往时谈话的内容等，女孩往往不愿主动向父母披露。但妈妈却不能因此而采取偷看日记等手段来了解女孩，而应转换一下角色，以朋友的身份与女孩融洽相处，在充分尊重女孩人格的基础上，与女孩平等地进行对话和情感交流，以便让女孩敞开心扉，主动把隐私告知自己。

4. 给女孩留一块独享的天地

任你想尽一切办法，也不可能把女孩的心声全部掏出来，而且也没有必要。独享一块心灵绿地，不要任何人来涉足，这是一个心理健全的人的基本心理需求。女孩长大了，就应该有一块仅属于自己的天地。把这方天地留给女孩独自享有，这也是对女孩的爱。

5. 对女儿多一些体贴

留心女儿的经期时间，告诉女儿在经期要避免剧烈运动及生冷辛辣的食物，为女儿准备较好的卫生棉。帮助女儿选择合适的胸衣。

6. 告诉女儿你的尺度

明确告诉女儿哪些是你能接受的，哪些是你坚决反对的。这些说教有时候是轻松的，有时候是强硬的。制定一些家规，比如：要求女儿晚上必须八点之前归家，有特殊情况必须事先商量。对于低胸、吊带衣服，做妈妈的可以和她共同评论，并告诉她这些衣服等她成年了才能穿。

7. 培养女孩明辨是非的能力

进入青春期的女孩，尽管自主意识增强了，但正确的人生观尚未最终形成，由于是非观念不强、自制与自控的能力比较差，女孩在处理诸如学业、情感、人际关系等诸多问题时，还不能把握好尺度，家长在细心观察女孩思想动态的同时，要根据女孩的性格、爱好和特征，有针对性地采取相应的措施，培养女孩明辨是非的能力，引导女孩在学习和生活中检查、论证自己的思维过程和内心隐私的正确程度，以规范自己的行为。

第3章
娇美女孩，不等于娇生惯养

女孩天生是被呵护和被宠爱的，所以跟男孩相比，她们会更加惹人怜爱，更容易引起父母的关注和疼爱。但是，女孩可以娇生，却不能娇惯；女孩允许任性，却不能放纵。家有女孩，摆正教育观念和态度是家庭教育的关键，同时配以科学而适当的养育方法，就一定能够培养出众人皆赞的完美女孩。

娇养女孩，但不等于娇生惯养

娇养与娇生惯养这两种教育是完全不同的。“娇着养”是给女孩的真正而理智的爱。而娇生惯养则是一种溺爱，对女孩来说无异于一种“毒品”，尽管看起来十分香甜，但实质上却像毒品一样，对女孩的成长产生不良影响。

在现代社会中，很多妈妈都对自己的女儿娇着养。有的妈妈可以很好地运用这种方式，可以做到娇养有度，对女孩的不合理的要求敢于说“不”。然而，有的妈妈却有一种错误的观点，认为娇养就是要娇生惯养，无论什么事情都要顺着女孩。这是一种很可怕的想法，对女孩的成长也是非常有害的。妈妈对女孩娇生惯养通常可以从以下两个方面表现出来。一种是视女孩为掌上明珠，处处姑息迁就，尽最大可能地满足女孩的愿望和要求，对她百依百顺。在有的妈妈看来，只要无限地满足女孩的物质需要，就是给予女孩无限的爱，而实际上，这种爱是不理智的。另一种是不让女孩接触她力所能及的事，不注重培养女孩的独立性，无论什么事情都为女孩打算好，不让她承担任何家务劳动，妈妈为她包办一切。这种做法无形中使女孩丧失了能力发展的机会，降低了她的独立性与自信心，限制了她的自我发展。

娇生惯养的家庭教育方式很容易让女孩的心理在日后不能得到很好的发育。女孩由于受到妈妈的溺爱，慢慢就会养成一种“以自我为中心”的心理定式，进而变得“刁蛮”“任性”“拔尖强上”，形成偏执的人格，不能克制自己，也无法尊重他人。此外，妈妈对女孩的娇生惯养还会使她失去亲力亲为的机会，这样女孩难免会变得懦弱、胆小、娇气，经不起挫折，受不得委屈。

著名的教育家马卡连柯曾经说过：“家长们动不动就说，身为父亲和母亲，一切都以孩子为出发点，一切都是为孩子着想，可以为他牺牲一切，甚至可以将自己的幸福置之度外。这实际上是妈妈送给孩子最可怕的礼物了。娇生惯养是妈妈为女孩种下的一粒有毒的种子。”

娇生惯养的女孩，在面对失败、挫折、意外打击时的心理承受力一般都很差。从表面上看，这种女孩个性张扬，其实她们的内心非常脆弱，不堪一击，表面上是一只完好无缺的蛋壳，只要稍微一捏就会变成碎片，这在心理学上正是所谓的“蛋壳效应”。一旦没有了妈妈的保护，这种女孩就很难适应艰难的环境，受到一点儿挫折就会承受不了。

爱之深而不溺，爱之热而不宠

娇生惯养如同洪水猛兽一般吞噬着女孩的意志力、抗挫折力、勤劳节俭和温厚孝顺的美德、艰苦奋斗的精神以及独立自理的能力，对女孩的成长产生严重的影响。教育家克鲁普斯卡娅曾经说过：“妈妈仅仅简单地给孩子爱是不够的，还要学会如何爱他们。”

所以，妈妈一定要学会科学地养育女孩，做到爱之深而不溺，爱之热烈而理智。具体来说，妈妈可以从以下几方面去做：

1. 对女孩尊重有度

在处理与女孩的关系时，妈妈所扮演的角色，需要是女孩的知心朋友，也要是一名严格的长者，只有合理拿捏其中的分寸，才能教育好女孩。

彤彤的妈妈拥有很新的教育观念，她和女儿如同朋友一样亲密无间。她的做法是让女儿直接称呼自己的名字，许多事情都要询问彤彤的意见，而且还尽量采纳她的意见。她始终觉得，只有这样做才能表示自己对孩子的尊重。但让她没想到的是，才几岁的彤彤因此变得格外任性，一切唯我独尊。

当彤彤的妈妈对此有所认识的时候，母女之间的冲突已经达到了无法化解的程度。有一次，两人之间的冲突又爆发了，最后妈妈实在忍无可忍，抓住彤彤出手打了她。彤彤立刻哇哇大哭起来，因为她搞不明白，为何平日里与自己亲如朋友的妈妈，突然变得如此凶狠，竟然会动手打自己，她感觉自己受到了莫大的伤害。

这是一个过犹不及的典型例子。

妈妈过于尊重女孩，就会演变为没有原则的妥协；如果尊重不足，就会随时产生冲突。那么，如何才能做到适度的尊重呢？妈妈要取得女孩的信任，这样她才会向你敞开心扉，同时又遵从你的一些决定。家长制的权威是要不得的，你可以用委婉而温和的态度向女孩提建议：“如果我是你，我就会……”女孩听到这样的话就会感觉自己受到了尊重，也比较容易接受妈妈提出的意见。

2. “淡化”妈妈的爱

随着女孩不断长大，妈妈要懂得逐渐“淡化”自己的爱，逐渐拆除挡在女孩身边的“保护墙”。要让女孩在生活中学会独立自主，并在生活的风风雨雨中锤炼成长，培养她坚毅的品格。

可以宠爱女孩，但不娇惯女孩

随着人们生活水平的日益提高，一些社会现象让人很无语。且看下面三个真实的例子：

其一，一个大学毕业生的父母写打油诗，用以形容自己的女儿，并且无可奈何地将其上传网络。诗云：“一直无业，二老啃光，三餐饱食，四肢无力，五官端正，六亲不认，七分任性，八方逍遥，九（久）坐不动，十分无用。”

其二，一位母亲对记者有苦难言般地说起自己的宝贝女儿：“我们家的时髦小丫头，大学毕业两年了，在一个剧团当剧务，每月有两三千元收入。可她和我们签了个三年君子协定，每月支付她各项费用3000元。不然，就住在外面不回家，打她的手机也不接。这不，前几天，我刚把这月的3000元打进她的银行卡里，她还没回电话呢！”

其三，一位姓何的老人，61岁了，每天仍要上班发挥余热，挣一些收入补贴家用。可他25岁的女儿却每天在家里上网看电视。何先生对记者抱怨道：“我实在看不惯她，却也说服不了她。我自己17岁就参加工作，那时月薪38元还要给父母20元。现在有些年轻人缺少家庭责任感和社会责任感，更没有人生的危机感。是我们的教育制度出了问题，还是社会传统过时了？”

毫无疑问，中国现在的社会风气和教育制度都是有问题的。但是，这些家长在抱怨的同时，有没有想过自己尽责了吗？

当听到女儿来到世界上第一声娇嫩的啼哭时，家长都会为此感到欣慰和甜蜜，因为女孩是上天赐给家长的艺术品，美丽而娇贵，每一个女孩儿的降临，都给她的家庭带来一股恬淡的气息，时刻弥漫在家长周围。女孩儿可爱、温柔、乖巧，天性的敏感和细腻，需要家长付出更多的爱护与照顾，然而对女儿的呵护并非没有限度，宠爱女儿，但不娇惯，更不能放纵，要给女儿适当的爱。

爱而不溺，更不会放纵

中国著名儿童文学作家杨红樱，曾经做过教师、做过儿童文学编辑，出版过《漂亮老师和坏小子》《笑猫日记》等50多本童话书，可以说对家庭教育有着深入而独到的见解。

杨红樱有一个可爱的女儿，在孩子4岁那年冬天，杨红樱就带她登上了峨眉山。虽然那时正直寒冷的冬天，带着这么小的孩子，家里人都十分反对，然而，杨红樱还是带着孩子上了山。

当杨红樱和女儿与其他人一同下山时，已经是半夜了，坐在汽车里，女儿已经睡着了。谁知车子行驶到半山腰处，轮子一下子卡在了岩石缝里，车子就悬在陡峭的悬崖边，让不少乘客一阵胆战心惊。看到车子无法动弹，司机只好让大家下了车，登山的人都要自己走下山。

于是，杨红樱忍心叫醒了熟睡中的女儿，下了车之后，一阵刺骨的寒风吹来，女儿使劲地睁了睁惺忪的睡眼，跟着杨红樱深一脚浅一脚地朝山下走。但是孩子毕竟还小，哪里禁得起这样的折腾，走着走着，女儿就困得不行了。杨红樱看在眼里，疼在心上，然而四周一片冰天雪地，抱着孩子会更加不安全。于是她狠了狠心，把冰凉的雪放在女儿的脖子上。受到低温的刺激，女儿一下子精神了许多，也不再犯困了。就这样，女儿跟着杨红樱，在黑暗、寒冷的山路上摸索着，终于走下了山。

把冰凉的雪放在孩子的脖子上，对于每一位父母来说，特别是对于母亲，心疼的感觉都是无以言表的。而女儿就更让父母们想要用温暖去呵护，然而“宝剑锋从磨砺出，梅花香自苦寒来”，女儿没有经历过磨炼和困苦，就很难成为坚强的孩子。所以对于女儿，妈妈也要敢于锻炼她，让她在磨炼当中成长，这样才能成为既坚强又美丽的女孩子。

对女儿不适当地娇惯和过度地纵容，都会让孩子渐渐失去自主能力，形成依赖性，你越是呵护她，她就会越脆弱。诚然，女人天生柔弱，男人天性坚强，这是个不争的事实，然而在这个男女平等、不容依赖的新时代，女人再也不需要依赖某个男人生活，女性独立自主，自己为自己负责，才是符合社会发展的原则和方向。

爱有分寸——理智地养育女孩

女孩是上天赐予妈妈的美丽珍宝，带给家庭无限的甜蜜，但孩子却不应该是一只瓷花瓶。娇气脆弱的女孩，无法走出自己美丽的人生，更无法适应社会。所以，作为妈妈，不能过于娇惯女孩，过于迁就女孩，以免让女孩变得娇气，养成娇生惯养的陋习。

那么在家庭教育中，妈妈应该如何爱女儿呢？

最重要的是，要有理智的爱。

这就是说，在爱孩子的过程中，要能自觉地控制自己的感情，克制那些无益的激情和冲动。苏联著名教育家马卡连柯的《妈妈必读》一书中的序言有这样一段话：“子女固然由于妈妈方面的爱的不足而感受痛苦，可是，他们也会由于那种过分洋溢的伟大的感觉而腐化堕落。理智应当成为家庭教育中常备的节制器，否则孩子们就要在妈妈最好的动机下养成最坏的特点和行为了。”这段话讲得十分深刻。然而，我们有些妈妈，尤其是相对年轻的妈妈，对待孩子的关系上，往往缺乏应有的“分寸感”。他们对待孩子往往是无原则地过分地宠爱。有的对孩子姑息迁就，任其发展；有的只知道想方设法满足孩子的衣锦食美，却不懂得给孩子良好的精神食粮和思想营养。这样。势必把孩子惯坏、宠坏。这种“爱”是盲目的、有害的。

其实，热爱要与严格要求相结合。

严格要求也是热爱孩子的一种体现。所谓“爱之深，责之切”，就是说，严格要求正是出于深切的爱。所以，做妈妈的不应该受盲目的爱所支配，要“严”中有“爱”，“爱”中有“严”。当然严格要求并不意味着对孩子、动辄训斥打骂，而是要做到以合理为前提。同时，态度应该是耐心的、循循善诱的。

严格要求对孩子来说，是很主要的。这是因为，孩子们往往缺乏经验，是非界限有时不清，而且对自己情感和行为往往也不善于独立控制。如果家长对他们不严格要求，他们往往还不能主动、自觉地学习和按行为道德标准来行动。因而，这就更需要妈妈对他们的思想和行为有严格的要求，使他们养成良好的思想和行为习惯。但是只有爱不见得教育和培养出优秀的孩子来，而应该把热爱和严格要求结合起来。

综上所述，妈妈对子女一定要怀着带有严格要求的热爱，千万不要溺爱姑息孩子、过分地迁就与宠爱孩子。一定要有理智，有“分寸感”。只有这样，才能把孩子培养成为有良好个性品行的人。

要让女孩懂得珍爱自己

在女孩成长的过程中，她能够快快乐乐、合群好学、不怕挫败，不畏艰难、勇于接受挑战和愿意承担责任是每个家长最想看到的。但是，怎样才能培养出这样的女孩呢？其关键就在于让女孩建立良好的自我价值观念，要让她懂得珍爱自己。

维持一个人生存在这个世界的基本原动力，是他的自我价值。所谓的“自我价值”，简而言之就是一个人的自信、自尊和自爱。一个有自我价值观念的人，会懂得珍爱自己，会有积极的生活态度。一个人出生的时候，是不存在自我价值的，这是成长过程中通过每一件事的积累而得到的总的结果。她的人生有多少成功、快乐、满足和幸福，将取决于她是否足够地自信、自爱与自尊。

如果想感受到生活的乐趣和魅力，女孩一定要有起码的自爱。珍爱自己的一切，包括优点、缺点、梦想和自己身上的一切。就算认为自己不漂亮、不聪明，也仍然要懂得珍爱自己。女孩只有学会珍爱自己，其心灵才能触碰到世界真实而深刻的一面。

从很大程度上讲，女孩珍爱自己的能力都是从家长那里得来的。对于妈妈来说，教会女孩自爱，是给女孩最好的礼物。这份礼物能给她带来成长的动力和勇气：爱自己，接受自己，宽容自己，坦诚地与自己进行沟通，正确地认识自己，既不自以为是，也不妄自菲薄，能明白是什么让自己感到幸福和满足的。

妈妈教女孩珍爱自己的好方法

那么，妈妈应该怎样做才能让女孩拥有珍爱自己的能力呢？

具体来说，主要有以下几个方面：

1. 帮助女孩正确认识自己

妈妈要让女孩对自己有一个正确的认识，让她明白任何人都不是完美无缺的，人人都有优点和缺点，不能由于自己不如别人而产生自卑感，更不能因此自暴自弃。比如，儿童节学校要表演节目，她并没有被老师选中，这时，妈妈就要告诉孩子："这并不能说明什么，更不代表你是个笨孩子，回到家里你可以演给爸爸妈妈看。"另外，妈妈在家中对女孩的偏袒和溺爱要少一些，多给女孩一些客观合理的评价，这样可以让女孩建立真正意义上的自尊、自爱，而不是以自我为中心，唯我独尊。

2. 尊重女孩的天性

培养女孩珍爱自己的能力，就要让她感到自己有价值，这是非常重要的一点。妈妈要尊重女孩的天性，接纳最真实的她，要让她觉得自己是一个有价值的、得到认可的独立个体。

3. 给女孩设定一些可行的目标并不断鼓励她

妈妈要根据女孩的能力、兴趣和价值观，给她设定一些切实可行的目标，并且不断地鼓励她。在她取得进步的时候给予赞扬，在遇到困难的时候给予鼓励，分担她的各种感受（不论悲或喜、苦或乐），当她达到目标的时候，更要充分地分享她成功的喜悦。这样，女孩就会对自己的能力充满信心，知道自己的价值，并学会珍惜自己的成绩。这样下去，便能使女孩具有珍爱自己的能力。

这种做法，不仅可以在读书、做家庭作业上运用，而且还可以在生活中的很多事情上加以应用。例如，策划一次旅行、安排一次宴会、参加学校或其他机构举行的一些比赛等，都可以成为培养女孩珍爱自己能力的好机会。

4. 不要用专制的态度对待女孩

妈妈用专制的态度对待女孩，经常对女孩的行为挑三拣四，不当地运用奖励或惩罚来教育女孩，对女孩不信任、不尊重，这些做法都不能培养她珍爱自己的意识。面对专制的妈妈，具有较强个性的女孩会与之对抗，无法建立起良好的亲子关系。生性懦弱的女孩会认为妈妈的话总是正确的，因此经常自责，形成自卑心理；或者为了不引起冲突或受到责备，任何事情都以妈妈的意愿来进行，没有自己的见解或主张，长此以往，便泯灭了个性，对女孩成长十分有害。只有在和谐而民主的家庭氛围里，才能培养出女孩珍爱自己的能力。

第4章

走进女孩的内心，倾听女孩的心声

女孩大都生性敏感，性格内向，心里有什么心事往往也不愿和外人说，甚至对于自己的父母，也不会完全倾吐心里话。妈妈要善于发现女孩心理和情绪上细微变化，积极倾听女孩的心声，尝试走进女孩的内心世界，让她对自己敞开心扉；同时，也要和女孩一起分享阳光，分担风雨。

妈妈，你了解女儿的心事吗

当今的家庭大部分都是独生子女，女孩也同样也肩负着来自爸爸妈妈、爷爷奶奶、外公外婆的殷切期望，家长往往更容易把注意力放在女孩的成绩上，认为只要把学习搞好了，其他的什么都不用管，从而对女孩的心理健康没有给予足够的重视。

同样，经过多年的工作与调查，心理专家发现，现实生活中绝大多数的家长只对女孩的学习成绩和身体健康给予关心，很少重视女孩是否过得快乐，忽视了女孩的心理健康。女孩的健康成长离不开健全的心理。只有心理健康了，女孩才能拥有自强、自立、自尊等品质，心理素质才会提高，才能面对生活各个方面的压力，才能茁壮成长。

然而，对于女孩的心理健康，做妈妈的给予了多少关注？又有多少了解呢？

心理健康的女孩会拥有良好的情绪、健全的个性、较强的适应能力与融洽的人际关系。这对女孩的成长以及未来发展都是非常重要的。如果女孩的心理没有得到健康的发展，而妈妈又忽视了这一点，就很容易造成女孩的人格缺陷以及行为障碍。

女孩的身心健康比知识更重要，妈妈应该在女孩的心理健康上多多给予关注。女孩在成长的过程中，不仅有物质方面的需求，还有情感方面的需求，但妈妈们很容易忽视这种需求。因此，妈妈应该提高自己的认识，给女孩的心理健康更多的关注，让女孩身心都得到健康的发展。

要多关注女孩的心灵成长

妈妈要关注女孩心理健康，具体应该怎么做呢？

1. 先做朋友后做妈妈，多和女孩交流

妈妈应该走进女孩的内心，更多地了解女孩。但是，事实证明妈妈想要做到这一点是比较困难的。不少妈妈都有家长的架子，把女孩看成是自己生命的延续，并没有意识到女孩也是一个独立的生命体，这样的妈妈要想走进女孩的内心是很难的。

因此，妈妈应该给女孩营造一个融洽的家庭氛围，主动和女孩进行交流，努力成为她的好朋友，要尊重女孩，多和女孩说说心里话。这样，妈妈才能得到女孩的理解与信任，为女孩所接受，才能成为女孩真正的知心朋友，和女孩保持一种亲密无间的关系。

2. 多关注女孩的心理需求

一位失败的妈妈曾这样教育女儿：

两个人逛完超市，妈妈拎着满满一袋的儿童食品带着5岁的女儿回家。在路上，女儿手里拿着一瓶饮料，由于瓶子盖没有拧紧，女儿稍微倾斜了一点，饮料洒了出来。妈妈斥责道：“你怎么这么笨啊，饮料都拿不住。这么一点儿小事都做不好，以后还能指望你有什么出息！”或许这样的场景太多了，小女孩对妈妈的批评毫不理会，继续和妈妈一起往前走。

突然，女儿停了下来，蹲在地上注视起几只蚂蚁搬一只大虫子来。她充满好奇，想看看蚂蚁要把虫子搬到哪里去。妈妈一扭头看不到女儿了，一转身看到她正蹲在地上，怒气又来了：“你不能快点走吗，还想不想回家啊？”迫于无奈，女儿只好站起身告别了蚂蚁，随妈妈回家去了。她心里也许此刻仍然想着小蚂蚁，一步三回头，不时地望着刚才的地方。

尽管这位妈妈很关心女儿，给她买各种营养品，但是却对女儿的心理需求丝毫不懂。女儿所思所想，身为妈妈的未必知道。

作为妈妈，应该多关心女孩的心理需要，平时多和女孩进行平等的交流，不要总把自己的意愿强加给女孩。妈妈应该多在女孩身上下功夫，要多从女孩的角度出发，留心体察女孩的心理需求，保证女孩心理的健康成长。

3. 抽点时间多陪陪女孩

尽管妈妈在生活上总是对女孩照顾得无微不至，但可以真正陪伴女孩成长的妈妈却并不多见。女孩比较重感情，小的时候就非常依恋家长特别是妈妈，这种依恋是任何人都难以取代的。但实际上，妈妈也时常面临来自家庭和工作的巨大压力，这种情况使妈妈在家陪伴女孩的时间越来越少，而这往往正是女孩真正所需要的爱。

在女孩看来，每天都能和妈妈在一起才是快乐的。如果妈妈由于忙于工作而忽视了对女孩的陪伴，就会对女孩幼小的心灵产生很大的伤害。因此，无论工作有多忙，妈妈都要尽量抽出时间陪伴女孩，这才是给女孩最好的爱。

4. 关心女孩一点一滴的进步

女孩最依赖的人就是妈妈，她渴望得到妈妈的爱，也希望听到妈妈的赞美之词。为此，妈妈应该看到女孩哪怕是一点一滴的进步，并且由衷地赞美她，鼓励她继续努力。如果忽略了这一点，女孩的成长将会大打折扣。

女孩就算取得了一点儿进步，也都希望妈妈可以和她一同分享这份喜悦。如果妈妈对此表现得过于冷淡，就会使女孩产生一种失落感，也会使她的安全感降低，这不利于她的健康成长。妈妈要关注女孩的点滴进步，不要吝啬赞美之词，要多给女孩鼓励，这才是妈妈应该采取的正确的做法。

需要注意的是，家长关注女孩的心理健康，不能停留在传统的角色里裹足不前，而要学会与时俱进。现代网络日趋发达，家长完全可以用腾讯QQ、博客、网上日志等方式多和女孩进行交流，还可以和女孩一起看一些新书、新电影，这样对于缩小家长和女孩的距离是很有帮助的，同时，还可以实现零距离的交流，对女孩心理的健康成长更加有利。

要多听听女孩的心里话

一位女孩的妈妈到学校办公室向女孩的代课老师倾诉道：

她的女儿以前放学回家就高高兴兴地跟妈妈谈在学校发生的事，谈学习的辛苦和甘甜。考试不理想，在学校受了委屈等，都会跟妈妈说。

那时她不愿听孩子说不痛快的事，常常不等孩子说完，就批评她、训斥她。

最近半年来，孩子变了，不爱说了，吃完饭就钻到自己的小屋。孩子有时看书，有时只是坐着想问题，眼里流露出焦虑不安，但也不对妈妈说。

这时妈妈才留恋起过去那无忧无虑的随便交谈的日子，更留恋那互相信赖的毫无保留的母女亲情。

倾诉完以后，这位妈妈问老师："我该怎么做，才能让孩子仍旧像过去那样，和自己不隔心，仍然愿意和我说心里话？"

老师说："问题就出在你自己身上，你犯了一个严重的错误，就是还没等孩子把话说完，就着急着给孩子下评论。"

孩子愿意和我们谈心，愿意向我们倾诉委屈，是盼望能在我们这里得到一些鼓励和安慰，希望我们同情她、理解她，在她不知道怎么办的时候，帮她想想办法。

如果孩子在我们这里得到的不是鼓励、安慰、同情与理解，而是父母的不耐烦，无根据的批评、训斥，她就会觉得说了也没用，还可能挨训，不如缄口不言。这样，父母的做法就成了一把锁，锁住了孩子的心灵之门。

妈妈正在做饭，孩子放学回家后，书包都来不及放下，便兴高采烈地对妈妈说："妈妈，告诉你个好消息，我们小组今天羽毛球比赛得了第一名，把对方打得……"孩子还没有说完，妈妈就不耐烦了，说："没看我这正忙着呢吧，快把厨房的门关上，去学习吧。我以为你学习取得了好成绩了呢，原来是羽毛球比赛呀，这有什么好炫耀的呀！"

听完妈妈的这一番话，孩子刚才的兴高彩烈不见了。吃饭时，无论妈妈再提到什么话题，孩子都提不起兴趣来。

认真倾听是有效沟通的开始，然而倾听却常常被家长们所忽视。孩子自尊心是很强烈的，她们说话时，家长心不在焉，或者对孩子的说话内容表现出不屑或嘲笑的态度，都会使她们的自尊心受到伤害。一个自尊心受到伤害的孩子是很容易与人"较劲"的。所以，妈妈要想做到与孩子有效沟通，聆听孩子的心声，关注孩子的内心世界，与孩子做好心灵的沟通。

耐心地听女孩把话讲完

“我根本没有办法和爸爸妈妈说话，对我的一些意见，他们总认为很荒谬，觉得我是在狡辩、找借口，许多事情他们根本不征求我的意见，也从来不愿听我的解释。”

对于亲子沟通而言，只要妈妈和女孩都认真倾听和思考了对方的意见，这样的沟通就是有效沟通。但在现实生活中，却很少有妈妈能做到认真倾听女孩讲话。

当女孩与妈妈说话时，也许妈妈真的很忙，就像上面事例中所提到的那样，妈妈正在忙着做饭，女孩跑来跟妈妈说事情。在这种情况下，妈妈不能马上倾听女孩说话，但妈妈至少可以给女孩一个尊重的态度。

例如，妈妈可以这样对女孩说：“你们小组得了第一名呀，真是太棒了，等一下给妈妈详细讲一下吧，现在妈妈要先把饭做好。”相信女孩听妈妈这样说之后，她的兴奋情绪仍然不会减退，更重要的是，她还会一直保持着那种与妈妈沟通的欲望。

“妈妈，这次数学我考了80分……”没等女孩说完，妈妈便暴跳如雷：“才考了80分，你一定没有好好复习。”等到妈妈骂完了，女孩才轻轻地说：“这次考试特别难，我考了第二名。”

“妈妈，老师今天批评我了……”没等女孩说完，妈妈便插嘴：“老师怎么会批评你，肯定是你做得不对。”等到妈妈说完了，女孩才撇撇嘴，委屈地说：“是老师冤枉我了，她后来还向我道歉了。”

生活中，很多妈妈如果听到女孩这样回答，一定会先教训女孩一顿，比如“你怎么这么自私”“你太不懂事了”，然后再教女孩应该怎样做。这种没听完女孩话就下断论的愚蠢做法，往往会曲解女孩的意思，由此误解和错怪，亲子间的沟通障碍也就在无形中产生了。

所以，妈妈们不妨学学这位高明的妈妈，无论女孩说什么，你都不要打断她，更不要妄下评论，耐心听她讲述完。

倾听，分享女孩的快乐和忧伤

对一个内心苦闷的人来说，他最渴望一个好的听众，能听听他的倾诉，跟他一起分担忧愁。女孩更是如此，她总希望父母能成为自己的知心朋友，倾听她的心声，分享她的快乐和忧伤。

生活中，我们常常会听到父母发出这样的感叹：“孩子有什么话都不愿意告诉我，无论我说什么孩子也听不进去。”孩子也会抱怨说：“爸爸妈妈总是自己说自己的，可我想说的话，他们一点儿都不听。”这就是亲子间的沟通出了问题，要解决这个问题其实也很简单，父母只要学会倾听就可以。

倾听是父母向女孩表示关怀的一种方式，有助于亲子间形成良好的关系，并建立友谊。倾听也是父母了解女孩最有效的途径，父母要多抽出一点儿时间来倾听女孩的心声，让女孩觉得父母对自己很关注，她就会向父母敞开自己的心扉，让父母知道她的真实看法和感受。而且，她也会越来越信任自己的父母。反之，如果父母经常打断女孩的倾诉，那就会中断亲子之间的沟通，女孩的心灵之门也会从此关闭。

一个夏天的早晨，天气十分炎热，妈妈骑着自行车送女儿去学校。妈妈身上的汗一直流个不停，连衣服都给浸湿了。女儿坐在自行车的后座上，向妈妈述说着班级里和同学不愉快的事，妈妈本来就很烦躁，再加上身体的疲累，根本没有心情听女儿的讲述。

女儿的声音慢慢地小了下来。突然，她对妈妈说：“妈妈，我突然想起来了，老师让每人带一盒橡皮泥。”妈妈表现得很不耐烦：“早怎么不说，刚才经过文具店你怎么不吭声？”于是，妈妈费力地将女儿带到了文具店门口。可是，女儿却生气地从自行车上跳下来，说：“不买了。”

到了学校后，妈妈质问女儿为什么不听话，女儿哭着对妈妈说：“妈妈，你知道吗？我们小孩也很可怜！”妈妈一下子愣住了，女儿的脸憋得通红，然后气鼓鼓地对妈妈说：“你们大人心烦的时候可以拿我们小孩来出气，可我们小孩心烦的时候，能找谁发火？我们心情不好的时候谁会听我们说话呢？”说完，女儿头也不回地跑进学校。

“我们小孩也很可怜”，这或许是很多女孩共同的心声。在很多家庭中，父母根本没有时间、也没有耐心认真听女孩的倾诉。有调查显示，很多父母在一周内，认真听孩子说话的时间还不足30分钟。

一位教育专家曾经说过：“父母要想和孩子沟通，学会倾听是非常必要的。倾听是和孩子有效沟通的前提。不会或者不去倾听，就不可能知道孩子的真正想法是什么，连孩子想什么都不知道，何谈沟通？”

在倾听中和女孩“交心”

教育专家认为，倾听孩子的诉说是开启孩子心灵之门的钥匙。其实，学会倾听不光是妈妈听女孩讲话，还要和女孩“交心”，让女孩和妈妈共创一个懂得分享的世界。在倾听女孩说话的过程中，妈妈应掌握以下几个要点。

1. 不要利用倾听否定女孩的想法

妈妈倾听女孩说话，不能只表现为一种姿态。有的妈妈将倾听当作一个技巧来使用，只是用此来“骗取”女孩的信任，“套”出她的真实想法。一边做出倾听的样子，一边想着驳回的理由和如何才能转变她的想法，对于她的可取之处一点儿都不予以考虑，只要与自己的看法不符就一概否定。如此反复几次之后，女孩就会有上当的感觉，此时妈妈再想和女孩亲近就很困难了。

2. 在倾听中表达对女孩的爱

妈妈在倾听女孩说话的过程中，要从身心两方面表达对女孩的爱。妈妈不要对她说："你为什么不早告诉我们？"或："你怎么会做这种丢人的事情？"相反，妈妈要适时地搂住女孩，并给她一些积极的鼓励，比如，"我很骄傲你能告诉我们这件事"或"我很高兴事情并不太糟"。

3. 将专注倾听的态度传达给女孩

无论女孩谈论的是多么简单的话题，只要妈妈能表现出很感兴趣的样子，女孩就会非常愿意继续讲下去。反之，如果妈妈一脸阴沉，缄默不语，一副漫不经心的样子，女孩就会对此感到很失望。慢慢地，她也会变得对任何事情都不关心，并且不会把自己的心里话告诉妈妈。那些经常在课堂上不爱思考、很少发言的孩子，幼年时可能就缺少倾听者。而且，女孩如果从小对自己的语言魅力一无所知，就会对自己的语言表达能力失去应有的信心，日后就会羞于表达自己的情感。所以，妈妈要向女孩表现出自己专注倾听的态度。

首先，妈妈可运用表情的变化。比如，保持微笑，并时不时地做出吃惊的样子。孩子最喜欢看到别人吃惊的表情，用大人的话来说就是"大惊小怪"，她也希望看到妈妈对自己所说的事情感到吃惊。因为在她看来，能把妈妈吓住，可以证明自己的本事很大。

其次，用语言来表达。在倾听孩子谈话的时候，妈妈可以用简单的话语，比如"太好了""真是这样吗""我也是这样想的""你的想法真是太棒了，继续说下去""我简直不敢相信"等来表示你的兴趣。

从老师那里了解女孩的情况

不要把孩子当成大人，虽然她的年龄增长了、个子长高了，但心智还不成熟，因此还需要家长的帮助。这就要求家长时刻关注孩子，时刻掌握孩子的情况，把问题解决在苗头初露时。这个了解孩子情况的渠道在哪里呢？就在老师那里。

“孩子上了初中以后，学校经常为她们订一些复习资料，时不时会要求孩子交钱。每一次，只要孩子一开口，我都会很爽快地掏腰包。但最近我发现，孩子要钱要得很频繁，理由都是交复习资料。我对孩子的行为产生了怀疑，但并没有当面问她，而是悄悄给老师打了个电话。与老师沟通过后，我的怀疑得到了证实，班上最近都没有为孩子订复习资料，显然孩子把钱用在了别的地方。老师向我反映，孩子最近总是逃课，即使在课堂上，也常常心不在焉的。

“于是，在孩子早上出门后，我悄悄地跟着她，发现她走进了一家网吧。这时，我明白了，孩子最近非常喜欢玩一个游戏。由于我们在家对孩子上网玩游戏实行了限制，孩子就跑到网吧去玩，而因为没钱，她就向我们撒了谎。”

妈妈们不妨想想看，如果这位妈妈没有和老师联系，那她能了解到孩子最近在学校的表现，并知道孩子要钱的真相吗？答案是否定的。

很多妈妈从孩子进入初中一直到毕业整整三年的时间，不知道孩子在哪个班，不知道孩子的学习状态——在年级、班级什么位置，属于哪个层次，甚至连班主任姓什么、叫什么都不知道。

这都是妈妈不负责任的表现。一个妈妈，连孩子最基本的情况都不知道，如何能发现孩子身上的问题，又如何谈得上帮助孩子呢？

妈妈只要想和学校沟通，就会找到很多的方式。不同的沟通方式，会产生不同的效果。

面对面的沟通方式是最有效的，妈妈可以先把自己想了解的情况和孩子这一阶段的问题事先总结一下，然后利用空闲时间去学校，针对孩子的具体问题，和老师聊一会儿。妈妈可以简要地向老师说明家里的情况和孩子在家的表现，让老师充分了解孩子的情况，有利于老师和妈妈对孩子的教育。和老师面对面交谈不要时间太长，以免耽误老师的工作。

电话沟通非常方便，但一定要注意选择好打电话的时间，妈妈最好事先了解老师上课的时间，然后找老师的空闲时间和老师联系。

如果妈妈不习惯直接跟老师面对面，可以给老师发信息询问孩子的情况。现在很多学校都会提供咨询平台给妈妈。例如，每天都有固定时间把孩子当天的作业情况和在学校的表现跟妈妈沟通，这种沟通方式很便捷，只需要妈妈事先把联系方式留给学校。

现在网络非常普及，妈妈可以采用网络沟通的方式，QQ、MSN、E-mail，都是非常普及的网络联系工具。另外，现在许多学校都有自己的网站，老师也都有自己的博客。妈妈可以挤出时间到老师的博客和学校的论坛转一转，看看学校的活动、班级安排和孩子的情况，就能很方便地了解孩子在学校的生活。妈妈在论坛和博客留言，也方便老师找时间作出适当的回应，沟通会很和谐、顺畅。这对平时工作繁忙的妈妈来说，是非常方便和节省时间的。

从女孩的闺密那里搜集信息

娜娜与薇薇是好朋友。最近，妈妈发现娜娜变得很奇怪，除了吃饭时间，她几乎不出自己的房间。不仅如此，她对妈妈的态度十分冷淡，妈妈跟她说上半天话，她才会勉强答一句。

周末，薇薇来找娜娜玩，趁着宝贝下楼买东西的机会，娜娜的妈妈悄悄地问薇薇："薇薇，娜娜这几天这是怎么了，对我好像有很大意见呀。你们是好朋友，她一定告诉你了。"

"阿姨，娜娜是告诉我了，可是我不知道该不该告诉你？"薇薇有点难为情地说。

"只有你告诉我了，我才知道问题出在哪里，才能使娜娜摆脱烦恼呀，你愿意帮助你的好朋友吗？"

"是这样的，阿姨，我们已经是大孩子了，有的时候也会有自己的秘密，娜娜希望你不要再帮她整理书包了。她曾暗示过你好多次，但你好像都没有明白她的意思。"

妈妈这才恍然大悟，怪不得每次她帮女儿收拾完书包，女儿都会对她冷面以对。这下，她知道如何调节与女儿之间的矛盾了。孩子是很注重朋友的，她们很愿意帮助朋友解决问题，尤其当朋友把心事告诉她们之后，有时她们甚至会去主动地帮朋友解决这些问题。父母要想帮助孩子，最好和孩子的朋友保持沟通。

孩子就是这样奇怪，就像上述事例中的娜娜一样，不希望妈妈再为她收拾书包。她不会直接告诉妈妈，而是通过暗示向妈妈表达这种意思。这样，家长与孩子之间是很容易产生误会和矛盾的。因此，当误会和矛盾发生后，家长不妨向孩子的好朋友了解情况，从而顺利地化解与孩子之间的矛盾。

有的家长会说，我们哪里有时间了解孩子的朋友呢？其实，这是很简单的事情。举个常见的例子，现在的孩子喜欢过生日聚会。这时，家长可以为她们开启方便之门，做一桌的饭菜，让孩子自己邀请好伙伴到家里来。这样一来，孩子的好伙伴都有谁一目了然，何乐而不为？

另外，孩子们往往认为朋友是永恒的。要告诉孩子不一定是这样，朋友之间的关系时常会发生变化，也有可能会断交，要有心理准备。总之，父母首先要成为孩子需要的朋友，然后再去指导孩子去交友。

国外心理学家通过一项对2万多名青春期孩子的研究发现：孩子在12岁以前很愿意与父母交谈她们的想法，但之后却有明显的变化。尽管父母对孩子的态度一如既往，但孩子有了问题和想法，她们更多地会与朋友交谈。因此，与孩子的好朋友保持沟通，是家长掌握孩子心理变化的一个快捷方法。

第二篇

不娇不惯——妈妈不可不知的育女智慧

第5章
贴心“小棉袄”，不要娇惯要沟通

现在的女孩多数为独生子女。她们从小生长在“成人世界”里，渴望与父母沟通，同父母建立伙伴关系；同时，父母要想走进女孩子的心灵，也需要与女孩子沟通，通过沟通来了解女孩子的心理。妈妈与女孩之间的双方沟通，能使建立良好的亲子关系，有助于女孩的健康成长。

女孩为何爱缠人

俗话说：“女儿是妈妈贴心的小棉袄。”这不仅是因为女孩细心，同时也是因为女孩最缠着妈妈。

为什么女孩总爱缠人呢？其实，女孩缠人有一定的心理原因。

首先，这可能是缺乏感情的表现。

在婴儿的行为中我们可以清楚地看到这一点，婴儿啼哭不仅是由于肚子饿，有时看到大人从他身边经过却没有抱他，也会嗷嗷大哭，其目的在于引起人们的注意，让你赶快抱抱他，这是一种感情需要。女孩在很小的时候就知道被人关注是一种美好的感觉，但有时女孩会产生一种误解，认为只有得到大人的关注才可以证明自己的存在。所以女孩缠着大人要这要那、调皮捣乱，但这并不是她的最终目的，而在于引起大人的关注。这种心理在独生子女身上表现得尤为明显。当有人陪伴左右、有事可做的时候，女孩并不缠人；当无人陪伴她、无事可做的时候她就会感到孤独，就会因渴望受到大人的关注而缠人。

其次，这可能是一种心理依赖。

个性鲜明、活动力强的女孩一般都不会缠人。相反，那些娇生惯养、一切都被父母安排妥当的女孩，离开了父母就无法生活。这种依赖性在情绪上的体现，就是围着父母胡搅蛮缠，这时如果遭到父母的责骂，反而会安稳下来。这种情况可以看作女孩行为的不独立、内心的不安情绪的一种发泄。父母的责骂反而使她的焦虑转移了，情绪也得到了稳定。另外，女孩越是自卑，越容易缠人。

再次，这可能是由于家庭成员的态度不一。

女孩一般会缠着宠爱她的态度暧昧、容易妥协的人。因为经验表明，这些人总是在责骂之后又去满足她提出的要求。能否从根本上纠正缠人的行为取决于对其个性的培养。缠人表示女孩无法自立，情绪不稳定，要想改变这种个性，就不要给她过分的保护，而要注重她自立能力的培养，多让她自己拿主意，并尊重她的选择。这样，她反而会对自己的决定负责，不会再整天缠着你让你帮她干这干那，也不会提出无理的要求。

女孩爱缠人，妈妈怎么办

灵灵一直是个非常缠人的女孩，尤其是妈妈送她去幼儿园的时候，她总会千方百计地多跟妈妈待一会儿，缠着妈妈不让走。不只是去幼儿园，灵灵在家里的时候也喜欢让妈妈抱，缠着妈妈。睡前故事讲完该关灯入睡了，她一会儿说怕黑，一会儿想喝水，不让妈妈离开。一开始妈妈也没当回事，后来幼儿园老师问道："灵灵在家也这么缠人吗？如果她对你的依赖这么强，就会影响她以后的独立性。"但是妈妈对于小猫一样乖顺的灵灵打也不是骂也不是，女孩仅仅是缠人了些，这该怎么办呢?

有些妈妈做得就非常好。一位妈妈讲了自己的心得:

女儿5岁以前也非常缠人。上小班时,每天早上都是我给她穿衣洗漱,然后由婆婆陪着随车到我单位吃早饭,饭后送她去上学。每天早晨分秒必争,手忙脚乱。一次早上,见她睡得正熟,不忍心把她叫醒,便叮嘱婆婆等她醒来后坐公交车送她去上学,自己先去上班了。结果女儿醒来后,突然不见了每天睁眼就看到的妈妈,大哭大闹,不肯让公公婆婆穿衣,还一定要她变出一个妈妈来给她穿衣,足足哭闹了近两个小时。二老拿她没办法,又怕她冻着,只好开着空调,一直在房间里陪着她。回家后,我对女儿好好地进行了教育。但后来类似的事情还是发生了好多次,还因此感冒了几次,所以有时不得不从单位往家赶,解决问题。女儿每天早上缠着我,已经影响了我的正常工作,让我烦恼。问她为什么这样?她说:“妈妈不见了,我看不到妈妈了。我要妈妈陪着我。”

想到女儿平时的种种,睡前洗漱一定要妈妈,讲故事一定要妈妈,剪指甲一定要妈妈,就连身上痒痒也一定要妈妈挠……几次与友人的聚会因她的哭闹而匆匆赶回,让人很恼火,却也无奈。我意识到,女儿对我的过度依赖不利于她的成长,也影响了我的生活,我得改变她!

于是,那天睡前,我和她说定,如果明天早上没有和妈妈同时醒来,妈妈会先去上班,你醒来时会看不见妈妈,想妈妈可以和我通电话,但不能哭。女儿答应了。接到女儿的电话,她边哭边叫“妈妈”,我忙先表扬她乖,和她聊了一会儿天后,女儿不哭了,答应让奶奶穿衣服。那天,婆婆顺利地把女儿送入幼儿园。初战告捷!以后几次,我依法炮制,渐渐地,女儿完全能接受早上妈妈不在的事实,有时连电话也懒得打了。

早上不用管女儿,独自上班,真是轻松!看来女儿完全可以改变。

我尝试着让老公讲故事，我和她一起听，说爸爸讲故事特别好听，于是，女儿有时也嚷嚷要听爸爸的声音。后来，我和老公轮流讲，现在，是我们三人轮流讲，女儿坚决认为，她也有义务讲故事给我们听。女儿说，和爸爸一起泡脚很好玩，爷爷的大手挠痒痒很舒服，和奶奶睡觉好暖和……女儿的眼中不再只有我。在我解放自己的同时，女儿也得到了很多，和爷爷去翻土、种菜，陪奶奶去喂鸡、捡蛋，跟爸爸去钓鱼、爬山，甚至还跟姑姑学抓药，认识了好几味中药。

与不同的人交往，女儿体验到了不同的生活，拥有了多彩的世界。

“贴心小棉袄”也有脱下的时候

女孩爱缠人，无疑会让妈妈感到烦恼，心绪烦乱，以致影响到家庭事务和工作。如果妈妈总是依着女孩、宠着女孩，就会让女孩得寸进尺，变本加厉。面对缠人的女孩，妈妈该怎么办呢？

第一，让她做点儿家务活。

如果妈妈在做家务时被女孩缠住，可以尝试让她和自己一起来做家务。如此一来，既可以陪伴在孩子左右，又可以培养她热爱劳动的好习惯。

第二，让她学习自己把握时间。

当你忙着的时候，她突然跑过来打断你，非要你跟她一起玩，这时可以安抚地轻轻拍拍她或者给她一个拥抱，然后再拒绝她的要求。这是一个不可或缺的肢体动作，因为这样可以让女孩知道，你虽然不能陪着她，但并不是因为你讨厌她。妈妈要学会引导女孩自己去做事情打发时间，而不是一直缠着妈妈不放，可以教女孩阅读童话书、玩玩具、开辟自己的小天地等。

第三，妈妈自己不缠着女孩。

要使女孩不缠人，妈妈首先要做到不要在情感上过度“依赖”女孩，这是非常重要的。有的妈妈总是抱怨孩子在自己很忙的时候缠着自己不放，但身为妈妈也要仔细想想，自己是否也经常想让孩子陪伴在自己身边呢？如果妈妈对孩子也有很强的感情依赖，亲子双方都缺乏感情独立，那么妈妈更要从自己入手，来使这种严重依赖的不和谐关系得到改善。

第四，让女孩不再有孤独感。

如果女孩与妈妈的感情交流不够，因孤独而缠人的话，就需要妈妈从两方面去做。一是要尽量安排出时间与孩子沟通，增加感情的交流；另一方面是引导女孩学会自己学习、游戏，使女孩感情逐步独立起来。假如女孩缠人的目的在于得到某种好处，就要视情况而定了，合理的要求一定要满足，过分的一定要坚决拒绝。

沟通是养育女孩的“维生素”

女孩成长的力量来源于家长的爱，而沟通则是传递这种爱的工具。

当女孩受到困扰的时候，需要家长的倾听、关怀与沟通。因为女孩的安全感来自家长无条件的关爱，这对女孩心灵的成长来说是不可或缺的养料。

妈妈不仅要照顾好女孩的衣食住行，更应当好她人生的启蒙老师，成为她的知心朋友。在养育女孩的过程中，沟通是必不可少的“维生素”，这对她的成长来说意义非凡。

第一，妈妈与女孩经常沟通，家庭成员之间就会形成一种和谐融洽的氛围。在这样的环境中，女孩可以健康地成长。

第二，妈妈与女孩经常沟通，就可以更及时地掌握女孩的情况，并有效地加以引导，有针对性地做好教育女孩的工作。

第三，良好的亲子沟通向女孩充分地传递妈妈的期望、爱和教育内容，也能让妈妈了解女孩的思想动向，帮她解决成长中的问题。

第四，妈妈经常与女孩沟通，能通过女孩对事物的评价，帮助她树立正确的人生观，克服其不良的思想倾向，走好人生的每一步。

妥善解决“代沟”问题

在实际生活中，有的妈妈与女孩的沟通做得并不好。不是妈妈对此不够重视，就是沟通的方式存在问题。尽管他们很想了解女孩内心的真实感受，但是不经意间流露出的传统角色阻碍了亲子间顺畅的沟通。

由于存在“代沟”，所以妈妈和女孩间经常会出现沟通问题，妈妈和孩子有着不同的成长背景和教育程度，因此，或多或少都会有些差距。

另外，妈妈与孩子的“代沟”也取决于心理发展的水平。由于女孩的感觉、知觉、思维等发育还不成熟，她对外界的感觉与妈妈是不同的。比如，同样是看《皮皮鲁和鲁西西的故事》，当鲁西西趴在床上哭时，妈妈认为“鲁西西不乖，她穿鞋上床”，但女孩可能觉得“鲁西西很委屈，会很难过”。

既然差距是无法避免的，妈妈就应该适应并接纳彼此的差距。

当与女孩出现代沟时，妈妈应该这样想：代沟并不是坏事，反而代表一种进步，这种现象只有在进步的社会中才会有。女孩在成长过程中应该完成的使命是“建立自我”“完善自我”，当女孩和妈妈产生分歧时，就表明她开始有了一套自我的想法，只要有一定的道理，妈妈就应该帮助她建立正确的价值观。或许女孩现在没有和妈妈相同的意见，但不表示永远都没有，等到她逐渐成熟起来，或许会体会到妈妈的良苦用心。

如果妈妈能把“代沟”视为一种良性的冲突，就有助于亲子之间的沟通，对于增进彼此的关系是大有裨益的。妥善解决“代沟”问题，有利于妈妈更加深入地了解女孩。

妈妈错了也应向女儿道歉

在传统思想与现代意识的夹击下，妈妈究竟应该怎样教育自己的孩子呢？妈妈有没有站在孩子的立场上看问题，如果妈妈将孩子视为自己的朋友，又是如何对待她的呢？其实，如果真正把孩子当作朋友，并不只是和孩子平等地进行交流和沟通，还有一个重要的环节就是，无论妈妈还是孩子，只要做错了事情都应该向另一方道歉，这是人与人相处中一个很普遍的准则。

但对许多家长来说，让他们向孩子道歉是件非常困难的事情。很多家长会觉得如果自己这样做了，自己的地位就受到了动摇，以后孩子就更没法管了、就会更加不听话了。其实事实并非如此。

如果家长说错了话，错怪了孩子，主动向孩子道个歉，反而更容易赢得孩子的信任，便于与孩子进行沟通。

那么，妈妈对待孩子到底应该怎样做呢？

（1）如果妈妈发现家里某个东西被弄坏了，或者孩子犯了什么错，千万不要急匆匆地去质问孩子，要事先搞清楚事情的来龙去脉。要知道，什么事情都有它产生的起因。孩子是需要教育的，因为妈妈都是为了孩子好，但是在教育孩子的时候，妈妈千万要明白，这个教育不是盲目的，而是有根据的。

（2）当妈妈发现自己错怪了孩子，千万不要怕丢了自己的面子，不要以为向孩子道歉是一件多么丢脸的事情。如果你真的错怪了孩子，最好把孩子叫到身边，然后真诚地向她道歉，那个时候，孩子就会因此而感动，并认为自己的妈妈是最好的。

（3）如果孩子做错了事情，而你对他的教育是对的，但是由于时间或地点不合适让孩子感觉很委屈，而不理你的时候，你应该主动找孩子谈话，或者向他解释其中的原因，不要一直让孩子和你处于冷战的状态，因为和孩子僵持对谁都不好。

但大多数的妈妈，一方面说要把自己当作孩子的朋友，一方面又向孩子强调他们所谓的权威，让孩子处在一种不知道该如何做的状态。其实在孩子面前，妈妈没必要时时刻刻都保持自己的威严。有时候，让自己成为孩子的朋友，甚至不妨让自己成为一个“没长大的小孩”，因为孩子都是喜欢“孩子”的，尤其是充满幽默感的“大孩子”。如此一来的话，妈妈要想走入孩子的世界就更加容易了。

由“专制”转变为“顾问”

怎样培养自己的孩子，如何才能与自己的孩子进行无障碍的交流，是所有家庭和家长们所关注的一个重要问题，而这也是当今社会环境下一个很棘手的问题。

妈妈在与孩子沟通时，首先要调整好自己的心态。妈妈应该进行一个角色的转变，就是由“专制”逐步转变为“顾问”。很多妈妈在这方面做得不够好。这种转变其实就是说话的口气由“你”变成了“我”。需要承认的是，对女孩传递“你现在就把作业做完”之类的话语已经越来越不起作用了；相反，那些知道如何与青少年时期的女孩进行沟通的妈妈，在表达自己对女孩的疑问和猜测时，会更侧重于用“我”的口吻。

下面我们就来看一看，稍微改变一下说话的风格，情况会不会发生改变。

豆豆妈妈：“我所说的话，你听明白了吗？”

琳琳妈妈：“不知道我说的这些能不能让你听明白？”

豆豆妈妈：“你以后不要再把钱借给你朋友了！”

琳琳妈妈：“如果我让你借钱给朋友，而那位朋友并不打算还那该怪谁？你怎样才能偿还我这笔钱呢？”

显而易见，琳琳妈的那些话会让女孩更乐于接受，并且还能从中受益。因此，每一位妈妈都应该明白这个道理：对女孩来说，那些带有挖苦和讽刺的命令都是有副作用的。

女孩：“老师上课真讨厌，每次上完课都要布置这么多的作业，害得我都没时间玩了。”

豆豆妈：“你怎么可以这样说老师呢，没大没小的！她也是为学生着想。你不知道马上就要期末考试了吗？怎么还这么贪玩！”

琳琳妈：“作业看起来的确是不少，加油吧，抓紧时间，做完了我带你下楼去玩吧！”

作为妈妈，你会如何选择呢，是豆豆妈妈的说话方式，还是琳琳妈妈的说话方式呢？豆豆妈妈完全是教训和解释的口吻，完全没有在意女孩的情绪感受；而琳琳妈妈则是兼顾倾听和情绪的表达，特别是不带批判问句的方式，会让青春期女孩乐于分享自己的情绪，因为妈妈没有企图去堵住女孩的情绪出口。

因此，在面对女孩一些不适当的言行时，希望妈妈避免急切直接的反应。可以让自己停顿一会儿，心里先问自己两个问题：女孩言行背后有什么样的情绪感受？是什么原因造成了这种情绪感受？就算你知道答案，仍得运用假设性的措辞来作出反应。

事实上，妈妈最有效的反应就是“你觉得……因为……”“听起来似乎……由于……”等类似的话语。当女孩开始叙述时，可以用不打断女孩表达的简短反应，如不时地说“嗯”“是的”“你说得很对”等，或者偶尔点点头来表示你在认真地听她诉说，以鼓励女孩吐露心声，让她的不良情绪得到宣泄。

第6章
以诚相待，与女孩建立良性亲子关系

女孩毕竟是孩子，年龄、心理和思想感情等各方面都不太成熟，对有些问题的理解是浅薄的，这就需要妈妈的理解和包容。妈妈只有掌握与女孩交谈的艺术，成为女孩的朋友，才能使两代人做到真正意义上的平等交流。

做妈妈的如果不是把自己放在长者的位置，而是与女儿平等地相处，以朋友的身份出现，那么，母女之间就可以无话不谈了。

放下架子，和女孩平等沟通

钱老师发现，最近班里的徐露露同学成绩明显提高，而且课堂上一改往日调皮的现象，对此她感到奇怪。趁着周末空闲时间，钱老师去了一趟徐露露的家，想拜访了徐露露的父母。

接待钱老师的是徐露露的妈妈，她深有感触地对钱老师说：“家长只有放下架子，才能和孩子平等交流，才能真正走进孩子的内心世界，给孩子鼓励和帮助。”

妈妈说：“两个月前徐露露迷上了网络游戏，我打她了，骂她了，但是徐露露对我的话无动于衷。为此我很苦恼。”

钱老师急切地问：“那你是通过什么样的方法与孩子沟通的呢？”

妈妈说：“一次，我向一个朋友寻求帮助。她问我是否了解过孩子的内心，孩子是不是因为对学习感到厌烦才误入网络游戏的。朋友的话使我猛然惊醒，一直以来，我只是不停地督促徐露露学习，却不了解她对学习的感受。一天放学后，我真诚地问宝贝学习累不累，宝贝起初感很意外，接着她就说累死了，真不想学了。我接着说自己在工作上遇到很多烦心的事情，希望她帮我拿主意。这时，我把宝贝当作知己，将工作中苦恼倾诉出来。”

妈妈继续说：“想不到徐露露分析起问题来一套一套的，我第一次由衷地称赞了宝贝一句：‘你比妈妈强多了！’没想到，宝贝立刻打开了话匣子，她也将内心的郁闷告诉了我。从那以后，我和孩子成了无话不谈的朋友，她不再痴情于网络，学习成绩也突飞猛进。”

平等沟通的作用是巨大的。妈妈和孩子只有平等地交流，才能让孩子充分倾吐自己的想法，只有平等地交流，孩子才会独立地、有主见地发表自己的观点。

沟通的过程是妈妈和孩子思想碰撞的过程，无论两者的想法如何不同，妈妈都应抱着求同存异的思想，对孩子多赞美，少批评。孩子对有些问题的理解是浅薄的，毕竟孩子的年龄、心理和思想感情等各方面都不太成熟，这就需要爸爸的理解和包容。只有掌握与孩子交谈的艺术，成为孩子的朋友，才能使两代人做到真正意义上的平等交流。

让女孩发表自己的意见

一位女孩这样对老师说道：

“每次我鼓起勇气和爸妈说心里话的时候，他们总是先哆嗦一大段的道理，还会摆出一副‘我是大人’的架子，然后把自己的思想传输给我。实际上只有我赞同他们的观点，他们才不会继续说下去。如果我不赞同，他们就会一直往下说，直到我很不乐意地接受为止。所以我一般只和同学在一起谈心，因为和同龄人一起聊天很轻松，可以各抒己见，而和爸妈呢，是被强行灌输的。”

十几岁的女孩独立意识特别强，不愿意像小时候那样听话，妈妈不妨与女孩“角色互换”，多站在她们的角度想一想，去宽容和理解女孩出现的叛逆行为，心里要想着：当年自己不也是这样吗？只要耐心地去教育和引导，过了这一关，女孩就会长成大人。

所以，要让女孩发表自己的意见，妈妈不能永远自己说女孩听。不管女孩对你讲什么，你都应该让她把话说完，给她说话的机会。在讨论一般的家事时，不妨也让女孩参与。不管最后是否采纳了她的意见，应让她感受到自己在家庭中的重要性。如此，她们也会尊重长辈。

要避免单纯的说教，最好就是能够事先明白女孩的要求，知道她要表达的真实意图，然后再有方向性地去引导她。

如果女孩回家后对你说：“妈妈，今天老师表扬了月月。”你的反应可能是：老师为什么表扬月月？老师怎么没有表扬你？你呀，要向月月学习……其实你并没有理解女孩的真正意思。女孩讲这件事的目的只是想表达一下她的情绪，作为妈妈，你没有必要进行长篇说理。听懂女孩的潜台词，给女孩一些安慰和鼓励，是女孩最希望的。

比如，你这样回应女孩：“哦，是吗？月月是你的同桌，也是你的好朋友。她受到老师的表扬，你很替她高兴？你表现得也很好，老师没有察觉到，是吗？”女孩可能说：“是的。”那你就可以说：“哦，妈妈为你骄傲，我知道你表现得好不是为了得到表扬，是吗？”然后，给女孩一个拥抱或拍拍女孩的头。

学会听懂女孩的潜台词

谢雨的女儿很有个性，她特别有主见，叛逆期来得很早——你越是叫她去做什么，她就越不去做，总是说“我不，就不，偏不”！

女儿还会跟谢雨赌气，会跟她说：“我不爱妈妈了，我不要你！”很多妈妈都会因此生气，但谢雨不会。她很有策略，每次都回答女儿说：“没关系，我知道，你说不要妈妈就是爱妈妈，你说不爱妈妈也是爱妈妈……”

女儿对谢雨说：“妈妈，好热呀，我好热！”谢雨就知道女儿的言外之意是说她想吃冰棍或冰激凌。于是对女儿说：“妈妈听明白了，你是想吃点凉快的东西，是吗？”就这样，妈妈获得了女儿的认同。

一个星期天，谢雨带女儿外出放风筝。在开始之前，谢雨对女儿说：“你去操场上放飞手中的风筝吧，玩得开心点——注意自己的安全。”“好的，妈妈，不过我该怎么做？是玩得开心点还是注意自己的安全。”

好家伙，潜台词马上抛出来了——如果你允许我开心，那么我就无法保证自己的安全；如果我必须关注自己的安全，那么我就可能玩得不开心。于是谢雨只好说：“你小心点吧，安全第一，其次才是开心。”

晚上，谢雨发现女儿在看漫画书，于是教育了她几句，希望她要专心学习，并为她推荐了几本她可能会喜欢看的课外书。女儿说：“妈妈，你不是说，能让人心情愉悦的书就是好书吗？”

好家伙，又是潜台词——看这些书的时候，我挺快乐的，凭啥就认定它不是好书呢？于是谢雨只好说：“你得先把作业做完。”女儿很聪明，听到了潜台词是：只要我先把作业做完，就可以看漫画书了。于是马上做作业去了。

我们不得不佩服女孩的这些小智慧，它似乎与生俱来地扎根于女孩的心田。因此，妈妈们千万不要小瞧女孩。她们其实很聪明，听她们说话时不可直白地理解，否则很容易误解女孩的意思，使你和女孩的沟通出现问题。

学会听懂女孩的潜台词，就是当女孩讲起一件事时，不要就事件本身与她探讨，而要分析女孩的话外音。

比如，当女孩对你说："妈妈，张铭每天放学回家就看动画片。"其实就表明她也想看动画片，且在试探你对此的态度。所以你不能说："张铭成绩好，自控力好，看完动画片就知道学习。"而要表明让女孩把学习放在第一位的鲜明态度。这时女孩很可能说："哦，是的。"也可能说："不，我只是说说，我并不想放学回家就看动画片。"

女孩回家说："妈妈，她们都不跟我玩。"很多妈妈都会说："她们不与你玩，你可以跟她们玩呀。"但是女孩会说："我就不跟她们玩，谁让她们不跟我玩的。"看看，妈妈这样说不但没有消除女孩的烦恼，还激化了女孩的不快。如果妈妈说："哦，她们不与你玩，你很生气？"女孩会说："是的，当然了。"女孩发现自己被理解了，她会感到欣慰。在学校与不与同学玩，不是妈妈要帮她解决的，她只是想让妈妈理解她的心情和感受。

用平和的口气和女孩商量

学校要放假了，妈妈想送女儿到农村去锻炼，就和女儿商量：

"宝贝，学校明天就放假了，妈妈把你送到姥姥家好不好？"

"那见不到爸爸妈妈了。"

"嗯，有姥姥、姥爷陪你，而且爸爸妈妈每周都会去看你一次。"

"哦，姥姥家又没有好玩的！"

“有啊！你忘记了吗？那里有你很多小伙伴呀。”

“哦，是啊，我们好长时间没见过面了！她们总会带我去田野里玩。”

“是啊，再说，假期会过得很快的，开学之前妈妈就把你接回来。”

女儿欣然接受，没有丝毫的不快。

和女孩商量，对于一家之长的家长们来说显得特别重要。在很多人的眼里，家长都是说一不二的，如果家长能用平和的口气和女孩商量，沟通效果绝对能好很多。如果家长不是和宝贝商量，而是命令宝贝：“你给我好好吃饭，否则……”女孩很可能不买账。

英国教育家斯宾塞说过：“对女孩要少下命令，命令只有在其他方式不适用或失败时才用。要像一个善良的立法者一样，不会因为去压迫人而高兴，而因为用不着压迫而高兴。”两代人的沟通，最重要的是相互理解、相互尊重。而实现相互理解、相互尊重的方法就是学会商量。

商量并不是简单地迁就女孩，而是与女孩对话、沟通、相互了解，形成双方均可接受的意见或办法；商量，不是父母发号施令，而是和女孩平等交谈，使每个问题的解决都打上“民主”的印记；商量，就是多问女孩几个“怎么样”。因此，和女孩商量问题能体现出家长对女孩的尊重和信任，也使女孩懂得尊重和信任别人。

与女孩商量，你可以从生活中的小事开始：

如果你现在不想睡觉，明早你能按时起床吗？

你要零钱做什么？给你一半行吗？喝点开水怎么样……

商量能够让女孩感觉自己受到了尊重。根据马斯洛的需要层次理论，受尊重的需要是人类较高层次的需要。一旦这种需要无法获得满足，女孩就会沮丧、失落，容易产生抵触情绪。如果你懂得与女孩商量，女孩会非常乐意与你交流，你的意见女孩也乐意接受。

学会与女孩商量，还应表现为当女孩提出的要求你不能满足时，不应该粗鲁地拒绝：不行！不准！或者当你提出要求时，女孩不同意，你也不能简单地说："这件事已经决定了！"如果你懂得凡事和女孩商量一下，就可以避免家庭中一些无谓的争吵。而且更重要的是可以教会女孩怎样做人、怎样与人共事。

给女孩一个平等争辩的机会

面对顽皮、任性的女孩，很多妈妈觉得毫无办法。当她们批评女孩的时候，女孩可能会顶嘴、争辩，这时候很多妈妈会吼道："不准顶嘴。"就这样一句话，拒绝了女孩的争辩，也打击了女孩的自尊心。其实，允许女孩和自己争辩，对女孩的成长是有利的。

钱妈妈希望女儿获得"三好学生"的荣誉。期末考试结束了，女儿把成绩报告单交给钱妈妈，钱妈妈发现女儿的成绩不错，但一条"上课喜欢做小动作"的评语令她感到不满意。于是钱妈妈有点儿生气，忍不住说了女儿几句。

听了妈妈的批评，女儿觉得非常委屈。她对妈妈说："妈妈，你能不能听我讲个故事？"钱妈妈觉得奇怪，就答应了女儿。

女儿讲的故事是：两个小组参加一次竞赛。预赛中，甲组的一位同学出了差错，导致预赛成绩不理想，于是同组的其他同学批评她。在决赛中那位同学很有压力，表现得很紧张，结果又出错了，最后甲组被淘汰出局；预赛时，乙组也有一位同学出了差错，但是大家都鼓励她，让她放松点，结果在决赛中那位同学发挥很好，她们赢得了最终的胜利。

听完故事，钱妈妈不免吃惊。她有些不好意思坐到女儿的身旁，问女儿还有没有要说的。女儿说："我们班里得到'三好学生'荣誉的同学，她们的妈妈都是‘五好妈妈’。”钱女儿听懂了，她从女儿的话中获得了很多启发，同时也认识到允许女孩争辩，对女孩、对大人都有好处。

和女孩平等地争辩，这是对妈妈的要求。之所以这样要求，是因为在很多家庭，女孩是没有权力和妈妈争辩的。每当女孩和妈妈争辩的时候，妈妈就会用家长权威来压制女孩的抗争。每当女孩一句话把妈妈顶得哑口无言时，妈妈就会说："我说了算，不许你顶嘴。"这就是一种极为不平等的沟通，女孩没有争辩的权力，委屈和不满就不能及时发泄出来，对女孩的成长是不利的。

心理学家发现，在反抗期中，能够同妈妈进行真正争辩的女孩，将来会比较自信，并富有创造力，而且口才和辩驳能力都会比较强。

当女孩言之有理时，请表示赞同和赏识。

很多妈妈非常看重面子，当她们与女孩平等争辩时，发现自己辩不过女孩，或者发现女孩的话很有道理时，为了维护自己的面子，她们往往对女孩的话表现出不认同，有时候还会冷嘲热讽，甚至对女孩大打出手。长期如此，女孩发现自己在和妈妈争辩的时候，永远处于劣势地位，就会打击女孩争辩的自信心。

在争论时，女孩要思考、分析，要组织语言，要表达出来，这对女孩的逻辑思维能力的发展是有利的。当女孩言之有理时，如果妈妈肯定女孩，会使女孩更加自信。

站在女孩的角度看问题

张含是一位心理医生。最近，她接待了一对互不相容的母女。女儿莎莎说："妈妈回家我就回到卧室，吃饭做作业都待在自己的房间里。

早上等她上班走了我才去上学，一天下来也无话可说。”妈妈和莎莎就像陌生人一般，用莎莎的话来形容就是“相敬如宾”。

在莎莎的印象中，她和妈妈之间的交流总是话不投机，说不到三句话就开始吵起来了。就连一家三口坐在一起吃晚饭、看电视的难得机会，也会由母亲发出的一句“你看人家的孩子学习多用功……”而变为妈妈的指责、莎莎为自己辩解、爸爸在两边忙着劝架的局面。

莎莎的妈妈说：“我好面子，说话不经大脑，不肯向孩子低头。事实上，我们母女之间怎么会有深仇大恨呢，我说她都是为她着想，但她倒把我视为仇人、陌路人。”而莎莎说：“我上小学时，妈妈总是说‘去，小孩子懂什么，赶快做作业去，这次还考不好的话，看我怎么收拾你’；到了中学，妈妈的口头禅就变成‘你瞧瞧长大了不是，翅膀硬了，都学会顶嘴了’，对于妈妈那套‘我是家长，我说什么你得听着’的理论，我就已经习以为常了。像现在这样，大家互不干涉也不错。”

听过母女俩的叙述，张含对莎莎的妈妈说：“缺少沟通是你们母女之间存在的最大问题，这也是家庭教育中非常普遍的问题。实际上，这个问题也不难解决，只要你能多站在莎莎的角度看问题，就能真正走进她的内心，你们之间的问题也就迎刃而解了。”莎莎的妈妈听后，若有所悟地点点头。

美国家庭治疗大师萨提亚曾经说过：“当孩子的确存在需要纠正的错误时，充满慈爱的妈妈通常会采取很坦诚的办法，询问原因，给予关爱和理解，同时体会孩子的感受。”由此可见，如果妈妈能够坦诚地对待女孩，多站在女孩的角度看问题，就会减少很多矛盾与隔阂。

随着女孩不断成长，她自己的主张会越来越强烈，并开始有了和妈妈不一样的想法。于是，有的妈妈就加以反对和制止。有时，妈妈的制止会浇灭女孩的一些创造性思维的火花。事实上，妈妈应该坐下来仔细聆听女孩的想法，给她正确的指导。多站在女孩的角度去看问题，设身处地地体会她的感受。

站在女孩的角度看问题，是对女孩的尊重，也是有效沟通的一种重要技巧。它能避免和减少女孩对妈妈的戒备和猜疑，削弱甚至消除亲子沟通过程中的不愉快，可以使妈妈更好地了解女孩，从而使沟通朝着期望的方向进行。反之，如果妈妈事事以自己的角度为出发点，那么，亲子关系就会变得非常糟糕。

女孩情绪化，妈妈应怎样沟通

如果女孩情绪不好，在家里不时和妈妈大吵大闹，身为妈妈就要讲究一些方式了。

方式一：把事情淡化

女儿为了某事和妈妈发生争执。处于青春期的女儿对妈妈说："我不要你来管，你知道我现在是叛逆期。"

妈妈听了，回了女儿一句："叛逆期有什么了不起的，那我现在还是更年期呢。"

女儿的愤怒情绪立刻就停止了，笑个不止。

也许女孩对更年期并没有什么认识，不过我们不得不佩服这位妈妈的机智和幽默。

虽然一些如"叛逆期""更年期"等专有名词不适合作为描述人的"标签"，但是亲子沟通中却需要一些不那么严肃的风趣和幽默，如此一来，女孩糟糕的情绪一下子就有了好转。

方式二：换一个角度

在和女孩对话时，很多妈妈总喜欢问："你到底想怎么样？"妈妈要考查自己的沟通效果，可以换一个角度和语气，比如问女孩："需要我为你做什么？”这样的话会让女孩听起来更舒服，感觉妈妈很尊重自己，她就愿意和妈妈一起讨论问题，对亲子之间的沟通是十分有利的。

方式三：需要引导，而不是强制

妈妈要知道，女孩不喜欢妈妈用命令、催促的口吻与自己讲话。女孩更不喜欢自己被妈妈用“笨蛋”“废物”“胆小鬼”之类否定、贬低、侮辱的语言来形容自己。有很多妈妈不经意间说出这些贬损性的词语，对女孩的内心造成莫大的伤害。在这种语言环境中成长的女孩，可能会发展成心理畸形，对他人、对社会形成难以改变的错误认知。

因此，妈妈在和女孩说话时，要尽量使用商量的口吻，而不是质问、催促的口吻。和女孩进行平等的交流，选取最佳的解决问题的方案，这才可以形成健康的亲子关系。在这种环境中成长的女孩，妈妈不用太费心思，女孩很自然地会接纳你的意见，向你打开心扉。

再忙也要陪女儿说说话

一位女孩向她的同伴谈道：

“如果我以后做了家长，我不会每天都对孩子板着一张脸，装作一本正经的样子来对待她。我会和孩子做好朋友，和她聊天、谈心，让她把心里的想法和委屈都讲出来。一个能够理解我们、能和我们平等交流的家长，是我们多么渴望需要的啊。”

家长总是觉得孩子不听话，不能了解做家长的辛苦。同样的，孩子也渴望家长的理解：我已经长大了，我需要家长的理解和尊重！那么，什么是理解呢？

理智家长说：“对孩子的理解，就是换位思考，站在孩子的立场上，了解她们真正的需要，将心比心。”

懂事的孩子说：“对自己的理解，是一种坦诚；对家长的理解，是一种体谅。”

家长要学着去了解孩子的情绪起伏、学习情况和生活状况。尤其是对于十几岁的孩子，正处于思维发展的活跃期，分辨是非的能力还不够成熟，很容易出现各种不同类型的问题。因此，家长只有充分理解孩子，才能针对孩子所出现的问题，对症下药。

一位已经下岗的妈妈，宁可自己节衣缩食，仍然坚持每周双休日带女儿去麦当劳，还不忘给女儿大把的零花钱，女儿身上穿的仍然是名牌服装、运动鞋，而女儿却一点儿也不理解家长挣钱的不易，更不理会家庭生活的酸甜苦辣。

女孩的烦恼并不仅仅来源于零用钱、衣服或者是课外书，她们需要的是家长的理解和尊重。当女孩真正得到理解和尊重之后，她们的一切消极、叛逆的情绪都会消失。

许多妈妈忙于工作，与女孩相处的时间越来越少，缺少沟通与交流，矛盾也就出现了。从而导致了女孩真正需要的，妈妈无暇顾及，女孩内心的苦恼，妈妈无从了解。因此，妈妈们及时再忙，也要抽点时间陪伴女孩，和女孩谈谈心，多交流学习和生活中的一些问题，这有助于拉近自己也女孩的距离，了解女孩的内心世界。

此外，由于目前生活节奏很快，工作压力也比较大，所以很多家长都将孩子交给保姆或是长辈来照顾。亲子相处的时间本来就有限，如果下班后再没有好好陪孩子，那么长期下来亲子互动就容易产生问题，出现顶嘴的次数自然也就多了。

不管家长有多么忙，每天都要抽出一些时间听孩子说话，哪怕只有10分钟也好。在与孩子沟通时，家长应认真、专心地看着孩子的眼睛，仔细倾听孩子想说什么，有什么问题，让孩子觉得自己受到充分的重视。

第7章

不娇不惯，不要迁就女孩的任性行为

女孩的任性，往往是家长惯出来的毛病。当女孩子有不合理的要求时，妈妈可能觉得孩子小，不懂事，而迁就她。几次下来，女孩子就会形成心理定式，从而变得越来越任性。妈妈正确的做法是，不迁就不妥协，通过“软硬兼施”的方法把女孩子的任性、自私改变过来。

爱女孩忌矫枉过正

一般来说，特别溺爱刚出生的宝宝还不是非常有害，因为他有理由得到格外多的关怀，比如吃饱穿暖、有人抱、没有病痛、有干净的尿片等等。但是几个月后情况就不同了，孩子很快就会发现，只要他一哭闹，爸爸妈妈就会马上跑到他的身边嘘寒问暖。从这一刻开始，父母站在了溺爱孩子的边缘，比如在半夜里几次从床上起来，把哭闹的孩子抱在手里不停摇晃；或者每过几分钟就跑去照顾孩子、陪他玩等等。长此以往，孩子习惯了在家里享受特别待遇，稍有不顺心就会大哭大闹，而父母也习惯了一切都顺着孩子。

安安就是这样的例子。刚开始的时候，安安能很乖地与大人们一起坐在桌子边上吃饭。但是妈妈为了能让她快点吃完或者不让他把桌子弄脏，就越来越顺着她的意思，最后安安就变成了饭桌上的捣蛋鬼。最后，她不仅在吃饭时表现恶劣，而且也习惯了在家里，无论是游戏、讲故事或者看电视时，一切都要按她的意愿来进行。

现在的父母比以前的父母更易宠溺自己的孩子。产生这一现象的一个很自然的原因就是，现在大多数的家庭只有一个孩子，父母及其他家人把全部的精力和注意力都放在一个孩子身上，并很自然地认为，反正只有这么一个孩子，不对他好还对谁好？

有些父母因为自己小时候父母管教得特别严厉，或者生活不是很富裕，所以到了他们自己有了孩子的时候，往往会走入另一极端，对孩子完全放任自由，予取予求，并认为：我的孩子的生活当然应该比我小时候好。

在那些溺爱孩子的家庭里，常常会看到类似的场面。许多父母都会为自己辩护说："我只是希望让孩子得到最好的。"但是事实却是：过多的爱只会害了孩子。专家有时将父母对孩子的溺爱称为"甜毒品"，虽然表面上香甜可口，但其实，它就像毒品一样，会对孩子的成长造成不良影响。

一味妥协只会让女孩更任性

"女儿今年上小学四年级了，最近成绩严重下滑。等到有一天，老师打电话打到家里，我们才知道孩子原来经常逃学。每天早上总是看见孩子穿戴整齐，向我们道完再见就背着书本往学校的方向走去了，但是怎么会逃课呢？更让人气愤的是，她还用复写纸摹描我的字迹，造假请假条。我是该骂的也骂了，该打的也打了，实在不知道该怎么办了。骂完打完持续不了几天，孩子又开始逃学了，我真是不知道该怎么办了，养个孩子怎么那么难啊？"

陈妈妈无可奈何地向自己的同事吐起了苦水……

一般说来，女孩由于心理发展还不成熟，对许多事情缺乏认识和判断能力，多少都有点任性。任性是女孩普遍存在的问题，如果我们放任女孩的任性，无原则地满足女孩的要求，就会使接子养成专横的毛病。众所周知，任性的女孩，长大以后很有可能发展为刚愎自用、爱钻牛角尖的人，很难与人和睦相处，不利于良好人际关系的形成。

任性，是现在女孩的通病，研究表明，在独生子女中，有60%以上的女孩有不同程度的任性行为。她们大多享受着两辈的爱，在爷爷奶奶、爸爸妈妈的关爱下茁壮成长。由于父母或者爷爷奶奶的溺爱，常常以自我为中心，任由自己的性子做事。常常将“偏不”“我不”等词语挂在嘴边来显示自己的需求，借助在地上打滚、不停地哭闹、乱扔东西等行为来表现她们的情绪和要求。如果父母一味地妥协，一味地满足女孩的“胃口”，只会让女孩越来越任性。

学会对女孩的要求说“不”

现实生活中，如果女孩提出的要求非常过分，妈妈一定要坚决反对。妈妈的拒绝会让女孩体会到规矩的威力。否则，如果妈妈满足女孩提出的一切要求，她的欲望就会无休无止。

小红生性活泼可爱，但就是有点贪心不足。妈妈一旦答应她一件事，她就马上变本加厉。有一次，她要买书，妈妈就满足了她的要求。可谁知她拿上手里的这本，又看上了另一本，妈妈不想让她不高兴，便又给她买了。当他们出门的时候，小红仍旧闷闷不乐。妈妈问她原因，她说：“妈妈不好，才给我买两本书！”类似的情况经常会发生，慈爱的妈妈经不起小红眼泪的攻势，大部分情况都会选择妥协。结果，妈妈越妥协，小红就越得寸进尺，以至于后来，小红几乎总是泪眼汪汪的，因为世界上有很多事情是妈妈无法做到的。

在《爱弥儿》一书中，法国著名启蒙思想家卢梭对为人父母者说过这样一段意味深长的话：“你知道怎样做会使你的孩子感到痛苦吗？这个方法就是对他百依百顺。因为有种种满足他欲望的便利条件，所以他的欲望将会变本加厉、无法遏制。结果，终究会有一天，你会由于自己的能力所限迫不得已而拒绝他。突然遭到拒绝，他的痛苦将比得不到他所希望的东西还要强烈。”

因此，妈妈一定不要对女孩百依百顺，要学会对她的要求说“不”，这样，女孩以后再提出自己的要求时就会慎重很多。而且，妈妈有限度地满足女孩的要求也可以模仿社会和周围环境的一种基本态度，女孩在妈妈这里学会适度地提自己的要求和控制自己的欲望，长大后就可以更容易地与他人交往。

不要过于迁就女孩的脾气

有这样一些女孩，她们脾气比较暴躁，并多以自己为中心，很少考虑到别人的感受，很少为别人着想并且缺少谦让精神。其实，女孩的脾气秉性一方面有先天遗传的因素，另一方面也与后天的教育和培养有着很大的关系。

发脾气是愤怒的表现。对女孩来说发脾气也是一种常见的现象。但是如果女孩长时间把发脾气作为解决问题的唯一手段，家长就应提高警惕。女孩爱发脾气如果不及时纠正，将影响她对环境适应能力，使女孩难以应付挫折并影响其健全人格的形成，这对女孩的人生是十分不利的。

生活中，我们时常会看到有些女孩一遇到不顺心的事情就大哭大叫，有的还摔东西。更有甚者往地上一躺，任你哄骗或威吓，就是一副不达目的不起来的架势。遇到这种情形，做家长的往往心烦意乱，不知所措。于是，为了尽快平息女孩的怒气，不惜牺牲原则来满足女孩的要求。殊不知，这样就会使女孩把发脾气作为逼迫家长就犯的有力武器。如此下去，女孩的脾气只能越来越坏。

妈妈们对女孩的发脾气，要区别对待，千万不要过于迁就女孩的脾气，也不可以草率行事，尤其不能以发脾气来压制女孩的脾气，家长一贯的态度，一经形成定势，将会影响女孩终生。

妙招应对女孩的“小姐脾气”

妈妈们究竟如何有效地教育爱发脾气的女孩呢？

教育专家总结以下几种方法，妈妈们不妨试试。

第一，转移注意力。

音乐有镇定的功效，放点音乐，可以转移女孩的注意力，使其哭闹停止；可以忽然提出一个新的事情，要女孩和你一块儿去干，她也许会忘记发脾气的事；在女孩耳边轻声说些有趣的事，或者开始说故事，女孩很可能会为了听故事而停止哭泣；如果你感觉到女孩的情绪越来越紧张，可以引导女孩玩个有意思的游戏、读本书或者把女孩带到户外参加活动。

第二，教女孩学会情绪管理。

良好的师生关系、同学关系，家庭的和谐情感沟通，可以帮助女孩学会适度表达情绪，积累情绪经验，促进情绪健康成长，这个过程也就是女孩学会情绪管理的过程。

第三，置之不理。

置之不理是帮助女孩摆脱发脾气习惯的最见效的方法。如果发现女孩乱发脾气，只要没有什么危险，你就不要去理他，尽管干自己的事，继续你的谈话或大声自言自语、唱歌、打开收音机或电视机、坐下来读书，或走出去。同时，你要注意女孩的动静，但千万不要看她，因为即使只是瞥了她一眼，她也会受到“鼓舞”，继续闹下去。当女孩意识到发脾气没有用处，哭闹声降低后，你可给她个台阶，以帮她摆脱窘境。

妙招应对女孩和自己的较劲

有一位烦恼的母亲找到我向我诉苦，她有一个上中学的女儿，最近和她讲话时，态度很不好，比如说：

有一天女儿放学回家，母亲问她：“你到哪里去了？怎么晚了一个多钟头？”女儿说：“我和同学一起到露露家玩。”母亲很生气地说：“你知不知道，我很担心！以后放学后就回家做功课，不要到处去野！”女儿听了之后脸色很难看，然后不理母亲就回房间去了。

这个时候，母亲感到很尴尬，生气又无奈，或许母亲说话的语气太重了，伤了孩子的自尊，但是母亲后来发现女儿越来越不听话，知道女儿心里藏着、憋着许多话，很担心将来会发生什么问题。可惜的是，她越是担心难过，就越加倍责问女儿，母女俩之间的沟壑也越来越大。

这位母亲与女孩沟通困难，也就是她与女孩之间无法进行积极正向的交谈，主要的原因是亲子之间没有建立积极正向的情感反应。妈妈与女孩说话应该有正向的目的：提供知识信息、说故事、解决问题、分享想法与情感等。妈妈如能表达友善时，往往得到女孩相应的友善回应。

如果我们关注女孩的进步和优点，就会发现女孩身上的亮点，培养其自信和自尊，调动女孩上进的积极性。所以在与女孩交流中，多使用正面语言：

“放学了，累不累？”（问候）

“请把衣服收好！”（感谢）

“我真喜欢你！”（表达爱意）

“我们一起商量一下，怎么办？”（征询）

“好极了！”“你做得很好！”（表扬称赞）

为什么有的女孩感到与妈妈无话可说，在妈妈面前以沉默来对待妈妈所谓的“教育”？原来，不少妈妈使用的语言，伤透了女孩的心：

“你真没出息！我看你没有希望了！”（伤害）

“不可以！”“不准！”“马上关掉！”（命令）

“我再也不管你了，随你便好了！”（威胁）

“人家隔壁的明明成绩多好，看你，真丢人现眼！”（贬低）

“不要来烦我！”（拒绝正当要求）

“我说你不行就是不行！”（强迫）

“傻瓜，没有用的东西！”（恶言）

“你做这种事，真让我伤心透了！”（抱怨）

“求求你小祖宗，别这样做好吗？”（哀求）

检讨下和女孩沟通时的语言，用宽容的语言代替苛刻的语言，会还给我们一个健康向上的女孩。

对叛逆女孩有原则地示弱

一位母亲很无奈地讲述了她的女儿的故事：

“我女儿今年14岁，小时候是个特别聪明、特别乖的孩子。可自从上了初中，好像整个变了个人。什么事都自作主张，也不听我们的劝告，只要我们说她几句她就不高兴，不断提醒我们她已经是大人了，不用我们操心。有时，她为了气我们，还故意跟我们反着来。比如，要她穿的衣服她偏不穿，不要她穿的衣服她偏穿；问她考试成绩，她明明考得还可以，故意说自己不及格。最近我跟她爸爸对她都比较担心，就忙中抽闲想跟女儿聊聊，可我们还没说几句，她就紧皱着眉头冷冰冰地说了一句：'没看见我正忙啊？走开走开！'挥挥手照旧忙自己的去了，头都没抬一下，好像她不是在跟爸妈说话，而是在轰两只苍蝇。气得我当场哭了，她爸爸也是脸红气粗，要不是我拦着，她非挨一个嘴巴不可。唉，这哪是个孩子啊，分明就是只刺猬。"

从心理学上讲，人的心理发育要经历两次反抗期，第一次出现在2~3岁，表现为任性、不听话、爱哭爱闹；第二次大致从12~14岁开始，要持续3~4年，表现为任性、爱竞争。

一般来说，处于十几岁的女孩是通过与他人竞争来增强自信心的。在这个过程中，她们不仅仅找与自己同龄的优秀生竞争，而且她们特别喜欢挑战权威。在这些女孩们的心中，挑战父母和老师的权威才是最有意思的事情。

具体到生活和学习上，这些女孩"挑战权威"主要表现在以下几个方面。

每当家长"教育"她们时，她们会反驳，甚至要求家长不要管她们；她们会时常挑家长的毛病，希望家长按着自己的想法去做；对老师不再崇拜和尊敬，却换之以评头论足，甚至针锋相对；十几岁的女孩试图通过这些"挑战"来确立自己的地位和身份，来证明自己的实力。但是，出于安全考虑，她们往往会将"挑战"的对象锁定在自己家长的身上，这也就是为什么这些十几岁的女孩总是与家长"对着干"的原因。

因为十几岁孩子的这种"叛逆"属于正常的心理现象，是不可避免的，所以家长对孩子的这些表现不要过于敏感和紧张，而应该"欣然接受"。但是对于女孩的"叛逆"行为，妈妈不能无原则地迁就、妥协，否则女孩就会得寸进尺，无所顾忌。要适当地给女孩以“颜色”，让女孩子适可而止，收敛行为。

任性偏执不服管教的女孩怎么教

妈妈想要女孩改掉任性的习惯，首先要明白女孩任性的原因。

一般而言，女孩任性发脾气，通常是由于以下几种原因：一是妈妈对女孩的溺爱、娇惯、放纵、迁就，让女孩有种自我优越感；二是大人对女孩的非分要求，教育方法不当，一味批评训斥，不讲道理；三是女孩想引起家长的注意。因此，对于任性的女孩，妈妈应当在分析原因的基础上冷静处理。

所有任性的女孩大多是在这样一个教育模式中成长起来的：对妈妈提出要求—妈妈拒绝—继续要求—妈妈拒绝—哭、闹—妈妈妥协。面对任性的女孩，很多妈妈不知如何是好。

如何正确面对并有效纠正女孩的任性行为呢？不妨参考一下这样的方法：

吴妈妈接女儿放学回家后，便忙着开始做晚饭，让女儿在客厅独自玩耍。可是不一小会儿，女儿便来到厨房，央求妈妈和她一起玩。妈妈告诉女儿爸爸一会儿要回家了，得准备晚饭。没想到女儿不依，大哭大闹起来，甚至还摔东西。吴女士一狠心，不管女儿，就回到了厨房。

一会儿，客厅没了动静。吴妈妈一看，女儿正在一边自娱自乐。事后，吴女士总结了一条经验：面对女孩的任性行为，不妨冷静处理，把女孩晾一边，不理不睬，任由女孩大哭大闹。这样一来，女孩一看自己的“小伎俩”起不到任何作用，也就偃旗息鼓了。

妈妈不妨学一下吴妈妈，面对女孩的种种理由与各种胡闹行为，采取不解释、不劝说、不争吵的办法，保持一段时间的沉默，做你正在做的事。切忌在女孩面前表露出心疼、怜悯或迁就，更不能和她讨价还价，事后给予女孩一定的肯定。

任性是女孩普遍存在的问题，如果妈妈放任女孩的任性，无原则地满足女孩的要求，就会使接子养成专横毛病，从而影响女孩未来的人际交往。妈妈应当分析女孩任性的原因，采取冷静处理的方式，对女孩不理不睬，无视女孩的各种理由与胡闹行为。

真正的爱是带有规矩的爱

海明的女儿丽杰现在4岁10个月，她的小脸胖乎乎的，一对大眼睛水灵灵的，非常讨人喜欢。可海明却特别烦她，甚至看她都不顺眼，这是为什么呢？当然是因为她非常任性，总爱发脾气，稍微有点事不依着她，就对父母大喊大叫。因而，海明跟心软的妻子合计了一下，决定要好好管管她，决心给她定规矩，并且特别提醒妻子，不能因为一时心软就坏了大事。

这天，海明的一个大学同学要来家里做客，来之前，海明就告诉丽杰明天有客人来，让她要听话，客人来了要打招呼，要有礼貌，不能在客人面前瞎胡闹。丽杰答应了。

客人来了后，刚开始丽杰的表现还不错，很高兴地与客人打招呼，并招呼客人就座，但没过多久她就开始吵闹了。当时，丽杰的爸爸妈妈正忙着招待客人，陪客人聊天，可丽杰却非要妈妈陪她去玩，而且是要去公园玩。丽杰的妈妈没答应，说自己没有时间陪她玩，要陪阿姨聊天。而丽杰一听立马就躺在地上撒泼打滚，大哭大闹，她闹腾了十几分钟，怎么哄都不行，弄得客人很不好意思，本来说好要在海明家吃饭的，结果只待了不到半小时就离开了。

在给孩子定规矩时，有些父母总感觉很难。从表面上来看，是父母们定规矩的方法有问题，让孩子难以接受与理解，但究其原因，是这些父母没有梳理好爱与规矩的关系。由于没有理清爱与规矩是什么样的关系，所以这些父母定起规矩来，总是不忍心，有些犹豫，不那么坚决或不能坚持。

所以，妈妈在给女孩定规矩前，一定要梳理好爱与规矩的关系，搞清楚什么是真正的爱，如何才能真正地爱女孩。

1. 真正的爱是理性的爱，不是溺爱

真正的爱是关心女孩、爱护女孩，这与溺爱是完全不同的两回事。关心女孩是建设性的关怀，是为女孩提供良好的情感环境，如妈妈陪女孩一起玩游戏，带女孩去动物园认识动物，这是以一种女孩能接受的方式支持他。这种关怀远远超出什么都满足女孩。

妈妈没有不爱自己的女孩的，可妈妈要明白：真正的爱既要给女孩提供良好的情感环境，又让女孩明确是非界限，坚守生活或学习规矩。

2. 爱与规矩是互相关联、密不可分的

爱与规矩是互相关联、密不可分的。真正的爱是有规矩的爱，真正的规矩是体现爱的规矩。但在生活中，很多妈妈往往是在爱的时候没了规矩，定规矩时没了爱。如何在给女孩定规矩时，把爱体现出来呢？这很简单，要帮助女孩，而不是威逼女孩守规矩，在女孩遇到困难时，妈妈要真诚帮助女孩渡过难关。

天下妈妈都十分爱自己的女孩，希望女孩有一个美好的将来，甚至希望女孩能成就非凡事业，有辉煌人生。而爱女孩，妈妈一定要理性，一定要梳理好规矩与爱的关系，在应该给女孩定规矩时，坚决地给女孩定规矩，这才是真正的爱女孩。否则，最后的结果只能是害了女孩，甚至毁了女孩的一生。

把握立规尺度，宽严双管齐下

法国启蒙主义思想家卢梭说过：“幼儿时期是成长中的最主要时期。”现在，很多妈妈都很重视女孩的早期家庭教育，但由于许多妈妈缺乏家庭教育方面的知识，存在着两种极端表现：一是对女孩的管教过严，给女孩定下许多清规戒律，这也不许干，那也不许干，把女孩的手脚束缚得紧紧的。

一种是教育过宽，对女孩的要求，不管是合理的还是不合理的，一律满足，结果导致女孩放任自流，为所欲为。

儿童教育学家普遍认为，对女孩应当宽严相济。该严的时候严，妈妈才能在女孩面前树立起应有的威信；该宽的时候宽，女孩才能够不被束缚，收到良好的教育效果。

因此，妈妈在教育女孩时，要把握好尺度，做到宽严相济、恩威并施。

苏联著名教育家马卡连柯的《妈妈必读》一书中的序言有这样一段话：“子女固然由于妈妈方面爱的不足而感受痛苦，可是，他们也会由于那种过分洋溢的伟大感情而腐化堕落。理智应当成为家庭教育中常备的节制器，否则女孩们就要在妈妈最好的动机下养成最坏的特点和行为了。”这段话讲得十分深刻。

在爱女孩的过程中，妈妈要把握尺度，坚守做妈妈的原则，既不失爱，也不缺乏严厉。

懂得宽严相济、恩威并施，既不一味地强求女孩服从自己的管教，也不纵容女孩不好的习惯，这点值得很多妈妈好好学习。

第8章

折翼天使不娇宠，“问题女孩”早纠正

女孩年龄小，心理和思想还很不成熟，还没有形成正确的世界观和人生观，成长过程中难免出现这样那样的问题，沾染一些不良习惯。如果这些不良苗头不能得到及时的制止，就会贻害女孩一生，让女孩变成“折翼天使”。

作为妈妈，对女儿进行教育有不容推卸的责任。对于女儿的问题行为，不应娇惯迁就，而要严肃对待，加以纠正引导，让女孩在正确的人生航道上行进。

爱说谎的女孩怎么教

女孩们撒谎是一种比较常见的现象，又是一个应该引起妈妈警惕的问题。女孩出于某种原因，如怕责备、挨打，为博得家长的欢心等是常见的。撒谎有两种情况：一是偶尔一次，如伟大导师列宁小时候，有一次到姑妈家去玩，不小心打碎了一只花瓶。当姑妈询问时，小列宁撒了谎，没有承认是自己打碎的。事后，当他回到家意识到这样做不对时，马上写了封信向姑妈承认花瓶是自己打碎的，并表示自己撒谎是不对的。二是经常性撒谎。这种现象是十分严重的，必须引起家长高度重视。

说谎行为与诚实是背道而驰的，妈妈要帮助女孩矫治撒谎的恶习，必须对症下药，即先要找出其说谎的原因。女孩说话的原因归纳起来有三点：一是家长的管教比较严厉；二是逃避责备；三是女孩的虚荣心作怪。

在弄清了女孩的说谎的原因后，就可有的放矢地对女孩进行矫治了。矫治的方法有以下几条。

第一，抓好第一次。

如果女孩仅是第一次说谎，妈妈必须当件大事把它抓好。不妨来点小题大做，把文章做足。在弄清说谎的缘由和动因后，应立即动之以情，晓之以理，分析说谎的危害，指出问题的严重性，并明确表态："下次不能再说谎。"总之，要让女孩留下深刻的印象：说谎是不诚实的表现，是不对的，下次不能再说。只要抓好了第一次，就能刹住车。

第二，重视屡犯的女孩。

对那些屡犯的女孩，妈妈必须引起高度重视，因为这是关系到女孩道德品质的大事。因此妈妈要认真分析其说谎的原因，摸准其说谎的规律，要多花点工夫，不要轻信女孩的话，稍有怀疑，必须马上核实女孩的话，如是谎言，及时揭穿。要让女孩知道谎话骗不了妈妈，必须说实话。否则女孩就会觉得妈妈是"好骗的""可欺的"，继而胆子越来越大，谎话越说越多。

第三，创造民主和谐的家庭氛围。

如前面所说，父母的专制、严厉往往是女孩谎言的温床。因此，妈妈一定要民主、和谐地对待女孩，让女孩敢于说实话。有时即使女孩做了错事，只要女孩认错了，就不应再痛骂、毒打。因为女孩犯点错误是在所难免的。这样，就可消除女孩说谎的外在因素。

第四，家长自己不说谎。

有的女孩说谎，原因往往是家长自己说谎"教"出来的。所以妈妈决不能在女孩面前说谎，或说话不算数，欺骗女孩。我国古代"曾参杀猪"的美谈可成为广大家长妈妈学习的楷模。使女孩从小知道，说话要算数，不能骗别人。

做错事后拒不认错的女孩怎么教

许多女孩犯错后死不认错，即便身处“案发现场，证据确凿”也绝口否认自己的过错，有时还会将错误转嫁到一些“科幻人物”身上，让妈妈哭笑不得。面对死不认错的女孩，有些妈妈实行棍棒教育，十八般武艺用尽，但效果甚微；有些妈妈则糖衣炮弹，连环攻击，结果不但起不到相应的效果，还助长了女孩的“士气”。对此，许多妈妈苦不堪言。

女孩犯错后拒不认错是一个普遍的现象。由于女孩年龄较小，心智不够成熟，尚不能形成明确的判断意识，随着年龄的增长，开始追寻一种所谓的“青春价值”，一旦遭到妈妈否认，她们便觉得成长的进程受到阻碍，觉得如果认错就等于否定了自身价值和处理问题的能力，所以她们就会坚决不认错。

虽然女孩拒不认错是成长过程中的正常现象，但是如果妈妈放任女孩，让女孩不爱认错的坏习惯一直发展下去，那么将会对女孩价值观、人生观、交友观产生不可估量的负面影响。因此，妈妈应当仔细分析原因，善用引导方式，在了解女孩的基础上给予正确的教育，帮助女孩在认错与学会认识错误之间画上等号。

女孩死不认错的原因不外乎以下几方面：首先是女孩的个性问题，往往这种女孩性格比较任性、霸道、执拗、爱面子；其次女孩怕承认错误之后面对的将是严厉的惩罚；最后是女孩和成人看法不一致，女孩不知所“错”。以上几种情况都有可能导致女孩拒不认错，对此妈妈应该具体问题具体分析。

因个性问题而拒绝认错的女孩，妈妈应当尊重女孩的个性，告诉女孩承认错误是一种美德，如果过分爱面子，不顾一切地为了顾全面子，而忘记并舍弃自己最需要干的事情，那就会本末到置，因小失大了。此外，针对此类性格的女孩，妈妈教育她时需要看场合、讲方式，要做到“家丑不外扬”。当女孩不能马上认错的时候，家长要给女孩一个缓冲的时间，不要伤害女孩的自尊心。

因害怕惩罚而拒不认错的女孩，妈妈首先要从自己身上找原因，改变教育方式。许多妈妈的教育方法简单、粗暴，不是训斥就是打骂，这样只会让女孩惊恐万分，无所适从。因此，妈妈首先要转变教育方式，坚持正面教育，以身作则，鼓励女孩知错就改。

如果因看法不一致让女孩不知所措，妈妈应当交换角度，不要以成人的眼光看待女孩的世界，尽量多站在女孩的角度想问题，考虑时间。妈妈要帮助女孩分析过错，让女孩意识到错误在那儿，从而帮助女孩改正错误。这样对于女孩价值观的形成有着重要的意义。

提无理要求、爱慕虚荣的女孩怎么教

面对种种的诱惑——神气的汽车模型、多功能书包、新款运动鞋等，女孩往往会败下阵来，哭闹着要求妈妈满足她们的“想要”。面对女孩提出的无理要求，有些妈妈能够理智地分清女孩的“想要”与“需要”，不为女孩的“花言巧语”动容，有些妈妈则耐不住女孩的“糖衣炮弹”，轻易满足女孩的要求。

这几年妈妈对女孩的教育也步入了一种误区：但凡是“掌上明珠”提出的要求，妈妈不惜节衣缩食，也要满足女孩。殊不知，在这样的畸形教育下成长的女孩也必然是畸形的。妈妈只是一味地满足女孩的无理要求，女孩会愈发任性，过分追求物质方面的享受，从而影响女孩的价值观和道德观的形成。

女孩由于年龄尚小，处于生长发育阶段，对自我把握能力不够，再加上生活经历不深，还无法建立评价事物的正确标准，这时就需要妈妈积极、及时地引导，如果要求无理，妈妈要果断拒绝。那么妈妈应当怎么拒绝女孩的无理要求呢？

面对女孩的要求，妈妈首先应当区分“想要”与“需要”。通常来说，女孩提出的要求只是一种心理需求或兴趣的表现。如果女孩的要求是合理的，那么妈妈就要满足女孩的要求；如果女孩的要求是不合理的，那么妈妈要给予坚定的回绝。同时妈妈也要像女孩讲明拒绝的理由，如家庭的经济状况不允许等，让女孩学会理解大人，千万不要为女孩“糖衣炮弹”的攻势所动容，满足女孩的需求，这样只会让女孩抓住你的软肋，等待你的将是一次又一次的突击。

如果女孩还是唠唠叨叨不肯放弃自己的“想要”，妈妈不妨先转身去忙自己的事情，对于她的要求不予回答，采取冷处理的方式来应对。等女孩安静下来后，妈妈不妨及时对女孩进行“热加工”，给她讲讲道理，给她安慰，在女孩面前始终充当一个“说理者”而非“命令者”。慢慢地，女孩就会变得理性起来。

为了预防女孩提出无理要求，妈妈不妨在每个阶段给女孩订立一个购买规则，对女孩实行一定的消费限制，比如：限制女孩买衣服鞋子的次数以及价格、明确零花钱的使用权限以及相应奖励措施，通过具体的规定和措施，帮助女孩树立理财意识，形成节俭的好习惯，从而告别提出无理要求的时代。

满口脏话、叛逆成性的女孩怎么教

情景一：小薇和同桌因为“三八线”的问题起了冲突。气急败坏下，小薇一边摔课本，一边说道：“滚你爷爷的，王八蛋……”

情景二：妈妈带着徐然去超市商场买文具。徐然看中了一款全自动的文具盒，拉着妈妈让妈妈给买，但是妈妈觉得太贵没有给徐然买，徐然一边走路一边跺脚说道："母驴，你怎么不去死……"

情景三：爸爸接王森回家的时候，恰巧路上堵车，爸爸和王森都很着急。爸爸还没有说什么。王森反倒来了这么一句："他妈的，又堵车了，晕死……"

情景四：芬芬做完作业想要出去玩，妈妈不让她下去，让她在书房里继续看会儿书，预习一下明天要学的内容。谁知芬芬来了一句："丫丫个呸，你烦不烦啊，玩会儿能死啊……"一句话说得妈妈目瞪口呆。

"去你的""滚你的""他妈的"，当女孩用带着稚气的声音说出这样的语言时，作为妈妈是不是有些不敢相信自己的耳朵呢？

一般而言，女孩讲脏话不外乎以下几种理由：首先是女孩在某种场合下听到某个词，觉得很好玩，并无恶意；其次是模仿大人，妈妈不经意间的语言"失足"，可能引发女孩的模仿心理；再次是女孩的情绪发泄。在此情况下，妈妈要仔细观察女孩说脏话的原因，只能"疏"不能"堵"，引导女孩摆脱说脏话的习惯。

妈妈面对女孩说脏话的行为，要明确地表示反对，让女孩明白这种行为是人们深恶痛绝的。如果女孩继续脏话连篇，那么妈妈有必要采取一定的惩罚措施，采取冷处理的方式，让女孩进行自我反省，这样有助于帮助女孩克服说脏话的习惯。

有时，面对女孩说脏话的行为，如果妈妈严加管教，往往会起到火上浇油的效果，还会引起女孩的逆反心理。这时候，妈妈不妨采取冷处理的方式，从自身找原因，做好表率，为女孩创造良好的语言环境，让女孩戒掉说脏话的坏毛病。

有吸烟、喝酒癖好的女孩怎么教

“小不点一个，还瞒着家长吸烟。”一位教师指着一名女学生摇头叹息道。从女孩泛黄的食指可以看出，她吸烟已经有一段时间了。牙齿看上去也没有这个年龄段孩子该有的洁净，老师说她喜欢将三根烟接到一起吸，还常常表演给其他同学看，那些女孩竟然一个个兴奋地鼓掌起哄。这个班里有一大半男生抽烟，有部分女生也喜欢凑热闹。

青少年抽烟出现低龄化走势已是不争的事实，据统计，目前我国青少年吸烟总人数高达5000万人。

除了抽烟，青少年喝酒人数近些年也是呈直线上升，每家医院几乎每天都会收到一些因为喝酒感觉肠胃非常不舒服的青少年。

如果女孩有着尝试抽烟、渴酒的冲动，妈妈该如何去对待这一问题呢?

1. 让女孩了解抽烟喝酒的危害

专家认为11~15岁是极易沾上烟酒的高危阶段，妈妈要在女孩还未接触前就告诉她们抽烟喝酒的种种危害，以实际的案例、纪录片、模拟图像等加深危害印象。

2. 让女孩知道你对抽烟的看法

妈妈既是女孩的导师还是朋友，应该放下自己是大人的架子，以平等的方式，相互交流各自对烟酒的看法，并强调妈妈的想法。

3. 妈妈的行为决定女孩的行为

有专家强调，一个家庭妈妈有抽烟酗酒的问题，女孩十有八九也会有。不想让你的女孩早早沾上烟酒，妈妈尽量少在女孩面前抽烟喝酒。如果你既要反对女孩抽烟喝酒，又总是在他面前肆意酗酒抽烟，那只会造成女孩的逆反心理。

4. 相信自己的女孩

很多时候，妈妈在谈及烟酒的危害性时，女孩可能不屑一顾，甚至有抵触心理。但到她们真要尝试时，还是会想起妈妈的忠告，并会思考自己这么做的后果，从而收敛行为。

5. 动之以情

告诉女孩，如果她继续抽烟喝酒，妈妈会非常失望和痛苦，甚至都无法安心工作，这比同她谈论吸烟对健康的危害也许更为有效。

6. 告诉女孩没有人会为她的健康埋单

也许受到同龄人的诱惑，女孩禁不住加入到吸烟喝酒一族。即便知道这么做危害大，但怀着“抽烟喝酒出了问题，他们还陪着我”的侥幸心理，便欲罢不能。妈妈不一定批评女孩的酒友，但可以告诉女孩，今天给你烟酒的人，实质上就是在跟你交换健康，等某一天你的健康全部用完后，你所要承受的痛苦，并不是一两根烟、一两杯酒就能化解的。让女孩认识到，没有人能为自己的健康负责，除了自己。

7. 不要认为抽烟不如其他冒险行为危险

许多研究发现，抽烟往往很快导致健康和社会问题。如果女孩十来岁时就开始抽烟，比起晚抽烟喝酒的人，得病概率高出好几倍。无论是花费在烟酒还是医药上的费用都要比别人高。

8. 将香烟清除出女孩的生活区

如果社区商店向女孩出售香烟，妈妈们应提出抗议。

害羞敏感、怕见人的女孩怎么教

敏珠是一个非常害羞的孩子，她总是在教室里静静地坐着，老师和同学们有时竟然会感觉不到她的存在。她没什么特别要好的朋友，在课间或午餐时间里，她习惯于自娱自乐。陌生人和她搭话，她就会满脸通红，好像快要哭出来的样子，躲到妈妈的身后。

有一次，妈妈领着敏珠去快餐店，敏珠想要一杯可口可乐。妈妈就让敏珠到柜台买，但是敏珠不愿意自己去，和妈妈争执了十多分钟。最后经过一番练习之后，她才走到柜台前说出她想要一杯可乐，但是由于敏珠的声音太小，服务员没有听清楚，敏珠一下子哭了出来。

你的孩子是否也会这样，或者出现过下面的一些征兆？

——站在陌生人面前，总感到有一种无形的压力，似乎自己正在被人审视，不敢迎视对方的目光，感到极难为情；

——与人交谈时，面红耳赤，虚汗直冒，心里发慌。即使硬着头皮与人说上几句，也是前言不搭后语，结结巴巴的；

——不善于结交朋友，于是常感孤独，常因不能与人融洽相处或充分发挥自己的才干而烦恼；不善于在各种不同场合对事物坦率地发表个人意见或评论，因此不能有效地与他人交换意见，给人拘谨、呆板的感觉；

——常感到自卑，在学习和生活中往往不是考虑取得成功，而更多的是考虑不要失败。

羞怯的本质就是一种不自信。其实，几乎每个人都有害羞的时候，对孩子来说更为普遍。

如果你家的女孩也有害羞的心理和行为，妈妈该怎么办呢？

1. 帮助女孩正确估量自己，树立自信心

日常学习和生活中，应让女孩多考虑“我要怎么做”；在各种社交场合中，应让女孩顺其自然地表现自己，不要担忧人家是否注意。告诉女孩，当与对方交谈时，眼睛要看着对方，并将注意力集中在对方的眼睛。这样可以增加女孩对对方的注意，减少对方对女孩的注意。

2. 让女孩勇于和别人交往

让女孩向经常见面但说话不多的人如邮递员、售货员等问好，告诉他们，与人交往，特别是与陌生人交往，要善于把紧张情绪放松。让女孩使用一些平静、放松的语句进行自我暗示，以缓和紧张情绪、减轻心理负担。

3. 教给女孩一些谈话的技巧

比如：在连续讲话中不要担忧中间会有停顿，因为停顿一会儿是谈话中的正常现象；在谈话中，当感觉脸红时，不要试图用某种动作掩饰它，这样反而会使脸更红，进一步增加了羞怯心理；想到羞怯并不等于失败，这只是由于精神紧张，并非是不能应付社交活动。

4. 让女孩不要过于敏感

凡事尽可能往好的方面想，多看积极的一面。平时注意培养女孩的良好情绪和情感，让女孩相信大多数人是以信任和诚恳的态度来对待自己的，不要把自己置于不信任和不真诚的假定环境中。那样，对别人就总怀有某种戒备心理，自己偶有闪失，或者并无闪失，也生怕别人看破似的，就会使自己惶惶然，更加重了羞怯心理。

性情孤独、自我封闭的女孩怎么教

孤独感是一种封闭心理的反映，是感到自身和外界隔绝或受到外界排斥所产生出来的孤伶苦闷的情感。青春期是儿童向成人转变的过渡阶段。青少年总想一夜之间成熟，在同学中成为被接纳和喜爱的人，在成人面前希望得到尊重和信任。他们渴望和别人探讨交流又不愿敞开心扉。独立意识和自我意识的发展导致青少年产生许多独特的想法和美好的向往，而这些想法往往被人否定，认为是“幼稚无知”，青少年便将内心封存起来并变得孤独。

正值豆蔻年华的少男少女体验到孤独其实并不可怕，这正是自我意识觉醒的一种表现。但是如果太过于孤独，深陷于孤独之中，独来独往，不愿和任何人来往交流，连父母也不愿讲心里话，那么就是一种孤僻症了，父母应当引起警惕。

如果你的女孩太过孤独了，请尽力改变女孩原来的环境。当女孩一个人的时候，给他安排一些感兴趣的事情，读读书、听听音乐、从事自己的业余爱好等。每个人都会有孤单的时候，在属于自己的时间里满足自己的兴趣爱好，乃是人生的一种乐趣。另外，作为妈妈，你还应该做做下面的事：

1. 告诉女孩在个体上她是独一无二的，但在世界上她同别人一样

告诉女孩，她的喜、怒、哀、乐，别人包括做家长的你也都曾有过，不必过于留心自己的体验，要学会“不以物喜，不以己悲”。凡事都要保持一颗平常心，要努力向外部世界伸展，外面的世界很精彩。

2. 与女孩分享她正在思考的问题

分享是人生的宝贵财富，是一种难得的心理满足。当我们的喜、怒、哀、乐被人分享时，就会感到喜上加喜，悲伤也会大大减轻。同理，当父母分享女孩的各种情感时，女孩同样会产生莫大的心灵安慰，而父母也会从中得到精神的满足，进而使女孩摆脱孤独的情绪。

3. 指导女孩积极主动地接近别人

积极主动地接近别人的最好方法，便是关心、帮助别人。提醒女孩，当她看到周围的人有为难之处的时候，如果能主动伸出手去帮一把，很可能就为自己赢得了一位朋友，从而也帮助自己摆脱了孤独。

4. 帮助女孩通过改变自我而获取朋友

没有人会喜欢整天愁眉苦脸的人，也没有人会喜欢一脸清高孤傲的人。如果你想要女孩拥有友谊和朋友，那么你就需要帮助女孩在某种程度上改变自己。指导女孩学会倾听别人的讲话，学会将心比心，学会礼让平和，学会说话的时候多强调她人而不是“我”，那么你的女孩很快就会拥有大量的好朋友。

5. 将分享作为财富赠予女孩

其实，孤独与分享从来就是统一的，不能截然分开，而两极相通从来都是事物的普遍规律。只有从分享走向孤独，才会体会孤独之深沉；只有从孤独走向分享，才能由衷感到分享之美好。一个从来不知分享的人，便永远体会不到孤独的真正内涵；而一个不知孤独的人，也必不懂分享的乐趣。作为家长，你不但要学会分享女孩的心情，还要帮助女孩学会分享别人的心情，进而在孤独与分享间快乐着她的快乐。

女孩的孤独感并非一无是处。青春期的孤独是心理成熟的标志，它意味着一个人开始把自己的兴趣从对外界事物的关注中撤回来，返回到了自我。

不讲卫生、生活邋遢的女孩怎么教

佳佳有一个属于她自己的房间，但乱得简直没有办法进去：床上到处堆着衣服，桌子上和地板上到处都堆满了书。妈妈刚刚帮她整理好了，很快她又给弄得一塌糊涂。妈妈要她自己做清洁，她却说：“我自己的房间，乱点是我的自由，您要是看不惯，可以帮我打扫。不愿意打扫，可以不进我的房间，这也是您的自由。”

良好的生活卫生习惯是保证孩子身体健康的必要条件。俗话说“病从口入”，讲究卫生直接关系到人的健康。有人认为“不干不净，吃了没病”，这是缺乏科学根据的。在现实生活中，一些人由于不讲究卫生，染上急性或慢性疾病，影响了身体健康。尤其是孩子，他们的抵抗力比较差，容易感染疾病，更应注意讲究卫生。

从小养成良好的生活卫生习惯，不仅对预防疾病、保障健康有重要意义，而且对改变我们国家和民族的卫生面貌和道德风尚也有极其深远的意义。一个国家的人民有没有良好的生活卫生习惯，往往标志着这个国家和民族的科学文化发展水平以及道德面貌。孩童期是习惯养成的重要时期，抓紧这个时期进行培养，将收到事半功倍的效果，而且习惯养成后会比较牢固，影响终生。

怎样才能纠正女孩不讲个人卫生的坏习惯呢？教育专家的建议是：

1. 允许女孩把屋子弄乱，但得要求女孩自己把屋子整理好

多数女孩都十分顽皮和淘气，常常令妈妈头疼的是，这类女孩能在转瞬之间将房里弄得乱七八糟，这样就要费许多的时间和工夫去收拾。其实，年龄较小的女孩根本没有意识到自己把房间弄得乱成一团，因为他们没有这个概念，他们所关注的只是身边有尽量多的玩具就好。这时，许多妈妈都会呵斥女孩不要将房间弄得太乱，然后开始收拾东西。

其实，这样做是不可取的：女孩不会认识到这是他们做得不对，应该自己去收拾。妈妈应从小培养女孩对自己做的事情负责的习惯，让他们自己动手收拾，不要让他们觉得无论如何总会有人帮他们。

如果女孩太小，你可以同他一起收拾，告诉他哪样东西该放在什么地方，千万不要独自就将他弄乱的房间恢复得整整齐齐。最好能让女孩将收东西也变成玩耍的一部分，培养其从小养成收拾房间的好习惯。

2. 要求女孩把东西放在指定的地方

让女孩知道各种东西都有各自存放的地点，最好能分门别类地放好，然后再做上标记。大小东西要分开，这样不易互相挤压后造成小件物品的损坏。比较零散的玩具装在带格的小箱中，也可单独装起来。总之，要让女孩学会分门别类地收拾东西。女孩的东西要方便拿取，不论是什么，都应让其凭自己的力量就能取放。

3. 重要的是指导和监督

妈妈是女孩的榜样，一定要起好带头作用，妈妈必须从自己做起，做事要有规律和秩序，要爱整洁。不要要求女孩一下子就变个模样，做什么事情都是有一个过程的。首先要让女孩知道需要做到什么样子？怎样才算干净整洁？慢慢地，她就会理解你的意思，做到你所希望的样子，当然，你的要求一定要符合她的实际情况。

挑食、偏食的女孩怎么教

王佳上小学五年级了，一直长得很瘦弱，每次体检都不达标，这让妈妈十分焦虑和担心。王佳吃东西偏食、挑食，吃饭仅吃点心，不吃主食，以致营养不良，使身体一直瘦弱无力。每次吃饭的时候父母都要多次督促她吃些主食，一直想治好她这毛病，可是王佳挑食偏食的毛病一直改不掉，妈妈真是不知该怎么办才好了。

人体所需营养素可分为六大类：蛋白质、脂肪、糖类、维生素、矿物质和水。这些营养素分布于各类食物中，一种或一类食物不可能包含全部营养素。我们的祖先很早就懂了“五谷为养，五畜为益，五果为助，五菜为充”的科学道理。如果孩子偏食，就无法摄取各种各样的营养成分，时间长了，就会造成营养失调，给生长发育带来不良的影响。

纠正女孩挑食、偏食的坏习惯，是妈妈必须认真对待的问题。纠正女孩偏食的坏习惯，妈妈可从以下几方面着手：

1. 耐心地给女孩讲清道理

要向女孩说明偏食的危害性，告诉女孩各种食物中含有人体最需要的营养成分，如果缺少就会影响身体的正常发育，并容易患上各种疾病。在对女孩进行教育时，要实事求是，要有科学性，举例要生动，逐步使女孩认识到偏食不利于身体健康，这样才能取得让人以较满意的矫正效果。

2. 对女孩的进步予以奖励

要让女孩明白，家庭用餐是一种集体行为，不是自己一个人的事。

不能只顾自己，什么东西自己最喜欢吃，就一个人“包圆儿”，自己不喜欢吃的东西连看都不看一眼。好吃的饭菜要尽量想着别人，不好吃的饭菜，即使自己根本没胃口，也应该出于照顾大家用餐情绪的目的，尽量多吃一点儿。让女孩明白：自己喜欢吃的东西，别人也会喜欢吃，好吃的要让大家共同分享。吃饭时每一盘菜都吃一些是一种好习惯，这样既能丰富女孩的饮食结构，又能培养女孩就餐的良好礼仪。

女孩不爱吃某种食物，但经过劝导能少量进食时，妈妈应予以奖励。同时，对女孩的需求要有充分的了解，弄清女孩最想获得什么东西，以便采取有针对性的奖励。

3. 家庭用膳品种要多样化，避免单一

餐桌上食物的品种经常更换，尽可能做到色、香、味俱全，适合女孩的口味。妈妈要想办法把女孩不爱吃的东西，做成各种不同式样的食品，引起女孩的兴趣，增强其食欲，使其把吃饭当成一项乐趣。那么，偏食、挑食的坏习惯就能纠正。

4. 不要过分溺爱、娇惯女孩

有的妈妈溺爱女孩，女孩要什么给什么，喜欢吃什么就给什么吃，一味迁就女孩，这是十分错误的。有的女孩对零食的厚爱超过了对正餐的兴趣，零食吃个不停，到吃饭时反而没有胃口了。于是觉得这也不好吃，那也不好吃，吃菜十分挑剔。时间长了，就会偏食。因此，不能由着女孩随便吃零食，这对防止女孩偏食是十分重要的。

5. 必要时带女孩看医生，进行药物治疗

有的女孩食欲太差，挑食、偏食特别严重，妈妈一定要带女孩去看医生，服用一些能增进食欲的药物。

总之，只要妈妈认真阅读以上几点，并在现实生活中加以巧妙运用，就一定能使女孩自觉养成合理饮食的好习惯。

第9章

赞美不过头，适时肯定女孩点滴进步

赞美和鼓励，是女孩成长的阳光雨露，是带领女孩走向更高台阶的助推器。赞美可以让女孩的身上焕发出别样的光彩。妈妈要学会赞美自己的女儿，加强女儿对成就感的积聚和感知，让她一步步地走向成功的人生。

赞美是亲子沟通的润滑剂

渴望得到赞美是人的一种共性，孩子更是如此。妈妈如果能真心地赞美女孩，会迅速拉近彼此之间的距离。女孩会觉得自己得到了妈妈的尊重和认可，她会与妈妈更加亲近，并愿意主动地与妈妈沟通。

一位曾培养出两个优秀女儿的妈妈说过："赞美是亲子沟通的润滑剂。"沟通是妈妈与孩子之间的互动，如果某一方并不情愿，那么，沟通是很难进行的。如果妈妈要与女儿进行沟通，可以首先给她一些赞美，如夸奖她字写得很漂亮，她一定会很高兴，这样就会乐于与妈妈沟通。相反，如果妈妈批评她的字写得不工整，她一定会默不作声，这样双方就很难交流。这就是赞美的作用，它让女孩愿意与妈妈沟通。

在亲子沟通中，有的妈妈一直习惯于以长辈自居，一开口总是离不开"应该""不该""最好""不行"等词语。这样的亲子沟通只能是形式上的，只完成了表面的对话，而未能进行真正的、心与心的交流，所以无法较好地建立互相信任、互相尊重、互相理解的良好关系。

心理学研究表明，如果家长总是责备、训斥女孩，她就会失去耐心；反之，女孩常常受到夸奖，她就会拥有爱心，并对未来充满美好的希望。

俗话说："教子十过，不如赞一长。"妈妈正确地评价女孩的言行，并经常予以赞美，就会形成一种良好的沟通气氛，有助于妈妈与女孩建立良好的关系，缩短彼此之间的距离，让女孩产生信任感。

赏识成就了哈佛女孩刘亦婷

经常会发生这样的事，许多家长在一起讨论自己的女孩。有些家长听到别人的女孩会弹琴，会画画，或者认识很多字，一回到家就会数落自己的女孩，"你看××家的女孩多聪明。你怎么那么笨，样样都不行。"

其实这怎么是女孩的错呢？哪个女孩一生下来就会弹琴，会画画，会识字呢？好多家长在责怪自己的女孩的同时也要扪心自问，你在女孩身上花了多少精力？你又花了多少时间陪女孩学习了？

一个女孩的诞生就是一个希望的开始。妈妈的责任不仅是要把女孩养大，更重要的是要把女孩教育好。哈佛女孩刘亦婷可以说是一个奇迹，让天下妈妈羡慕不已。殊不知母亲和她在一起的每分钟都是有计划、有目的的。在这样的教育之下能不出成果吗？所以女孩的成长需要妈妈的悉心教育。

著名心理学家威廉·詹姆士曾经说过："人最渴望得到的就是他人的赞赏。"被人欣赏，被人称赞，是人类心灵最基本的满足。对女孩来讲，更是如此。

女孩的妈妈最了解自己的女孩。不要拿自己的女孩的短处和其他女孩的长处相比，这样你会对自己的女孩感到失望。学会用欣赏的眼光来看待自己的女儿，每个女孩都有自己的个性特点，让她们把这个特点发挥出来，她就能成为你的骄傲。

对女孩的性格以及一生的幸福来说，家庭氛围和妈妈的态度都发挥着重要的作用。妈妈欣赏的目光和话语，常会激发女孩内在的自我价值和尊严感，形成良好的行为和性格，经常受到妈妈赞赏的女孩大多表现得更为优秀和出色。

对于内心敏感、细腻的女孩来说，这种欣赏就显得更为重要。女孩就像鲜艳的花朵一样，不仅需要雨露的浇灌，还需要阳光的照耀，可以说，别人的赞赏和鼓励，就是女孩最温暖、最美丽的阳光。妈妈和女孩朝夕相处，可以给予女孩最多的阳光。妈妈的赞美和鼓励不仅能够让女儿健康茁壮地成长，也是激发她探索成功的原动力。战胜耳聋并成为大学生的周婷婷，神奇的“哈佛女孩”刘亦婷，都是女孩们学习的榜样，而她们的成功就和妈妈的赞美和赏识有着很大的关系。

就算是一个平庸的女孩，只要用欣赏的目光来看待她，给她适当的赞美和鼓励，女孩也能在这种温暖的阳光中活跃起来，充满灵动的气息，成为充满魅力的女孩子。

好女儿是夸出来的

好女儿是夸出来的，在女孩的成长的过程中，妈妈的欣赏与赞许对她们来说都是十分重要的。即使世界上所有的人都看不起你的孩子，身为妈妈也要饱含热泪地欣赏他！拥抱她！赞美他！为自己创造的生命而感到骄傲。妈妈在日常生活中，要懂得欣赏自己的女儿，多给她以赞美的目光，使女儿在明媚的阳光中快乐地成长。

那么在现实生活中，妈妈们具体应该做些什么呢？可以从以下几个方面入手。

1. 发自内心地赞赏女孩

在赏识教育盛行的今天，许多妈妈以为，只要对女孩说“你真棒！”，就是对女孩的赞赏了。事实上，赞赏女孩并不是简单的事情。

年幼的女孩也许并不知道妈妈对自己的赞赏是否出自真心，只要妈妈对他说“你真棒”，经常向女孩竖起大拇指，女孩就会认为自己值得妈妈骄傲。然而，对于年龄较大的女孩来说，他们需要妈妈们发自内心的赏识，需要妈妈真正的赞赏。如果妈妈不是发自内心地赞赏女孩，只是表面上用“你真棒！”来表扬女孩，女孩反而会认为妈妈是在敷衍自己，是假惺惺的，对于亲子关系的改善也不会产生什么效果。

不管女孩优秀与否，妈妈们都要以一颗平常心对待女孩，只有把女孩当作一个平凡的人，当你在发现女孩的优点和长处时，你才可能真诚地去赏识你的女孩。

2. 欣赏女孩的点滴进步

女孩心思细腻，一点小小的幸福，就能让她全身的喜悦细胞活跃起来。所以，妈妈要做有心人，细心地发现女儿成长过程中的点滴进步，并及时地给予适当的赞美和鼓励。一个欣赏的眼神、一句赞美的话、一个微笑、一个拥抱，都能让女儿感受到进步的喜悦，充满幸福感，并在妈妈这种激励下，不断地发挥自己的潜能。

3. 赞赏要针对女孩的努力

赏识女孩的时候，只能赏识女孩的努力，而不要赏识女孩的聪明与漂亮。因为聪明与漂亮是先天的优势，而不是什么资本和技能，而努力则基于女孩自身的认知。

当你需要表扬女孩的时候，最好针对女孩的具体表现加以表扬。

比如：“在今天运动会的女子400米比赛中，我看到你在最后冲刺的时候，已经非常疲劳了，然而，你还是坚持到最后，并夺得了名次，你真棒！”

“今天放学后，你不仅按时回到家中，而且帮助妈妈洗好了菜，你真是个乖女孩！”

这种针对女孩努力的赞赏，不仅可以让女孩更加努力地保持自己的优点和优势，而且，还会让女孩觉得你的赞赏是经过自己的仔细观察，表明你一直都在关注着她，这样也会缩短情感上的距离，这样的赞赏就可以成为沟通的润滑剂。

赞美小公主，妈妈要掌握技巧

赞美能够促进女孩的成长，赞美有助于亲子之间的沟通。然而，赞美女孩也需要掌握一定的技巧，否则就会弄巧成拙。

一般来说，妈妈赞美女孩要掌握以下几种技巧：

1. 赞美女孩不要言过其实

妈妈要实事求是地赞美女孩，不要言过其实，更不要过分夸大地赞美她，否则不仅达不到沟通的目的，还会产生一些副作用。

一天，莎莎的妈妈辅导她功课。莎莎把妈妈出的几道数学题都做对了，妈妈高兴地说：“孩子你太棒了，快赶上数学家陈景润了。”一番赞美之后，妈妈又出了几道数学题，满以为莎莎会更努力地去做，可万万没想到，莎莎只是看了两眼就喊道：“我不做了。”莎莎的这种态度令妈妈感到很意外。

按常理讲，莎莎受到赞美之后，做起功课来会更有信心，然而她却不再想做了。原因就在于妈妈的赞美，妈妈用“数学家”来称赞莎莎，使她有些得意忘形，以为自己确实很了不起。当她看到妈妈继续出的题难度又很大，自己恐怕不会做，而做不出来的话自己还算什么数学家呢？妈妈这种夸张的赞美使莎莎望而却步，她不敢再继续做了，怕破坏了自己在妈妈心目中刚刚形成的数学家形象。由此可见，赞美孩子也要注意自己的用词，太过分就会适得其反。

2. 要具体地赞美女孩

妈妈赞美女孩时要尽量具体。因为赞美得越具体，女孩就越容易明白哪些是好的行为，越容易找准努力的方向。太笼统的赞美如“你真乖”“你真聪明”“你真了不起”等，虽然可以短时间提高女孩的自信心，但因为女孩不明白自己哪里做得好，为什么受到赞美，很容易变得骄傲起来。比如，在女孩打扫了自己的房间之后，最自然的赞美方式是说她如何辛苦，房间整理得多么干净，说她有多乖、多自觉是最不相关、最不适合的赞美。妈妈赞美女孩的话语应该是一面镜子，给她的行为提供一个真实、具体的影像，而不是一个夸大的影像。

小玲放暑假了，一天，爸爸和妈妈去上班了，她就把房间收拾得很整洁。妈妈回家后感到很吃惊，就赞赏她的成就和努力：“房间那么乱，我真不敢相信你只花了半天的时间就清理得干干净净。孩子你辛苦了，你太棒了！”听到妈妈的赞扬，小玲非常高兴，她也为自己的成就而得意。这天傍晚，她迫不及待地盼望爸爸回家，要让爸爸看看整洁的房间，好重温一下被赞美的感觉。

3. 要及时地进行赞美

对应该赞美的行为，妈妈对女孩的表扬要及时。如果过后再赞美女孩，女孩就会弄不清楚自己为什么受到表扬了，因而对这个表扬的印象也不深刻，更起不到强化好的行为的作用了。因为在孩子的心目中，事情的因果关系是紧密联系在一起的，年龄越小，这种意识越强烈。

4. 当众赞美女孩

当女孩应当得到赞美时，妈妈最好在别人面前表扬她。女孩的成绩被别人看到了，这是一种双重的奖励。比如，在家里来客人时，对女儿说：“你很懂礼貌。”以后，女孩就会十分小心地维持这种赞美，并且养成懂礼貌的好习惯，每次家里来客人的时候，女孩都会有很好的表现。

大声告诉女孩：你真棒！

在女孩成长的道路上，必然有许多事情需要尝试。在这一过程中，女孩会获得生活的体验，尝到成功的滋味。如果妈妈过多地保护女孩，剥夺了女孩尝试的机会，那么，女孩就永远无法获得成功的体验，也会变得越来越不自信。

在女孩想要尝试做某件事情的时候，妈妈首先要报以欣赏的态度，鼓励女孩尝试一下，妈妈可以说：“你去试试吧，相信你可以做好的。”

当女孩在尝试中表现出畏缩情绪时，妈妈不要指责女孩，可以说：“你真棒！许多女孩做得不如你好呢！”“做得不错，妈妈第一次做的时候可没你做得好，你比妈妈都强！”相信女孩听到这样的话，自信心会受到极大的鼓舞。

对于较难的事情，妈妈可以先示范一下，让女孩学会做事的要领。比如，当女孩跃跃欲试想要帮妈妈洗碗的时候，妈妈不要因为怕女孩打破碗而拒绝他。其实，如果付出几只碗的代价而让女孩学会洗碗，不是很值得吗？妈妈可以给女孩搬个凳子，让女孩穿上围裙，戴上套袖，教女孩一手抓住碗的边缘，一手用抹布轻轻擦拭，然后用清水冲洗干净，最后放到碗架上。当女孩洗完第一只碗的时候，妈妈可以这样鼓励女孩：“真棒，第一次就洗得这么干净！”这会给女孩以极大的鼓励，会让女孩对自己的能力充满自信。

有时候，如果女孩没有做好，妈妈也应该对女孩说："真棒，第一次就可以做得这么好！下次一定可以做得更好！""没关系，只要你掌握了方法，下次就能做得更好了！"

这样不断鼓励女孩去尝试，女孩才能在尝试的过程中体验到成功的滋味，树立起信心。

鼓励女孩大胆尝试和探索

妈妈一定要知道，对于女孩而言，尝试和探索都是一种学习，只有在这一过程中，女孩才能不断地学习到为人处世的方法，增强自信，提高能力，并向更高的目标迈进。

当女孩面对困境时，妈妈该怎么办呢？

如果匆匆把女孩从各种可能的失败或挫折中解救出来，会妨碍女孩自己解决问题能力的提高。"等待一会儿"和允许她们试着去自己解决，对于提高孩子解决问题的能力来说，会发挥很明显的正面效果。妈妈需要做的是：

（1）鼓励女孩寻求答案和探索各种可能的做法，而不是主动地给女孩提供答案和建议。

（2）注意观察什么时候给予女孩帮助比较合适。建议妈妈在女孩感觉烦躁或打算放弃的时候，再给予女孩帮助比较合适。千万不要女孩一求助，妈妈立刻就伸出援助之手。

（3）把握好帮助的程度，不要凡事手把手教，结合女孩的实际情况和认知水平，给予适度的引导和帮助。当女孩得到启示要进行新的尝试时，及时地终止帮助。

女孩在没有任何指导的尝试过程中，可以更大限度地激发她的各种潜能。所以当女孩面对困难的时候，妈妈需要做的就是尽量让孩子自己多做尝试。

称赞和批评的比重要三比一

表扬的关键是要起到激励作用，重在精神赞赏。马斯洛在需求层次理论中提到，物质需求仅仅是人的低级需求，人的高级需求是精神需求。因此，妈妈表扬女孩一定要实事求是，千万不要盲目表扬，更不要夸大女孩的优点。

“你把你的脏衣服放到洗衣机里了？嘿，宝贝你真棒！”为了培养女孩的自尊，妈妈们有时会把女孩变成受表扬成瘾的人。但是，你一定要明白，靠表扬鼓劲的女孩不会为了自己满意而追求各种目标。她们会因很平常的杂事而期待别人的溢美之词，否则，她就可能不想去完成自己分内的义务。

但是，如果你只指出女孩是如何失败的，失败就会成为她的心理阴影。所以，教育专家建议，称赞和批评的比重应该是3:1。如果批评的比例太高了，夸奖就可能是不真诚的或过度夸张的；如果夸奖的比例太低了，那么，妈妈可能是太苛刻了。

当女孩打扫了房间之后，说她“辛苦了”，或者“房间看上去多么棒啊”，只有这样的评论才是平常的、自然的，而夸她是个多好的人几乎毫不相干，也不适宜。赞美的话语应该让女孩看到她努力以后的成绩，而不是她的品格。

赞扬女孩的话这样表达最有效

合格的称赞应该包括两个部分：我们对孩子说的话，以及孩子听了我们的话后在心里跟自己说的话。我们的话应该明确表明，我们很喜欢、很欣赏她们的努力、帮助、工作、体谅、创造或者成就。我们的话应该帮助孩子对自己的品格有一个现实的看法。

称赞的时候要有明确、详尽的描述，这需要一点儿努力才能做到，但是孩子能从这些信息和赞赏中受益，远比那些对品格的评价要有效得多。

十几岁的女孩已经有了自己的思想，对一般事物的鉴别能力也已具备，妈妈如果想用廉价的表扬去满足她们，只会让她们嗤之以鼻，时间长了还会使女孩失去对妈妈的信任。当然也有女孩会逐渐习惯并喜欢这种表扬，虚荣心由此便慢慢形成了。

所以，妈妈要在尊重女孩自尊心的前提下去表扬女孩，突出表扬某些比其他女孩表现出色的细节，这样就在女孩脑中根植下“努力了，就是好样的”意识，从而淡化女孩对荣誉、对结果的过分看重。

妈妈表扬女孩不仅要看结果，还要看见过程。有些女孩比较莽撞，常常“好心”办“坏事”，当女孩因为“好心”办了“坏事”的时候，妈妈切忌不分青红皂白批评一顿，要是这样，女孩也许以后就不敢尝试自己做事了。妈妈应该冷静下来说：“你的出发点是好的，但过程似乎欠考虑，希望下次你能考虑得再周全一些。”女孩的心情就放松了，这样下次她就会顺利一些。

所以，只要女孩是“好心”就要表扬，再帮她分析造成“坏事”的原因，告诉她如何改进，这样会收到较好的效果。

第10章
批评不过火，责备女孩要讲究艺术

世界上没有完美的人，更没有不犯错的女孩子。女孩子犯了错，妈妈的大吼大叫没有一点儿用处，只能让女孩子产生逆反情绪。聪明的妈妈要保护女孩子的自尊心，给女孩子面子，把批评用女孩子能够接受的语言表达，让女孩子轻松地接受。

女孩脸皮薄，别当众敲警钟

教育女孩没有固定的一成不变的模式，有效才最重要。女孩往往会有叛逆心理。这时，要取得有效的教育成果，妈妈就应该改变教育方式，而不是继续在女孩面前扮演权威。妈妈应把女孩看作与自己平等的个体，尊重、理解她们。

有这样一对母女，她们之间已看不到爱的踪迹，只剩下相互埋怨和厌恶。

妈妈伤心地对人说："真是越大越不懂事，前几天，我正和亲戚聊天，她居然好端端地冲我发火，指着我，冲我声嘶力竭地喊：'你不是我妈，我恨你！'你说说，有这样的孩子吗？"

女孩悲伤地对同学说："我恨她，她口口声声说为了我好，其实，在她看来，我就是一只没有自尊的宠物，呼之即来，挥之即去。她还经常在众人面前披露我的糗事，供大家娱乐。每当这时，我都很抓狂。"

为什么案例中的女孩会如此不尊重自己的妈妈？因为随着年龄的增

长，女孩把颜面看得越来越重。如果家长经常揭她们的短，特别是当着外人的面，她们就会觉得颜面尽失，就会对此事耿耿于怀，甚至会像上述案例中的女孩一样，当场情绪失控。

也许，在妈妈看来，小孩子无自尊可言，当众“揭短”也就无所顾忌。事实上，妈妈这种想法是错误的。在女孩小的时候，妈妈是她们眼中的权威，当众揭她们的‘短’，虽然她们不情愿，也不懂得反抗，但当女孩慢慢长大后，自我意识迅速发展，她们强调自我、自尊，如果妈妈再这样毫无顾忌地“揭短”，她们就会很生气，进而不在妈妈这种“声讨”中爆发，就在“声讨”中自暴自弃。

经常在朋友面前提起女孩的糗事，以敲响女孩的“警钟”；女孩犯错后，毫不留情面地批评、教育她，结果只会让亲子之间产生矛盾，恶化亲子之间的关系。于是乎，最可悲的事情就发生了：女孩感叹妈妈不尊重她们的感受，妈妈抱怨女孩不服从管教。

在众人面前，妈妈应该“护短”而不是“揭短”，让女孩觉得你们因她而自豪。

当女孩犯了错误后，妈妈不应立刻批评她们，而是首先表示对她们行为的理解，然后再让她们意识到自己的错误。例如，在课堂上，因不满老师的批评，女孩与老师顶嘴，妈妈得知此事后，不应立马批评女孩，而应对女孩说：“老师说的话让你觉得很难堪，是吗？”然后再问：“你这样做是不是太冲动了？”

别当众数落女孩的毛病

发现女孩的毛病或缺点，妈妈不指出来是不负责任的，但是要注意场合。如果有其他人在场，即使女孩的缺点再明显，也不可大张旗鼓地指出来。你可以给女孩一个善意的暗示，然后回家和女孩好好说。这样做给女孩的感觉就是：爸妈照顾了我的感受。那么女孩就容易虚心改正错误了。

每个女孩身上都有缺点，妈妈们没有必要太过在意，尤其不能在众人面前指出女孩的缺点。这对女孩的健康成长是没有好处的。

有个女孩养成了一个坏习惯，和人说话时，经常不自主地捏鼻子。她虽然总是提醒自己注意，但是说话说到尽兴的时候，她又忘我地捏鼻子。后来，她又慢慢爱上了挖鼻孔。

妈妈见状，也不顾众人在场，大声斥责："你这女孩怎么又添一个新毛病？本来鼻孔就大，你还抠！太没规矩了！"

每次听到妈妈的斥责之后，这个女孩就不自觉地赶紧捏鼻子，以使鼻子缩小。妈妈的话也让她的缺点暴露在众人面前，她觉得自己很没面子。

后来她经常因为捏鼻子而遭到同学的讥笑。就这样，她变得不快乐了，而且自卑、孤僻。

女孩到了某个年龄，已经清楚地认识到自己的缺点，有时还会感到羞耻。对于自己的缺点，不想让外人知道。因此妈妈有意无意地在他人面前揭露女孩的缺点，只能使女孩感到羞辱。有的女孩虽然年纪尚小，觉察不出自己的缺点，但妈妈这么做，仍会伤害她的自尊心。如果经常听到这样的话，往往会觉得自己一无是处，进而产生自卑心理。

很多妈妈喜欢互相夸别人家的女孩，特别是当众的时候，夸奖别人的女孩也是获得女孩妈妈好感的重要手段。当你的女孩被人夸赞时，如果你不认同，也没必要纠正，更没必要连带女孩的缺点全部说出来；如果你认同，那么就附和对方的赞赏，再给女孩几个夸奖吧，这会让女孩非常高兴。比如，别人当着你的面说："你们家的女孩真灵巧，做事利索得很！"你接话说："是啊，女孩确实挺灵巧的。"女孩听了这些话，一定会感觉很好。

批评之前，先教会女孩欣赏自己

在成长的过程中，女孩难免会有失误，会遭遇挫折和失败。我们不能仅凭这些事就断定女孩没有前途、没有志气，做妈妈的必须学会给她们以耐心的、正面的引导。一味地指责“没出息”，是一种负向的心理暗示，只能使女孩走向自暴自弃，走向真正的“没出息”。其实，孩提时调皮甚至顽劣，但长大后成为名垂青史的大家和大师者，不乏其人。

《半月谈》上刊登过一篇文章，讲述了作家叶兆言与女儿之间的冲突。一方面，身为父亲的叶兆言一直用自以为是的“理论”管教女儿；另一方面，女儿却在潜意识里与父亲进行着多方面的抗争。直到有一天，看过女儿临出国前交给自己的日记本，叶兆言才在震惊之余开始反省自己的父亲角色。面对女儿的内心表白，他说：“小女曾说过，我这个当作家的父亲让她还没有学会欣赏之前，就先教她学会了批评。这一点真让我汗颜。”

叶兆言面对女儿的“批评”感到汗颜，我们许多妈妈面对叶兆言的自责，是否也会有同感呢？从严要求女孩没有错，但一些妈妈却曲解了严格要求的本义。有些妈妈最爱用“没出息”这句话训斥女孩。女孩考试没得满分，是“没出息”；女孩写不好作文，是“没出息”；女孩没有完成作业，是“没出息”；女孩上课说话，是“没出息”……在这些妈妈眼里，女孩们没出息的事实在是太多了。

在女孩成长过程中，如果经常使用带有惩罚性质的语言，会使她养成自卑胆小的性格，或者产生对立情绪。女孩虽小，心中也有一杆秤，成人的每一句评语，都能让她那敏感的心灵快乐或者悲伤。奚落、讽刺、挖苦女孩，表面上看要比体罚“文明”，但它带给女孩的伤害不比体罚小。体罚伤害的是女孩的身体，而“心罚”伤害的则是女孩的心灵。受“心罚”的女孩被摧毁的往往是自尊心，被打击的是自信心，被扼杀的是智慧。在一个女孩面临重要的人生选择时，指导和鼓励是非常重要的。女孩的心，尤为敏感与脆弱，与其居高临下地严加管束，不如平等善意地以诚相待。

所以，成功的妈妈在教会批评之前，先教会女孩欣赏自己，欣赏他人，欣赏人生。他们善于观察与揣摩子女的心态处境，当女孩沮丧时，会用热情的话予以鼓励；当女孩自卑时，不忘用她的闪光点燃起她的自信心；当女孩痛苦时，尽量设身处地说些安慰的话……这样，女孩的理想之花就会渐渐开放。

让我们记住叶兆言先生的话：“奉劝天下父母，多给女孩一点赞美，让她们从小就会欣赏世间的一切。对于父母，女孩无论成功与否，都要接受。能不能出人头地，是她自己的事，各人头上一方天，没必要强求女孩干什么。人生是一步一步走出来的，能把每一步都走踏实了，这就很好。”

换一种女孩能够接受的批评方式

韩梅梅爱玩游戏，每到周末就玩得忘记了时间，打完一局又一局，有时甚至是把一个简单的游戏从头到尾打下来。妈妈通常和她约定只能玩1小时，可是韩梅梅总是以“还差一点儿”为借口一拖再拖。妈妈决定“表扬”她一下。

一个周末，妈妈的老同学带着孩子来访。妈妈和老同学聊天叙旧，韩梅梅陪着小客人在她房间里玩，听歌曲、看连环画。最后，韩梅梅和小客人跑到客厅说想要打游戏机。

妈妈说“可以”，但老同学说“不要”。原来老同学的宝贝打游戏上瘾，连学习都顾不上，气得他把游戏机、电脑全锁了起来。看着小客人尴尬的样子，看着韩梅梅有点紧张的表情，妈妈笑着说：“是吗？让她们打一会儿吧，我家宝贝能管住自己，说1小时就1小时，她把打游戏当作一种放松。”

“谢谢，走喽！”两个孩子惊喜地说，然后回小屋去打游戏了。

“宝贝，记着时间。打1小时就行了！”妈妈没有忘记嘱咐。“知道了！”韩梅梅痛快地回答。大概是有客人在，韩梅梅不想毁了自己的形象，所以，很准时地结束了游戏。

送走客人，妈妈表扬女儿：“今天你真守信，如果你每次都能这样玩游戏，妈妈妈妈就不会埋怨你了。”

韩梅梅略显不好意思地说：“那我以后一定注意。”

教育女孩需要讲究方法，批评女孩不是随意地责骂，而是要花心思的。人们都说良药苦口，忠言逆耳，如果妈妈在批评女孩的时候，能够给良药放点糖，把忠言说得顺耳一点，相信教育效果会更加显着。

原本女孩不听话，不爱学习，原本你对此很生气，原本你打算批评女孩一顿，但是你没有这么做，转而给女孩贴上“乖女孩”“爱学习”的标签，女孩会因为你对她的积极评价而高兴，进而为了保全自己的名誉而努力做个好女孩，这就使批评达到了表扬女孩的目的。这种方式，既让女孩听得进去、听得舒服，也乐于作出改变，而妈妈也不用动怒，实在是家庭教育的高招。

妈妈们要做的是，根据女孩的承受能力，进行适当的批评。并且，在女孩做错事时，明确地告诉她“这件事你做得不对”是非常必要的，不能因为担心伤害，就不批评、不管教。

对于女孩的缺点和不良习惯，妈妈没有必要板着面孔说教，给批评穿上表扬的外衣，照顾好女孩的自尊心和感受，从正面进行引导，使女孩自觉地修正自己的不足，不断前进。

用赞扬的语言表达批评的话

发现女孩不正确的行为时，做妈妈的心里都不会舒服。如果你直截了当地对女孩不正确的行为进行批评，女孩会感到很沮丧。因为有时候女孩做出错误的行为并不是有意的，或许她们根本没有意识到自己的错，所以你的批评会伤害女孩。相反，如果你说出对女孩的期望，换个角度对女孩进行赞扬，会使女孩很受鼓舞，她自然会很听话地改正不正确的行为。

如果女孩不讲卫生，与其指责女孩脏，不如对女孩说："大家都喜欢和讲卫生的女孩玩。"让女孩明白，你希望她讲究卫生。这样，你就维护了女孩的自尊心，女孩也会自觉地朝大家心目中的好女孩的方向努力。如果你指责女孩，女孩会认为自己是个坏女孩，是不讨人喜欢的，这样她的自尊心就受到了伤害，她很可能采取对抗的态度应对你的指责。结果会使女孩的问题越来越糟糕。

只有把女孩当作一个平凡的人，才能在发现女孩的优点和长处时，发自内心地去赏识她，在发现女孩的缺点和错误时，抱着理解的态度给女孩尽可能少的批评。

欣欣是个好动的女孩。前几天，她总在客厅里踢毽子。为这事，妈妈没少提醒她，可是欣欣依然我行我素，想踢就踢。

这一天，妈妈下班回来，发现宝贝在客厅里踢毽子，就说："宝贝，你的毽子踢得越来越好了，真棒！"欣欣听了这话高兴得不得了，踢得更认真了。

妈妈放下包，见欣欣还在认真地踢毽子，就说："你这样踢下去会把地板弄糟的，妈妈会很难过的，她现在忙着做饭，等一下还要忙着拖地板，多辛苦啊！"欣欣听了妈妈这番话后，感受到妈妈的不容易，觉得自己的做法对不起妈妈。于是，她不好意思地收起了毽子，说："妈妈，我现在就帮妈妈把地板拖干净。"

这时妈妈站了起来，和欣欣一起拖地，还高兴地说："宝贝长大了，知道体谅妈妈了，真懂事。"欣欣得到了妈妈的表扬很开心，她感受到自己身上对家庭的责任。她说："妈妈，以后我不会再在客厅踢毽子了。"

女孩总是会做错事的，这时你直接说出女孩错在哪里就可以了，没有必要添油加醋，甚至翻旧账，对女孩进行喋喋不休的说教。更没有必要带着情绪处理女孩的错误，尤其是语气要保持平和，这样才是对事不对人的表现，让女孩明白你是针对她的错误，而不是针对她本人。

批评女孩不如告诉她应该如何做

当女孩做错了事的时候，妈妈的态度、批评的方式对女孩的成长至关重要。

无论女孩犯了怎样的错，你都不能辱骂女孩，如果你经常在女孩犯错后辱骂女孩，女孩就会朝你所骂的样子发展，假如你骂女孩是个坏女孩，她会慢慢变成真正的坏女孩；假如你骂女孩是个笨蛋，女孩就真的会变成笨蛋。所以，如果你真想让女孩在犯错之后改过自新，就要杜绝辱骂女孩，你只需实事求是地指出女孩的错误，告诉女孩怎么做就可以了。

一旦女孩说错了什么或是做错了什么，有的妈妈就摆出一副严厉的样子对女孩指手画脚，同时带有无礼甚至是侮辱性的批评语言。结果不但没有让女孩心服口服地接受批评，反而引起女孩的反感和顶撞。

麦穗儿吃饭的时候总是不老实，她又开始玩面前的水杯。妈妈看见了，对麦穗儿说："不要玩了，你会打碎它的。"

麦穗儿自信地说："放心吧，这次不会打碎的，我保证。"麦穗儿刚说完，杯子就从手掌间滑落在地，摔得支离破碎。父亲生气地说："哦，我的天哪，你怎么又把杯子摔碎了，屋里东西快要被你摔光了。"

麦穗儿笑嘻嘻地说："你太夸张了，妈妈你忘了，你也摔碎过东西。爸爸最喜欢的酒杯就是被你摔坏的。"妈妈一听这话，气得从座位上跳起来："你在说什么？犯错了还表现出这种态度，你太不像话了。"……

母女大战又开始了。

在女孩玩杯子的时候，妈妈完全可以提醒宝贝"小心摔了杯子，割伤了手"，然后对宝贝说："玩皮球是个不错的选择。"或者当杯子打碎时，妈妈可以帮助宝贝处理玻璃碎片，顺带说"杯子很容易打碎，以后注意点哦"。这种和气的话很可能让麦穗儿为自己的过错感到惭愧，继而会因为自己闯了祸而产生歉意。在没有斥责，没有巴掌的情况下，她甚至可能会在心里想，并自己得出结论：杯子不是用来玩的。

其实，当女孩不小心碰翻了果汁，打破了杯子时，妈妈首先要做的不是批评女孩的错误，而是指导女孩怎样处理错误导致的问题，妈妈应该告诉女孩如何清理破碎的玻璃杯，如何把地板拖干净。

如果妈妈真的能做到克制愤怒的情绪，给女孩提供建设性的意见，女孩也会抓住机会，认真地打扫现场，并为自己的过错深感惭愧。因为妈妈没有批评，而是在指导，这在女孩看来是妈妈给她改错的机会，女孩会倍加珍惜。

好妈妈批评女孩的5个好方法

女孩有温柔、文静的一面，也有淘气、任性的一面。有时会很不听话，不听妈妈的指教。进入青春期的女孩，越来越表现出明显的叛逆行为，让妈妈们感到难以管教。当女孩表现出错误言行时，有的妈妈采取放任自流的做法，顺着宠着女孩，认为等女孩长大了自然会懂事，改正不当的言行。有的妈妈则采取大吼大叫的做法，逼着女孩承认错误。这两种做法都是不正确的。

每当女孩不听话时，一些妈妈认为是天生的，没办法管。殊不知，妈妈教育不当才是造成这种现状的根源。大部分妈妈在给女孩提要求时，很少考虑到女孩的心理需求，经常不和女孩商量，就替女孩做出决定，逼得女孩只有采取极端的方法来抗争。许多妈妈教育观念中有个误区，认为自己的女孩，让她干什么就得干什么。如果这样的观念不改，势必会造成女孩与父母之间的对立。

当女孩做出错误行为时，做妈妈的既不能惯着她，也不能用过火的方式批评她。批评女孩也要讲究方式，才能起到应有的效果。

第一，批评要适度。

妈妈在批评女孩时，应该就事论事，不搞“算总账”式地批评，而且要善于控制情绪，选择恰当的措辞，做到以理服人。

第二，态度要真诚。

妈妈要在充分尊重女孩人格的基础上进行批评，要知道，缺少了真诚的批评是不会有好效果的。

第三，把握好批评的时机。

其实女孩犯错误以后，多半都会进行自我反省，只是更多的时候碍于自尊都不会马上自己承认错误。因此，妈妈在对批评的时机把握得好，效果会好很多，尽量采取能疏导不批评的方式。

第四，千万不要群起攻之。

批评的人越多，错误的事例越多，女孩越不容易接受批评。所以，我们一定不要在女孩犯一个错误时，所有的人都一起来批评，而应该在女孩犯不同错误时，妈妈各自及时进行教育和纠正。

第五，引导女孩自我管理和自我批评。

我们对女孩进行批评教育的一个目的是帮助女孩认识和改正错误，不再犯类似的错误，所以要培养女孩自我反思、自我批评的习惯。

所以，妈妈在教导女孩、希望女孩按照自己的想法去做时，要认真想想，这个做法是否适合女孩，多考虑女孩的感受，才能渐渐梳理女孩对立的情绪，才能更好地与女孩沟通。

第11章

适度“圈养”，教女孩学会自我保护

女孩年龄尚小，没有安全保护意识，更缺乏自我保护的能力，在生活中很容易受到意外伤害。妈妈要当好女孩的生命监护人，对女孩进行适度“圈养”，平时多给女孩讲点安全保护常识，让女孩懂得并学会保护自己，健康、安全地长大成人。

给女孩买玩具，安全第一

马上就是徐然的生日了，爸爸妈妈特意带她去玩具市场挑选生日礼物。徐然高兴极了，经过千挑万选，最后挑中了一对磁力珠。滑溜溜的珠子摸起来很舒服，离得远远的就可以相互吸引，最后粘到一起，好像有魔力一样，很神奇。

爸爸妈妈看孩子喜欢，也没仔细阅读说明书，二话不说就买了下来。

回到家后，徐然迫不及待地拆开包装玩了起来。过了一会儿，妈妈过来叫徐然吃饭，却发现她看起来怪怪的，手里面就只剩下了一个磁力珠。原来徐然把珠子放在嘴里玩，不小心吞下去一个！

最后医生帮徐然取出了吞食的磁力珠。医生严肃地告诉妈妈：幸亏孩子没有一下子吞进两个，否则磁力珠相互吸引，孩子就危险了！妈妈听了，不由得一阵后怕。

女孩在玩玩具的时候，很容易因为玩具自身存在的安全隐患而发生危险。这也给做妈妈的一个提醒：在给女孩买玩具的时候，一定要注意玩具的安全性，千万不能马虎大意。

玩具是女孩成长过程中不可缺少的伙伴。妈妈在给女孩选购玩具时，更多的是注重女孩是否喜欢，是否对女孩的能力有所帮助，很少去关注这些玩具是否符合女孩自身的特点，对女孩来说是否安全。

随着生活水平的提高，女孩的玩具需求也越来越大了。妈妈在为女孩挑选玩具时，要把玩具的安全性能作为挑选重点。

第一，仔细阅读玩具的使用说明。

妈妈要仔细阅读玩具的使用说明，国家有关标准规定，为了帮助使用者正确、安全地使用玩具，避免发生由于使用不当而造成伤害，国内市场销售的玩具必须有使用说明。玩具使用说明书包括：产品名称、型号、主要成分或材质、年龄范围及安全警示。妈妈在给女孩买玩具之前应该仔细阅读说明，这样就能清楚所选玩具是否适合女孩玩，女孩玩的时候要注意什么事项。

第二，不要选带有很小零件的玩具。

注意不要选带有很小零件的玩具，以防零件掉了以后女孩吃进嘴里。有些玩具的材质比较硬，女孩吃进玩具的零件后，就可能对女孩的食道造成严重的伤害。此外，玩具的零件还有可能卡在女孩的嗓子里，造成女孩窒息。

第三，还应当考虑玩具的质量和安全问题。

首先看一下玩具是否有质量合格的标识，如果没有，就要放弃购买。仔细检查毛绒玩具表面是否一拉就会掉毛；看看玩具的尖锐部件是否会划伤女孩的皮肤；检查玩具的零部件黏合得是否牢固等。

第四，要注意玩具对女孩的健康影响。

比如，避免给女孩选购有严重噪声的玩具，和带有刺激性气味的玩具。一定要提前告诉女孩，不要把玩具放入口中或抱着玩具睡觉，在玩完玩具后，要立刻洗手。

妈妈给女孩买玩具作为礼物，已经成为很平常的事情，但是，女孩因为玩具存在的问题而发生危险的事情时有发生。这需要引起妈妈的警惕，在给女孩买玩具时，不能女孩喜欢什么妈妈就一定要给买什么，而是要以女孩的安全为前提，选购一些适合女孩玩耍，并且对女孩的健康成长没有损害的玩具。

告诉女孩在运动时避免受伤

“杨阿姨，彤彤被车子撞到了，您快点来看看。”小伙伴冯彪急急忙忙地对彤彤妈妈说。

“怎么会呢？你们不是在楼下的花园一起玩的吗？”杨妈妈有点不相信地说。

“是真的，我们一起在路上玩滑板，彤彤没看到过往的车辆，结果被撞了。”冯彪解释道。

“说过多少次了，玩滑板去小广场玩，怎么不听话，又去路上玩。”杨妈妈又生气又着急地说道，脚步明显加快，朝出事地点跑去。

彤彤已经被吓傻了，半坐半卧地在地上捂着腿，司机正在问她怎么样，彤彤一句话也不说，看到妈妈来了，“哇”的一声就哭了。杨妈妈连忙哄着孩子，司机告诉她已经叫了社区的医生，马上就到。

经过医生的检查，彤彤没什么大碍，只是腿擦伤了皮，不严重，养两天就没事了。彤彤通过这次教训，再也不敢在路上玩滑板了。

运动对女孩的成长有很多好处，但是女孩在运动中受伤的情况也屡见不鲜，这是由于女孩还没有对适当运动有一个清晰的概念。妈妈在鼓励女孩多多运动的同时，还需要对女孩加强运动方面的安全教育，避免女孩因为过度运动或者其他因素发生危险。

妈妈要加强女孩的安全教育，告诉女孩在运动锻炼时注意保护自己。

1. 根据女孩的年龄和特点帮助女孩选择合适的运动项目

女孩对各种运动都有着浓厚的兴趣，但是不能任由女孩的兴趣做选择。妈妈要针对女孩的年龄特点和承受能力帮助女孩选择合适的运动项目，比如年龄还小、身体柔弱的女孩就不适合选择举重之类的运动项目等。

2. 运动前仔细检查

认真检查女孩的运动场所和运动装备，检查女孩的身体状况和服装，让女孩掌握正确的饮食方法，保护女孩不受运动伤害。

3. 不要让女孩做太危险的动作

女孩看到电视上或者专业演员表演的高难度动作，会觉得刺激、好玩而去模仿。妈妈一定要对这种情况给予重视，在女孩看此类节目的时候，要在旁边教育女孩：这是专业人员经过长期训练才能达到的，此外还需要搭档的配合和各种安全道具，普通人不能擅自模仿。

4. 给女孩报正规的运动培训班

妈妈看到女孩热爱体育运动，或者受到奥运会的刺激而想让女孩多一项特长，会在女孩的业余时间或者寒暑假给女孩报一些运动培训班。这时候，妈妈需要注意：虽然社会上开办的舞蹈、体操、滑冰等培训班很多，但是培训班和教练存在水平良莠不齐的情况，所以，妈妈不要因为急于将女孩送去受训，忽略了女孩接受不正规训练所带来的恶果。

5. 告诉女孩，要在老师或者教练在场的情况下运动

由于女孩缺乏自我保护能力，出现意外伤较多，应该告诉女孩：运动时，要有老师或者教练在场。这样即使发生意外，老师或教练也会及时采取急救措施，防止伤害扩大。

玩危险游戏要有父母陪同

玩是女孩的天性。但是有很多游戏不能让女孩自己单独玩，比如说玩水、滑冰等。女孩贪玩往往就忽略这些安全方面的注意事项，作为妈妈，应该在平时就充分重视，让女孩知道，有些游戏只能和家长和老师一起玩，女孩自己玩不得。

第一，女孩一个人玩存在安全隐患，有些游戏女孩不能单独玩。

女孩爱玩，却没有形成必要的安全意识，特别是女孩一个人玩某种有潜在危险的游戏时。一旦发生危险，没有人知道，女孩又不具备自救的能力，很可能产生可怕的后果。

随着暑假的到来，不少小学生喜欢到水库、池塘等地方游泳，由于这些场所大多没有安全防护措施，容易发生意外事故。如果小学生单独行动的话，往往缺少自救能力，会使危险系数大大增加。

冬季时，女孩喜欢滑冰，出于经济问题的考虑，一般都会选择水库或者路旁的池塘，如果女孩没有同伴一起，可能会发生掉进冰窟窿而没有人救援的情况。

如果女孩喜欢探险，对登山等一些户外活动比较感兴趣的话，也需要同伴陪在身边。特别是离城镇很远的野外活动，如果没有同行的人，一旦发生意外，后果不堪设想。

第二，加强女孩的安全教育，告诉女孩怎样保护自己。

对爱游泳的女孩，妈妈要及时开展安全教育，对女孩讲清楚到水库、池塘等场所游泳的危险。比如告诉女孩水库和池塘地形复杂，深浅难测，稍一大意就会发生危险，禁止女孩单独到水库、池塘等场所游泳。平时要不厌其烦地对女孩灌输这方面的意识，做到警钟长鸣。如果女孩要游泳，让女孩约小伙伴们一起去正规的游泳池。

告诉女孩在游泳之前，一定要做好热身准备。下水前先热身10~15

分钟，可以防止在水中发生腿抽筋等情况。

妈妈在女孩假期要注意加强女孩的安全教育。据调查，由于假期时间比较宽松，女孩无事可做，导致许多安全事故大都发生在寒暑假。针对这种情况，妈妈可以多给女孩安排一些假期活动，让女孩既可以享受到娱乐的轻松，能远离危险。

妈妈可以用周围的真人真事对女孩敲响警钟，也可以用图片或者影像资料让女孩加深印象，防止女孩听过之后就忘到了脑后。妈妈可以多带女孩去听听这方面的讲座，教育专家对女孩的心理把握得比较准备到位，说出来的道理也比较符合女孩的“口味”。

女孩的安全意识比较淡薄，有时找不到玩伴，就可能兴起独自去探险的念头，这很容易把女孩推向求助无门的境地。作为妈妈，应该在女孩的安全意识方面加强教育，平时通过叮嘱、听讲座等方式让女孩知道，有些游戏只能和朋友一起玩，女孩自己玩不得。

和女孩一起进行安全演习

张佳佳和同学们利用暑假到森林中参加夏令营，她看什么都感到新鲜。突然，她发现一只美丽的大蝴蝶，她想也没想，抄起捕虫网就追了过去。也不知道跑了多久，最后终于抓到那只大蝴蝶，可她周围已经找不到一个同学了，也听不到一点同学们的谈笑声，甚至连那条森林中的小路也不知去向了。她迷路了！这时，她想起曾经和爸爸进行过此类情况的演习，她告诉自己不要慌张，按照安全演习中的方法来做。“在森林中迷路时，千万不要惊慌，一定要冷静。”想到这里，张佳佳做了几次深呼吸，平静了一下心情，开始为如何走出困境思索起来。不久，她就制订了一套方案：她先是回忆起自己离开队伍的时间，然后仔细观察附近的地形地貌，找到自己跑来时踩出的脚印，接着根据方向沿着脚印一步步慢慢走，终于走回到来时的那条小路。沿着路没走多久，就听到了老师和同学们的呼喊声，张佳佳激动得都要哭了，她成功了！

像张佳佳这样的情况并不见少。女孩很容易遇到一些紧急情况，也可能会因为缺乏逃生知识而发生危险。这就给了妈妈们一个提醒：平时多注意培养女孩的安全意识，和女孩一起进行实战演习，是一个非常有效的方法。

妈妈要和女孩进行安全演习。

第一，妈妈故意犯错，让女孩纠正。

妈妈在演习中故意扮演失误的一方，让女孩看出并指出出错的地方。这对女孩来说，就是一次成功的经历，会让女孩对自己有足够的信心，也更愿意去学得更好，以此来换取在妈妈面前显耀的机会。在这个过程中，就达到了妈妈想让女孩学好安全知识的目的。

第二，把指挥权交给女孩，让女孩做演习的总设计师。

妈妈要相信女孩有独立处理事情的能力，尽可能支持她们。把安全演习的指挥权交给女孩，让女孩开动脑筋，精心设计各种情节，准备道具，注意演习的各种细节，对演习的整体过程进行推演，准备备用方案应对演习中可能出现的突发状况等。这些都能让女孩对所需的安全知识进行消化和归纳，对女孩的安全知识水平是一次极大的提高。在女孩遇到困难、失败时，妈妈应给予鼓励和安慰，成功了要立即对女孩进行表扬。

第三，利用女孩崇拜偶像的心理特点。

如果女孩崇拜偶像，妈妈可以利用这一特点，多给女孩播放一些有偶像参演的灾难片或者动作片，让女孩看看偶像是怎么处理危险情况的，妈妈可以让女孩扮演偶像扮演过的角色，给女孩制造影片里类似的场景，让女孩模仿偶像来处理危机。

对于枯燥的安全知识，即使妈妈反复强调如何重要，女孩也不会提起足够的重视。这就需要妈妈采取一些比较生动的教育方法，比如说，和女孩进行安全演习训练，让女孩充分体会到作为主角的参与感和演习成功之后的成就感，让女孩从思想上对安全知识接受并力求学得更好。

手把手教女孩在劳动中保护自己

劳动是女孩成长的必修课，女孩热爱劳动本是一件好事。但是据一份报告称，近年来小学生在劳动中受伤事件时有发生，已经成了未成年人安全的重大隐患。因此，妈妈要充分意识到劳动中存在的隐患，谨防女孩受伤。

女孩在劳动中频频受伤的原因可归结为两点：

第一就是女孩很少劳动，一时无法掌握劳动技巧。现在的女孩娇生惯养，很多妈妈舍不得让女孩做一点儿劳动，生怕把女孩累坏，因此事事代劳。这样一来，女孩对劳动的技巧知之甚少，当然会操作不熟练，因而在劳动中受伤。

第二点原因就是妈妈缺少对女孩劳动内容的把关。一些妈妈能够意识到劳动的重要性，放手让女孩去做，而这种放任自流的态度忽视了女孩的年龄和能力，把一些本来不适合女孩的劳动强加给女孩去做，在力所不能及的情况下，女孩当然很容易受伤。

妈妈怎样才能避免这种情况的发生呢？

第一，教给女孩一些必要的劳动技巧。

女孩在劳动之前，妈妈应该将基本的操作技巧告诉女孩。家务劳动大体上分为两类。

清洗类。清扫地面、洗衣服时，切忌手上沾着水去插插座，避免女孩用过冷或过热的水洗抹布，以免冻伤、烫伤等。

厨房劳务。有时候，女孩喜欢去厨房帮妈妈做饭，这时妈妈一定告诉女孩远离菜刀等炊具，以免被割伤；在刷碗时，也要小心操作，以免割伤自己。同时，还要让女孩学会正确使用燃气器具。

第二，帮女孩筛选劳动内容。

女孩爱劳动是好事，既能培养女孩热爱劳动的意识，也能使女孩在劳动中磨炼意志、增长知识。但是让女孩做劳动，不能什么都不考虑，避免将不适合女孩做的劳动分给女孩做。

女孩参加劳动，对女孩的成长有着极其重要的意义。为了使女孩既能从劳动中受益，又避免受到伤害，妈妈要在平时加强对女孩劳动安全意识的教育和培养，让女孩掌握正确的技巧，安全、高效地进行劳动。

给女孩补补交通安全教育课

情景一：放学了，一个小学生骑着单车从校门箭一般地冲了出来，一手扶把一手拿手机，在行驶的车辆中穿行……

情景二：上学路上，几个穿着校服的小学生并排骑车表演“大撒把”；还有几个同样穿着校服的学生脚踩滑轮转遍大马路小胡同……

情景三：几个身穿校服的女孩一边骑车一边夸赞自己的车技，于是她们决定以飙车比高低。只见她们在车流中四处乱窜，还冲着经过的汽车、自行车叫嚷，完全无视交通安全。她们的车铃声一直长鸣于机动车之间，车如流水的马路似乎成了她们的赛车场。

一到放学的时刻，马路上似乎显得更加热闹，校门口围得水泄不通；马路上表演单车特技的穿着校服的学生；马路中央时不时用脚踢小石子、饮料瓶的爱玩小孩……马路上变得热闹非凡，路况也变得更为复杂，可是，学生的这些行为存在着巨大的安全隐患。

面对中小学生交通事故的高发现象，妈妈如何有针对性地对女孩进行交通安全教育，使她们养成自觉遵守交通规则的良好习惯，强化她们的交通安全意识呢？

首先是增强女孩的交通安全意识，让女孩对交通事故带来的危害有清醒的认识。

学生的交通事故主要集中在上学和放学的路上，从而可以看出女孩的交通安全意识比较薄弱。据调查，很多学生认为交通事故距离自己比较遥远，对于事故带来的危害也没有一个清醒的认识。因此，作为妈妈，首先要培养女孩的交通安全意识，通过周围的事例，电视、报纸等媒体的报道教育女孩，增强女孩的安全意识。妈妈在周末或寒暑假期间，不妨陪女孩看有关方面的录像、参观展览并且让女孩参与交通安全宣传活动，让女孩真正从思想上增强安全意识。

其次，从始至终要向女孩灌输交通规则。

培养女孩的安全规则应该从小开始，比如告诉女孩“红灯停，绿灯行”“一站二看三通过”“机动车道与非机动车道分别过”等。随着女孩年龄的增大，活动范围的扩大，妈妈要有意识地提前教给女孩有关方面的规则：过马路要走人行道，不要穿越、攀登或跨越隔离设施等。从小向女孩灌输交通规则，让她们懂得遵守交通规则的重要性。同时，妈妈对于女孩违反交通法规的行为要及时给予纠正。

最后，妈妈更应该起到表率作用。

作为女孩的妈妈，一定要成为遵纪守法的模范。交通部门反映，许多女孩之所以不遵纪守法，原因在于家长的言传身教，有些家长主动带着女孩闯红灯、跨越栏杆等，这些行为给女孩带来了坏的影响。要让女孩遵纪守法，妈妈首先要做好表率，这样才能为女孩营造遵守交通法律法规的氛围。

增强女孩的自我保护意识

保护女孩，最重要的就是培养女孩的自我保护能力。有的妈妈为了女孩的安全，对女孩严加看管，不准她们外出，限制她们的交往。这不但不能防止万一，还不利于女孩的发展。积极的做法是增强女孩的自我保护意识和自我保护能力，这才是根本解决问题的途径。

妈妈怎样增强女孩的自我保护意识和能力呢？

第一，让女孩与邻里保持必要的联络。

邻居之间若能加强联络，对于保证女孩的安全作用极大。一旦发生意外，如家中失火、遭遇窃贼、煤气泄漏等，女孩立即可以向邻居求助，这一点对于城市的女孩尤为重要。妈妈应允许女孩常去邻居家串门，或与邻居家女孩共同玩耍，增加感情交流；应让邻居知道女孩及自己家庭里的基本情况，以便及时联系；对于那些经常独处的女孩，更应引导她们养成在遇见危险时马上向邻居家求助的习惯。

第二，教女孩学会应对陌生人。

妈妈应教育女孩尽量与熟悉的同伴在一起。独行时路遇陌生人搭话，必须保持镇静和警觉。从多起女孩被拐案件中分析得知，犯罪分子往往从胆小、慌乱不安者下手。一些拐卖儿童的不法分子，常常在女孩单独行动时，以认识女孩妈妈或亲友、带女孩出去玩等为由拐骗女孩。妈妈要明确告诉女孩：不能跟陌生人到任何地方去，如果是认识的人也表示要回家告诉爸爸妈妈，如果遇到危险就大声呼救。

通常，女孩往往被要求服从和尊敬长者。因此，那些以“关心女孩”“代为接送”“让我进来做客”为幌子行骗的不法分子，往往容易在“乖女孩”处得逞。针对这一情况，在对女孩进行思想品德和礼仪教育的同时，妈妈应教女孩学会明辨真伪、保持警觉、提高安全防范意识。妈妈则常以故事、游戏等形式，告诉女孩目前的治安现状以及犯罪分子的惯用伎俩，潜移默化地提高女孩的辨别能力。

此外，妈妈在不得不让女孩独处家中时，应仔细叮嘱女孩：若陌生人敲门，不可随意开门，最好的办法是隔着大门告诉对方，妈妈正在休息，请以后再来。

第三，教育女孩谨防各种骗子。

现在，社会上有一些不法分子专门骗女孩的钱，甚至诱惑女孩走歪门邪道。有的骗子诱惑女孩赌博，有的以赊账的方式卖给女孩吃的东西和玩具，有的用讲故事的方法散布封建迷信或淫乱思想，有的向女孩兜售摇头丸、迷幻药等毒品……妈妈要给女孩分析这些社会现象。告诉她这些坏人、骗子的真实面目，遇到这类事，一定动脑子想一想，绝不盲从。回家以后要跟妈妈说清楚，还要向老师汇报。

第四，经常对女孩进行自我防护训练。

妈妈让女孩牢记妈妈的姓名、家庭和学校的地址及电话、邮政编码；懂得匪警、火警、交通事故急救等重要电话的打法；知道辖区内或学校附近的派出所（报警点）位置等。在女孩有可能独处、独行之前，更应教会她们熟记以上这些事项。妈妈可在家中显眼处贴上写有基本情况和事项的大纸片，以便独处的女孩在遇上危险时及时获得帮助。

实践证明，使女孩免受突如其来灾祸的伤害，经常对女孩进行自我保护的训练和教育，让她们学会面临危险时的脱逃和应对技巧，对于保护女孩的人身安全是非常重要的。

女孩成长必修课，教她们警惕性骚扰

女孩正如含苞待放的花蕾，因为单纯和无知，最容易成为“色狼”攻击的对象。作为成人，我们有必要向女儿灌输一些自我防卫方面的知识。

王小美今年初三，近段时期一直感到非常不安。原来，她担任地理课代表后，与地理老师的交往多了。地理老师经常在放学后将王小美单独留下来，有时是“谈心”，有时是让王小美帮助自己登记成绩。开始时，地理老师经常摸王小美的头发，说她长得漂亮，王小美并不在意。但后来地理老师不仅言谈轻浮，讲一些出格的语言，而且还对王小美动手动脚。王小美感到了问题的严重性，严词反抗并警告他说，如果再这样就要告诉自己的家长和校长，这使地理老师不敢再肆意妄为了。以后凡是地理老师叫王小美帮忙，王小美总是让同学和她一起去。就这样，王小美的态度震慑了地理老师，同时也使地理老师无法单独与王小美在一起，从而有效避免了来自地理老师的骚扰。

美丽的女孩是异性关注的对象，很容易引起一些坏人的注意。女孩在遇到性骚扰的时候，应采取措施保护自己，但最好的办法还是尽量避免性骚扰。妈妈应当教会女孩像王小美那样，积极行动起来，勇敢面对性骚扰，采取预防措施。即使面对性骚扰的现实侵害也不要一味地害怕，应当学会审时度势，针对不同的情况，找出对策，然后采取不同的措施。

具体来说，妈妈可从以下几方面教会女孩避免性骚扰，让自己远离性侵害：

（1）对于那些总是探询你个人隐私，过分迎合奉承、讨好你，甚至对你的目光和举止有异样反应的异性，应引起警觉，尽量避免与其单独相处。

（2）服装不要过于透明、裸露，举止切忌轻浮。

（3）挤公共汽车时，如果发现有可疑的男性，最好在靠近司机或售票员的地方站立，不要挤在人群中间，尽量避免和这些人同站下车。

（4）尽量避免单独去男性住处，如果向男教师请教，最好约伴同去。

（5）在网上用QQ聊天时，最好将系统设置为“需经过允许才可以加为好友”这一选项。如果对方的留言有“有色”的成分，或者其网络名称本身就取得比较暧昧，可以马上拒绝或者不理。

（6）当有人对你非礼时，要沉着冷静，设法脱身，情况紧急时要大声呼救，千万不要做“沉默的羔羊”。

十几岁是女性一生中最宝贵的时间，是人格的塑造期。女孩对社会还未形成一个深入全面的认识，应尽量避免性骚扰，远离性侵害，让自己健康、快乐地成长！

教给女孩户外避险的基本常识

在户外活动，是存在风险的，尤其是女孩，对风险认识不够，自我防范意识不强，很容易在玩耍时发生意外，受到伤害。因此，妈妈要教给女孩相关的户外避险常识，让女孩学会在户外活动时有效地保护自己。

第一，户外活动隐患多。

在放学或者假期的闲暇时间，很多小朋友爱在自家的门外嬉戏打闹，女孩们一起玩耍既能增加感情，又能给自身带来健康和快乐。一般来说，女孩在自家门口玩，妈妈会特别放心，总觉得在自己眼皮底下玩不存在什么安全问题。其实不然，在自家门口玩，也存在很多隐患。

雷击是户外常发的一种自然危险，多发于高地、高树下、比较孤立的平地上、宽阔多水的河谷、高压线塔周围以及地下金属矿藏丰富的地区。很多女孩在户外玩耍时，遇到雷雨天，爱到大树下避雷、躲雨。这种躲避方式不仅不能有效地躲避雷电，反而使危险更大，有的女孩因此失聪甚至死亡。

第二，教给女孩一些避险常识。

在户外，女孩常遇到的自然灾害主要是雷电灾害和火灾。面对雷电灾害，让女孩在雨天时尽量避免出门。如若在路上遇到雷电天气，就要教女孩一些躲避雷电的常识，告诉女孩一定不能选在高树下、比较孤立的地区避雨；如果躲避不开，要尽量双脚并拢蹲在低洼处，或者坐下，双脚或臀部与地面接触，手和臂不要接触地面。这样都能有效地躲避雷击。

对于火灾，首先让女孩在户外玩耍时尽量不要玩火。如果发现远处有不寻常的火光、浓烟或闻到有火烟味，应立马提起警觉，尽可能向远火端撤离。如果山火已经很近，或已经被包围，就捂紧嘴，朝逆风方向并且火势相对较小的地方跑，这样利于逃生。

户外活动隐患很多，妈妈要有意识地将避险知识告诉女孩，并且教给女孩一些基本的避险方法，让女孩远离户外活动所存在的隐患，避免发生意外，让女孩拥有健康、安全的童年生活。

第三篇

不娇不惯——培养最了不起的完美女孩

第12章

立品修德，把女孩雕琢成无瑕美玉

对于女孩的发展而言，没有什么能比品德更重要了，这是女孩将来在社会上立足和成长的基础和前提。要想女孩顺利成长，妈妈一定要重视道德教育。在女孩道德观念即将定型的年龄，妈妈一定要加大道德教育力度，从身边的小事做起，引导女孩树立正确的道德观。

培养女孩正直的珍贵品质

在女孩的情商教育中，正直是不可或缺的一项。正直的女孩，能够做到不畏强势，敢作敢为，能够坚持正途，勇于承认错误。这些都是现代社会中最宝贵的品质。不管是女孩的老师同学、亲戚朋友，都会由于这一点而对女孩更加信赖。因为高尚品质而得到认可的女孩也会更加注重自身的修养，时刻激励自己，使自己不断走向优秀。

作为妈妈，都想让女孩具备成功者的特质，而“正直”恰恰就是首要的因素。妈妈应该怎样培养女孩正直的品质呢？

第一，培养女孩明辨是非的能力。

女孩若没有分辨是非曲直、善恶美丑的能力，就无所谓坚持正直了。妈妈应该对女孩从小灌输是非观念，丰富女孩的道德知识，使她们能分清是非。多给女孩讲解中华民族的传统美德，讲述古今名人从小养成良好道德的故事，让女孩在潜移默化中树立美丑观念，掌握正确的是非标准。这样，女孩坚持的正直才有意义。

第二，给女孩保持正直的勇气。

正直意味着有勇气坚持自己的信念，包括有勇气去坚持自己认为是正确的东西，在需要的时候义无反顾，并能公开反对强势的错误的东西。在一点上，女孩可能还比较弱势，在对手强悍的气势下显得力不从心。这时候，需要妈妈给予支持和鼓励，给女孩继续坚持的勇气，让女孩遵从自己的良知。

第三，教女孩不要过于崇拜她人。

女孩过于崇拜他人，就容易失去清醒的鉴别能力，容易感情用事。在受他人的影响而去判断一件事情的时候，做出的决定就不再公正。如果一个人总是觉得他人是对的，过于崇拜他人，这样的人显然是没有主见的。当然，在遇到问题的时候，也无法坚持正直的品质。

第四，妈妈要以身作则，影响女孩。

对于女孩品格的形成，家庭的影响占有很大的比例。一个正直的女孩，背后肯定会有一对有高尚品格的妈妈。妈妈要注意对女孩的言传身教，从自身做起，成为一个正直的人。

教女孩做一个诚实守信的人

每位妈妈都希望自己的女孩具有诚信的品质。诚信是人的立身之本，是全部道德的基础。

诚信是一个人最宝贵的财产，它能让女孩保持正直，光明磊落地做人，给女孩以力量。可以说，诚信是女孩在成功之路上的另一种武器。

那么，妈妈该怎样培养女孩的诚信品质呢？

第一，妈妈首先要对女孩诚信。

在日常生活中，许多妈妈为了诱导女孩做某件事，往往轻易许诺女孩某些条件，但是女孩做到了，妈妈却不兑现。女孩的希望落空后，会受到打击，她就会发现妈妈在欺骗自己；这种伤害给女孩留下了深深的烙印，她就会从妈妈身上得到一些经验，那就是不履行的许诺是允许的，妈妈的言行经常是不一致的，说谎是允许的等等。一旦这些经验转化为女孩说谎的行为，妈妈恐怕要后悔莫及了。要纠正女孩的不诚信，妈妈首先要做到言行一致。女孩的模仿能力很强，很容易受到某种行为的暗示。如果妈妈言行不一，不履行承诺，女孩就会受到暗示，跟着模仿。应该尽量避免爽约的事情发生，这样才能取信于女孩。

教育女孩要诚信，妈妈自己首先要诚信。以诚信培养诚信，其道理是不言自明的。

第二，从小培养，坚持不懈。

妈妈应该教导女孩从小就做一个诚信的人，要始终如一地要求她，出现缺点和错误时要勇敢承认，接受批评，绝不隐瞒。要在家里多讨论诚信的重要性，针对社会上坑蒙拐骗的行为，妈妈要态度鲜明地进行批判，要让女孩坚信，这种弄虚作假的行为是必将受到惩罚的。

教育女孩答应别人的事一定要兑现，如果经过再三努力仍没有做到，就应该诚恳地向对方说明原因，并表示歉意。告诉女孩，在答应别人之前一定要慎重考虑，认真考虑自己有没有能力做到，量力而行；如果自己没有能力做到，就不要轻易答应，如果自己有能力做到，也应该留有余地，不能轻易夸下海口。这样，女孩在答应别人时，就会有章可循，起到一定的规范作用。

第三，满足女孩的合理需要。

女孩不诚信的行为大部分是出于某种需要，如果她合理的精神需要、物质需要没有得到满足，她就会寻求满足需要的办法。而如果妈妈对这种合理需要过分抑制，女孩就会换种方式，以某种不诚信的行为来满足自己的需要。

因此，妈妈应该认真分析女孩的需要，尽量满足其合理的部分。妈妈应该认真倾听女孩的心里话，跟她一起分析哪些是合理的，哪些是不合理的；哪些是现在可以满足的，哪些是将来才能满足的；对于不合理的需要，则要跟女孩讲明道理。

第四，妈妈要敢于承认错误。

现实生活中，许多妈妈都有可能不自觉地对女孩讲了一些不诚实的话，或者讲过的话没有兑现。这时候，妈妈一定要放下架子，以平等的身份向女孩承认错误，这样反而会赢得女孩的信任。否则，妈妈给女孩的只能是坏的榜样。

教导女孩以谦虚为美德

侯雪是个聪明伶俐、讨人喜爱的女孩。她的爸爸是一家大公司的经理，妈妈在一家医院里当医生。侯雪从小就生活在这样一个条件优越的环境中。在家里，她要什么有什么，是爸爸妈妈的掌上明珠；在学校里，她成绩优秀，是老师心目中的“尖子生”；在同学当中，由于她长得漂亮，大家还给她起了个响亮的名号——“白雪公主”。

良好的家庭环境，父母的疼爱，老师和同学们的赞誉，再加上自己的天赋，使侯雪产生了一种飘飘然的感觉，而且这种感觉一天比一天强烈。“我就是比别人优秀”，侯雪总是这样想。侯雪的爸爸妈妈也经常在别人面前夸奖自己的女儿，为有这样一个聪明美丽的女儿而自豪。所有这些都助长了侯雪的自满和自傲的情绪。

渐渐地，侯雪变了。在家里，她只要稍稍不顺心就对爸爸妈妈发脾气；在学校里，侯雪更爱表现和炫耀自己，取得好成绩就自鸣得意、沾沾自喜，甚至不把老师的话放在心上；在生活中，她总是拿自己的长处同别人的短处相比，认为自己高人一等，看不起别人。

侯雪是骄傲自大的孩子的一个典型代表。在现代家庭中，由于受到特殊的家庭环境的影响，独生子女容易产生骄傲自大的情绪。

谦虚使人进步，骄傲使人落后。女孩如果有了骄傲的心理，学习上就会自满，就难以再有进步，在与人相处时也会妄自尊大，以自我为中心，目中无人，这对于她以后的成长是极为有害的。妈妈要从各方面努力纠正女孩的骄傲心理，教女孩以谦虚为美德，以谦虚的态度对待学问，以谦虚的胸怀对待他人。

妈妈如何纠正女孩的骄傲自大的心理、培养女孩的谦虚美德呢？

1. 耐心教导，让女孩正确评价自己

女孩出现骄傲自大的坏习惯往往是由于过高地估计了自己，认为自己比谁都强，只看到自己的长处，而看不到自己的短处，拿自己的长处比她人的短处。因此，她们狂妄自大，以“自我为中心”，想干什么就干什么，不会设身处地替别人着想。作为妈妈应耐心地教导女孩，让女孩学会正确地评价自己，既认识到自己的优点，又看到自己的不足。

妈妈还需要规范女孩的行为，督促她们改正骄傲自大的坏毛病，告诉女孩在交友中应该怎样做和不应该怎样做，并加以训练和指导，使其养成良好的行为习惯。这样，女孩才会受到大家的欢迎。

2. 表扬时感情流露要“浓淡”适度

妈妈应尽量少在外人面前夸奖女孩，因为小女孩的自我评价能力还很差，看到那么多人肯定自己，会产生错误的认识，认为自己真的多么优秀，从而产生骄傲的情绪。

3. 奖励以精神鼓励为主，物质奖励为辅

其实，一般情况下，女孩只要能得到口头表扬，心理上就会得到满足。过多的物质奖励，更容易使女孩沾沾自喜、高傲自大、忘乎所以，甚至不思进取。要防止女孩被夸奖声和赞许的目光所包围，或获得过多的物质奖励而产生畸形的满足感，从而懒于进取和努力，削弱进取意识。

妈妈要注意不能给女孩过多的物质奖励，让她明白好条件是妈妈创造的，她其实和其她女孩一样，没有什么高人一等的特别之处。妈妈要观察女孩的心态和行为表现，发现苗头及时教育，消除其骄傲自大的不良心态。

4. 以身作则，妈妈要为女孩树立榜样

榜样的力量是无穷的。妈妈是女孩的第一任教师，是女孩效仿的最直接的榜样，妈妈对女孩的示范作用是巨大的。妈妈应该成为女孩高尚人格的榜样，要谦虚友善，不要在女孩面前表现出骄傲情绪，以免女孩受到不良影响。

承担责任，女孩成长大于成功

当女孩慢慢长大，越来越有自己独立意识的时候，妈妈需要告诉女孩“什么是责任”。当女孩明白了责任的意义，她们才会为自己所做的事情负责，勇于承担而不是逃避，这样她们才会成为勇敢、正直、诚信的人。

妈妈一味地纵容和不断地帮助女孩堵窟窿，女孩就永远不会为自己的行为埋单，不会对自己的行为负责。

亚伯拉罕·林肯曾说过：“每个人都应该有这样的信心：人所能负的责任，我必能负；人所不能负的责任，我亦能负。如此，你才能磨炼自己，求得更高的知识而进入更高的境界。”可以说，里根做到了这点，当他的伙伴们见麻烦来了纷纷逃跑时，里根只要跟着逃跑就能逃避责任，但是他没有这样做，而里根父亲的做法非常明智，这对里根产生了很大的影响。

今天我们应该怎样教育女孩学会负责任呢?

当女孩做完作业，认真地收拾桌子、整理书包时，给女孩说一句表扬的话，让女孩知道妈妈认可女孩的这种做法，因为那是负责任的表现。女孩玩完玩具，亲自收拾时，要表扬女孩，而不是跟在女孩后面帮忙收拾。

如果妈妈试图让女孩从整理个人内务等事情上培养女孩的责任感，不妨先明确告诉女孩你对她的期待，然后把正确方法教给女孩。一旦女孩做了，不管好坏，都要及时表扬、鼓励，不妥的地方，要温和地教女孩。如此一来，能不断强化女孩对自己的事情负责的积极行为。

如果女孩犯错了，妈妈就要让女孩明白必须为自己的行为负责。所做的每一件事情，都会产生一定的后果，自己要对自己的行为负责，不能事事都让大人为她承担责任。

乐于助人，培养爱心小天使

现在很多家长都抱怨：“孩子都十几岁了，还总把自己当成需要他人照顾的小孩子，一点关心他人的意识都没有。”其实，这些孩子之所以会这样，都是由家长一手造成的。无条件地给孩子所有的关爱，娇生惯养孩子，不但会使孩子不懂得关爱他人，而且还会使孩子的心理年龄停止增长。

家长们也许早就发现了，不管是与家长在一起，还是与亲戚朋友在一起，那些不会关心他人的孩子总是被当作小孩子，而且她们自己也已经把自己定位成了小孩子，等着被别人关心、照顾。身体和年龄都在增加，但她们的心理年龄却还停留在小孩阶段，这对孩子的成长很不利。

也许在学校时代，家长和老师会给孩子无条件的关爱，但将来等她们进入社会之后，有谁还会这样关爱她们、照顾她们呢？到那时，也许她们很快就会在激烈的竞争中放弃自己。所以，要想使孩子将来在激烈的社会竞争中不被淘汰，要想孩子的心理和身体一同成长，家长就要让孩子学会关心她人。当然，这就要求家长在给予孩子爱的同时，要学会把自己的爱“藏”起一部分。

一位家长是这样做的：

一天，孩子放学回家后发现妈妈没有准备晚饭，而是在床上躺着，她就走过去对妈妈说：“妈妈，我饿了。”

妈妈虚弱地对孩子说：“宝贝，我也饿，但妈妈身体很不舒服，你能给妈妈做一点儿东西吃吗？”

看着孩子为难的样子，妈妈继续说：“宝贝，你都已经上初中了，是个大孩子了，你应该学着照顾妈妈了。”

听妈妈这样说，孩子马上说：“妈妈，你好好休息吧，我去给你煮面吃。”

十几岁的女孩已经完全有能力照顾自己了，所以在平常的生活中，妈妈要学着把自己的爱“藏”起一部分，这样女孩才不会过分依赖妈妈，她们的心理才会与身体共同成长。

当然，在必要的时候，妈妈还要学会向女孩“索取”爱。爱是人们感情的一种相互传递，如果女孩只会接受爱，而不懂得付出自己的爱，那妈妈对她们的爱就是畸形的，就会成为对女孩的一种伤害。

女儿，爱父母不是一种义务

邻居家有个女孩叫林林。一次，一位朋友吃完饭到她家玩，看见林林一个人在吃饭，妈妈还在厨房收拾。一会儿，爸爸也过来吃了。这样，原本放好的三条凳子因朋友的到来而少了一条。于是，爸爸让林林再去房间拿一条板凳给妈妈坐。

谁知，林林一边吃自己的饭，一边回了一句："妈妈自己不会拿吗？还说自己的事自己做呢！"

"你这孩子怎么这样，妈妈上班回来就给你烧饭，多辛苦啊！让你给妈妈拿条凳子，就那么难吗？"

朋友原本以为林林会起身去拿。没想到她竟然把碗一扔，放声大哭起来。

像林林这种明知父母很辛苦，却连为妈妈拿条凳子都不情愿的行为，就是一种典型的对父母缺少爱心的表现。

现实生活中，孩子缺少对父母的爱心表现主要为：不珍惜父母的劳动成果，比如对妈妈做的饭菜挑三拣四，说它"不合胃口"。不懂得体贴父母，比如父母下班后，不知道帮他们倒杯水、递拖鞋。对父母提过分的要求，比如明知父母能力有限，还让他们给自己买名牌物品。

父母给了孩子无限的关怀与疼爱，孩子多是在众星捧月的家庭环境中成长，因此在孩子的心里，总认为大家对他的爱是天经地义、理所当然的。于是，对于父母的爱，他们总是不停地索取，甚至毫不珍惜，从没有想过要如何去回馈父母，让父母感受到来自儿女的爱。更有甚者，有些孩子对父母的爱感到厌烦，觉得那是一种约束，是"紧箍咒"，这样他们自然更不懂得、也不会去爱自己的父母。

所以，在教育女孩时，妈妈们不妨记住这句话："教会女孩爱父母，他才会爱别人，也才会被人爱。"因此，妈妈在给予女孩爱的同时，不妨教育女孩爱父母，让女孩体贴父母的艰辛。

1. 疼爱适度

天底下没有不疼爱女孩的妈妈。妈妈、长辈的爱，当然是女孩健康成长的催化剂，是女孩拥有一个良好学习与生活环境的前提。但是，爱在女孩成长中也是一把双刃剑，过度、过分的爱同样会伤害到女孩，在他们的成长过程中起到反作用。

因此，妈妈爱女孩时，一定要适度，即只可疼爱，但不可溺爱。比如对于12岁的女孩，如果女孩生病了，妈妈可以代替他背书包，这是疼爱，但绝对不可以天天给他背书包，对于12岁的女孩来说，他早已具备足够的能力背书包了。如果此时妈妈剥夺他们背书包的权利，那就是溺爱。

2. 教育得法

女孩的言行举止很多时候受到妈妈潜移默化的影响。因此，妈妈平常怎样对待自己的长辈，女孩们都会看在眼里，表现在行动上。因此，妈妈要给女孩做个爱妈妈、敬长辈的榜样，并有意识地带动女孩去爱自己的长辈。比如，周末多带女孩去看望爷爷奶奶。

女孩在这种环境下成长，自己也会懂得爱妈妈、关心妈妈。

3. 细心感化

现在的女孩发育比较早，青春期时经常出现于女孩身上的逆反心理也来得早。妈妈一旦意识到女孩进入了逆反期，就要尽快调整教育女孩的观念和方法，对女孩多一些尊重和理解，多一些宽容与信任，不能再像以前那样用管小女孩的办法去管已经长大的女孩。

当妈妈把女孩当作大人、朋友、知己时，女孩就会有一种被认同感，会多一些反省意识，就会“同等”对待妈妈，懂得设身处地为妈妈着想。

懂感恩的女孩更美丽

“妈妈，今天我帮您做了30分钟的家务，按照您的承诺，应该付给我15块钱工资。”

“我家旺旺还和妈妈算起账来了？”

“这是应该的，要不这30分钟我可以玩一场游戏呢，‘时间就是金钱’，是妈妈告诉我的。”

“好好好，给你15块钱。”旺旺的妈妈将钱递给孩子。

收好钱的旺旺刚要得意地离开时，被妈妈叫住：“宝贝，今天你要付给我100元。”

“啊，为什么？”

“早晨为你准备早餐30分钟，送你上学30分钟，晚上去接你又用了30分钟……”

“妈妈，这不是您应该做的吗？”

……

严格一点儿来讲，懂得说“谢谢”并不仅仅是礼貌问题，也是道德问题。在中国古代就有“投之以桃，报之以李”“知恩不报非君子”“滴水之恩当涌泉相报”的古训。可见，懂不懂感激和回报，是衡量一个人的重要道德标准。

然而，现在很多孩子在这一点上做得非常不好。我曾听一位同事讲过这样一件事情。

酷夏的一天，一个孩子骑着自行车在路上走着，忽然她的车链子掉下来。正在她不知道怎么办时，一位路过的好心人走过来，帮助她修理自行车。

这位好心人修了半天都没有修好，没想到这个孩子竟然扔下自行车和修理自行车的好心人不管，去不远处的树荫下凉快了，而且还不时地走过来催促帮忙人：“修好了没有呀，我还等着上课呢！”

……

妈妈们可别拿这件事当笑话来听。想想女孩在家里的表现，你就知道这样的事情会不会发生在自家女孩的身上了。

你为女孩做饭、洗衣服，女孩有没有真诚地对你说声“谢谢”？偶尔饭做晚了，女孩有没有不高兴地催促？

懂得感恩，女孩的心会变得真诚、善良、热情；懂得感恩，女孩会彻底告别冷漠、自私；懂得感恩，女孩的道德品质就会上升一个档次……所以，要想使女孩成为一个善良、有爱心的人，妈妈要让女孩学会感恩。

引导女孩明辨是非，抵制不良诱惑

女孩没有能力分辨是非曲直、善恶美丑，只有自幼对女孩灌输是非观念，女孩才会慢慢具备判断是非的能力。

从小给女孩正确的美丑观念，培养女孩明辨是非的能力，对女孩的一生是十分重要的。

第一，让女孩掌握好是非的界限。

也就是要丰富女孩的道德知识，使她们对是和非有所把握。妈妈应积极丰富女孩的道德知识，提高女孩的道德知识水平。多给女孩讲解中华民族的传统美德，讲述古今名人从小养成良好道德的故事，让女孩在潜移默化中树立美丑观念，掌握正确的是非标准。

第二，提高女孩的鉴别力。

女孩有没有鉴别力，关键在于她能不能不受他人的影响独自去判断一件事情，自主地做出决定。如果女孩总是觉得他人是对的，过于崇拜他人，这样显然是缺少主见的。

培养女孩的鉴别力，妈妈不要引导女孩过于崇拜某个人。当女孩崇拜某人的时候，妈妈应该提醒女孩，崇拜不代表盲从，而是应该把对方作为学习的榜样，学习对方身上的优点，努力提高自己的水平。只要女孩树立正确的崇拜观，就不会出现一叶障目、盲目附和的情况。

第三，不要对女孩太专制。

大部分妈妈在教导女孩的时候，总是喜欢让女孩听自己的，并不断地向女孩强调："你要做个听话的女孩。"事实上，女孩太听话并不是一件好事。

过于专制的妈妈压制了女孩自我意识的萌发，女孩的自我意识得不到发展，其判断力和鉴别力自然无法发展。一定要做民主的妈妈，不要过于专制。

教育女孩应该讲道理，让女孩学会理性地思考问题，从而做出客观公正的判断。

第四，让女孩经得起诱惑。

现在社会中诱惑女孩的因素很多。一些网站、报纸、杂志、电影、录像、图书等中都有不健康的内容，这些不健康的内容很具有诱惑性，会腐蚀青少年的心灵。如果女孩缺乏自制力，经不起诱惑，那么，她就会沉迷于花花世界中，丧失自我。

妈妈要经常跟女孩讨论什么内容是健康的，什么内容是有害的，要让女孩有清醒的头脑，认清什么事可以做，什么事不该做，引导女孩自觉抵制不健康的东西，全面稳定地把握自己。

妈妈可以给女孩讲一些励志故事来熏陶女孩，让女孩对诱惑有一定的抵制力。

第13章
心灵决定幸福，培养阳光灿烂的女孩

宇宙中，有一个世界，叫心灵的世界。人生中，有一种成长，叫心灵的成长。在女孩的成长过程中，乐观的心态、心灵的成熟具有重大的意义。它是激发女孩采取行动的强烈动机，可以给女孩勇气和克服困难的力量。培养女孩，一定要给女孩希望和乐观，让她能够自信积极地完成自己的理想。

做女孩心灵的守护神

一个孩子的成长，从大的方面来说，主要包含了两个方面：一是身体的成长；二是心灵的成长。孩子心灵成长同样需要营养，概括地讲，孩子心灵成长需要五大营养，十个字：肯定、自由、情感、宽容、梦想。和身体需要的营养一样，心灵需要的营养也要全面、均衡。

那么，妈妈如何呵护女孩的心灵呢？

1. 最好自己也“长不大”

女孩喜欢活泼幽默的妈妈。在女孩面前，做妈妈的，也应该是“女孩”，也玩也闹，女孩就把你当成无话不说的朋友了。为什么不少女孩喜欢一些外教，就是因为她们从里到外都像“女孩”，女孩能不喜欢“女孩”吗？特别是充满幽默感的“大女孩”呢？！

2. 懂得情趣，懂得换花样跟女孩沟通

正面的谈话方式是可以的，但是，这样的沟通往往被妈妈演化为

"说教"，结果只会让女孩觉得你啰唆、觉得你烦，所以，多给她们讲故事、谈看法、论时事、在潜移默化中影响她们的思想，这很重要。

沟通，还有一种方法，就是跟女孩共同读一本书，各拿一张纸，把看书的感觉和认识写下来，这种互相学习的感觉非常好，有心的妈妈最好把这些读书笔记订起来，使之成为一份最珍贵的沟通记录。

3. 平视自己的女孩

我们经常可以看到这样的场面：一个女孩因为某件事对妈妈谈着自己的看法，女孩仰视着妈妈，一脸的严肃和专注，而妈妈却在忙着手里的事情，一副漫不经心的样子。女孩正讲到激烈处，妈妈却一声喝斥："你懂什么，小女孩家！"女孩立即低下了头，眼里闪着泪花。

这样的场景太多太多了，或许我们就时常扮演着那位妈妈的角色。这时，女孩的内心在想些什么呢？成年人都有希望得到别人尊重的需求，那么作为独立个体的女孩是不是就不需要尊重呢？

在日常生活中，我们首先要站在女孩的立场上，设身处地体验女孩的真实感受，多一份对女孩的理解，少一份对女孩的训斥，只有这样，才能加强亲子之间的沟通，创造女孩成长的宽松氛围。你才可能走进女孩的心灵世界，成为女孩的心灵导师。

4. 做女孩最好的朋友

一位母亲经常对女孩说："你和妈妈是好朋友，你的喜、怒、哀、乐都牵动着妈妈的心，你高兴，妈妈就快乐；你遇到不顺心的事情，妈妈会更比你难过的。无论你遇到什么难事或难于启齿的事情，妈妈都会给你出主意，一同和你商量解决的办法，绝不会因为你的所作所为，而痛骂你的。"这样，女孩就会对你产生信任，也愿意和你讲真话。

5. 宽容

美国教育家塞勒·维若说过："父母生养子女的目的，不该是把他们作为自己生命的延续，也不该把他们当作自己生命的影子。做宽容的妈妈即让女孩的一切只属于他们自己。”

如果妈妈对女孩很宽容，那么女孩也学会了宽容别人。妈妈可以常对女孩说的一句话是：“每个人都会犯错误！人，都是从不断的犯错误当中长大的！不要害怕犯错误，只要你是无心的，那无所谓，错了再改。”当然妈妈也需要引导女孩，虽然妈妈这样说了但并不是纵容女孩什么错误都能犯，比如可以对女孩说：“把你的小手插到电源插座里，那绝对是不可以犯的。”在宽容和宽松的环境中，女孩基本上明白了什么该做、什么不该做。

驱散抑郁阴影，养育阳光女孩

美国心理健康协会的研究结果表明，尽管抑郁症通常被认为是困扰成年人的问题，可是事实上，这种心理疾病却越来越多地影响着美国的儿童和青少年。抑郁的特点是情绪低落、郁郁寡欢、闷闷不乐、无精打采，对原来喜欢的事物也失去兴趣，不愿和人交往，甚至故意回避熟人；干什么都提不起精神，对自己没有信心；经常为一点儿细小的过失和缺点后悔不已。

抑郁对于女孩的健康成长是非常不利的。妈妈应该及时注意女孩的性格倾向，帮助女孩走出抑郁阴影。

怎样预防女孩的抑郁心理呢？

第一，倾听女孩的心声。

作为妈妈，在女孩紧张、不安或者苦闷的时候，不妨试试耐心地倾听，让女孩感觉到妈妈能理解她，在内心产生欣慰之感，进而使紧张情绪得到缓解。在平时，妈妈也要注意让家里形成一种轻松的气氛，经常讲讲笑话，说点有趣的事。当然，妈妈也可以有意地运用一些排除苦恼的技巧，比如当自己不快的时候，可以听听优美的音乐，走到室外散散步，向别人说说自己的顾虑等。这些都可以消除郁闷。如果家长在生活中善于运用各种方法来排除苦恼，那么当女孩不高兴的时候，她也会模仿妈妈来缓解不良情绪。

第二，对待女孩要平等。

有的女孩做错了事或者经历了几次失败，就会出现精神不振的状态，具有抑郁倾向的女孩在这一方面表现更为突出。如果女孩出现这种情况，妈妈一定要心平气和地对待女孩的过失和失败，运用恰当的教育方式，耐心地启发诱导。绝不能盲目指责，甚至挖苦打击，否则很容易让女孩感到压抑。当女孩不愿意参加某类活动时，妈妈不要催逼她去做或吓唬她，而是要有意识地引导她避免经历不幸和伤害。对女孩所担心的事情，妈妈要给女孩科学的解释，争取尽早消除女孩的顾虑。

第三，鼓励女孩参加各类活动。

妈妈应当尽量让女孩经常与小朋友一起玩耍和交谈，特别要让她多参加集体活动，让女孩与他人的交往变得积极主动，培养女孩合群的性格。妈妈可以把女孩的特点告诉老师，让老师给女孩更多的关注，建议老师在课堂上有意向女孩提出她能答得上来的问题，然后在其他同学面前大大地表扬她，树立她的自信心，克服女孩的羞怯和自卑感。当然，妈妈和老师谈话时，一定不能让女孩看见。抑郁的女孩一般都很敏感，如果女孩看到了，可能还会有不良的影响。

拥有知足心态，享受快乐人生

顾名思义，知足是指对自己现在的生活和其他事情感到满意，对无能为力的事情从不苛求，也不奢望本不属于自己的东西。拥有知足心态的女孩，可以接受人生的挑战，享受生活的快乐。

那么，妈妈应该怎样培养女孩的知足心态呢？一般来说，可以从以下几方面着手：

1. 帮助女孩戒除贪欲

对于知足的心态来说，贪心是最大的“敌人”。所以，妈妈要想培养女孩的知足心态，就要先帮助女孩戒除贪欲，要让女孩通过学习这个故事戒除自己的贪婪，坦然地面对生活中的欠缺，保持良好的心态。

2. 让女孩在比较中养成知足的心态

这里所说的比较并不是攀比，而是让女孩接触“贫穷”，体验“贫穷”，让女孩看到还有很多生活困难的孩子，而她的生活则已经很优越了。

对于衣来伸手饭来张口的女孩，如果妈妈只是用枯燥的语言来进行教育，并不会取得很好的效果。即便用“忆苦思甜”的方式给女孩讲过去自己的痛苦，效果也不会很大。不如让女孩直接接触“贫穷”，在比较中让女孩看到自己身在幸福之中。

3. 教育女孩要淡泊名利

妈妈要让女孩知道，淡泊名利，是做人的崇高境界。现实生活中，有的人像老黄牛一般在自己的岗位上默默无闻地工作，视名利如粪土，看事业重如山；有的人却是急功近利，得到了沾沾自喜，得不到便灰心丧气，有时还会为了名利不择手段，让人鄙视。妈妈要让女孩学习前者。

著名的科学家居里夫人一生获得各种国际荣誉10多项，被授予100多个名誉头衔，自己却对此不以为然。有一天，她的一位好朋友到她家造访，看见她的小女儿正拿着英国皇家学会刚刚奖给她的一枚金质奖章在玩，不禁感到很吃惊，连忙问她：“居里夫人，那枚奖章代表了你极高的荣誉，你怎么可以让孩子拿着玩呢？”居里夫人笑着说：“我只是想让孩子早点明白，荣誉其实和玩具一样，只能玩玩而已，绝不能永远守着它，不然就将一事无成。”

淡泊名利是一种境界，而追逐名利则是一种贪念。淡泊名利，就是要超脱世俗的诱惑与困扰，脚踏实地地对待事物，以知足、豁达的心态客观地看待生活。不计较名利，无求而自得，健康地成长。

女孩具有知足的心态，能坦然面对生活的挫折，真心感受成功的喜悦，全心感受花鸟虫鱼、四季轮回的大自然之美。她还会和谐、平静与真诚地待人处事，使人生多一份从容与豁达。所以，妈妈要注重培养女孩一颗知足的心。

培养女孩一颗平和的心

女孩在成长过程中会经历各种各样的事情，有愉快的，有悲伤的。女孩由于自身的心理素质还不成熟，自控能力较差，面对不愉快的事情时，往往不能保持平和的心态。

如果女孩不能保持心态的平和，她就会为一件小事而焦虑不安。如果女孩长期保持不良的心理状态，就很容易患上焦虑症，不仅会对女孩的心理健康产生影响，还会使女孩的身体诱发种种疾病。所以，妈妈要有意识地主动关心女孩的心理健康，培养女孩自我调控、自我发展的方法和能力。具体来说，妈妈可以从以下几方面来培养女孩的平和心态。

1. 妈妈要稳定自己的情绪

在日常生活中，妈妈的情绪波动会极大地影响到女孩，妈妈的情绪经常失衡，也会让女孩的心态发生变化，一个暴躁的父亲或母亲是培养不出一个心态平和的女孩的。此外，在女孩焦躁不安的时候，妈妈要尽力保持镇静，不要显得过分紧张，更不要对女孩百般顺从或一味斥责。

妈妈要耐心地倾听女孩，查明她为什么会焦躁不安，对女孩的感受表示理解，并适时进行鼓励，消除女孩的不良情绪。

2. 尽量延迟满足女孩的需求

有的妈妈在女孩提出要求的第一时间就满足了她，这往往不利于培养女孩平和的心态。反之，妈妈延迟满足女孩的需求，效果就会大不一样。

作为一名老师，尹虹知道如何来应付女儿笑笑的要求，她对笑笑的回答总是不紧不慢。即使笑笑两三个月大的时候，她也不会听到女儿的哭声就立即冲到小床前，而是先在房间里弄出点声响，意思是自己就在附近，坐一会儿之后再来到笑笑跟前。等到长大了一点，笑笑在抢别人的玩具时碰了“钉子”，尹虹也非常沉得住气，等女儿不再哭了才跟她讲道理。笑笑在外面要买玩具和食品，尹虹一般都不置可否，而是顺势提出一些条件，少则一会儿，多则几天后实现愿望。因为有了期待，笑笑的愿望实现后就会非常兴奋。

尹虹的做法不仅让笑笑拥有了比同龄人更平和的心态，也让她更有耐心。一天，老师给小朋友每人发了一个卡通形状的棒棒糖，样子非常可爱。女孩们拿到后马上就想吃。这时，老师对女孩们说：“如果有人可以等到老师回来再吃，就用一张天线宝宝小贴片作为奖励。如果提前吃了，就得不到了。”虽然大家都说“我也要天线宝宝”，但老师一离开，有些女孩就忍不住了。等到老师回来，只有笑笑的棒棒糖原封未动，当然，也只有笑笑拿到了天线宝宝小贴片。

3. 引导女孩正确看待成绩

妈妈要让女孩以平和的心态来对待考试，不要给她造成过重的心理负担，这有助于减轻她的焦虑感。妈妈可以让女孩尝试着说“我今天的状态非常好，一定不会慌张”“考试没有什么大不了的，别人能考好，我也可以做到”之类的话。这些积极的自我暗示有助于调动女孩的兴趣和自信，让她在考试中保持一颗平常心，最大限度地发挥出自己的水平。

赶走自卑，让女孩昂起头来

一个女孩在人生的道路上能走多远，能取得多大成就，最关键的就是看她是否拥有自信的心态。自信是一把钥匙，它可以打开女孩生命潜能的大门，是女孩成长中的重要意志品质。所以，妈妈要从小培养女孩的自信心态，不要让自卑笼罩着她。

那么，妈妈应该怎样培养女孩自信的心态呢?

1. 为女孩制定合适的目标

妈妈给女孩制定目标要讲究技巧。如果目标没有挑战性，就无法产生激励作用；如果太难实现，女孩就会选择放弃。难以实现的目标容易给女孩造成挫折感而使她失去信心。因此，妈妈在给女孩制定目标时，要视其能力而定，让她多体验成功的喜悦，从而使她的自信增加。

2. 告诉女孩不要过多注重外表

如果向正在化妆的年轻妈妈提出这样的问题："你为什么每天花这么长的时间来化妆？"也许大部分妈妈会回答说："完美的外表让我充满自信！"但如果妈妈对女孩也这样说的话，就容易让女孩产生一种误解：自信来自于外表。那么，她以后也肯定会格外看重自己的外表。所以，妈妈要经常对女孩说，外表并不能代表什么，不要把精力过多地放在外表上。

3. 不要拿其他的孩子与女孩做比较

有的妈妈在教育女孩时，总是拿班上学习成绩好的同学来与之比较，或拿自己单位同事的孩子来比较，试图以此来激发她的上进心。事实上，这种做法对培养女孩的自信是非常不利的。因为对女孩来讲，首先，这种比较会使她认为自己不如别人，这种感觉会让她看不起自己，感到泄气。其次，她也许会因此而产生嫉妒心理，当她把精力用在嫉妒别人时，她就没有足够的精力去做自己该做的事情。再次，即使激发起女孩向别的孩子学习的欲望，如果这种学习是盲目的，会使女孩自身的特点与个性泯灭，成为某种类型的复制品，从而产生自卑感，并最终丧失自信。

4. 经常对女孩说“真不错”

“真不错”虽然是很普通的三个字，却有无穷的魅力。它就像是振奋精神的号角，可以吹散女孩心中的失望和自卑，让她具有努力向前的勇气，能够把她在前进道路上遇到的不愉快的心情转化成继续前进的坚强动力。

5. 训练女孩的交际能力

妈妈要让女孩学会倾听，并帮助她恰当地运用言语和非言语来表达自我，尽量避免产生误解和猜疑，形成良好的人际关系。女孩有了良好的人际关系，有一起玩耍的小伙伴，她自然会有好的心情，而且她会越做越好，对自己充满自信。如果不会交流，女孩就会变得越来越孤僻，这对女孩的成长来说是极为不利的。

启发女孩发现生活中的美

杰出的雕刻家罗丹曾经说过：“生活中处处充满了美，我们缺少的是发现‘美’的眼睛。”女孩是世间的精灵，不仅要制造美丽的风景，还要拥有一双发现美的眼睛。妈妈要启发和引导女儿发现生活中的美。

我们之所以对美丽的事物视而不见，其主要原因有三个：第一是没有用心去观察，第二是自己的感受没有被激发，第三是以片面的甚至灰暗的眼光来看待周围的生活。所以，妈妈要对女儿加以引导，让她发现生活中的美。

1. 让女孩去观察

山林草原，江河湖海，不加任何粉饰和雕琢，是大自然鬼斧神工的作品。这种质朴自然最能打动人心。农村女孩从小便在大自然的怀抱中长大，可以更加亲密地接触到山水树木、花鸟虫鱼，甚至能嗅到泥土的芬芳。让女孩在大自然的怀抱里与万物为友，能扩大女孩的视野，发挥他的创造力，从而更准确地描绘出心中最美好、最真切的事物形象。所以，妈妈可以经常带女孩到户外，让女孩看看大自然的美。

城市也有城市的美，只是钢筋水泥的丛林中体现的多是人类的智慧。妈妈在带领女孩去寻找美时，便要更侧重对人类智慧的点拨。比如，鸟巢、水立方的美轮美奂，万里长城的巍峨壮观。

2. 让女孩去感受

感受是受到外界事物的影响而产生的一种心理活动。不管外界的事物是美是丑，都只是人自身的一种主观感受而已。用心感受生活，捕捉自己内心细腻、微妙的情绪，才能产生有关美或丑的感觉。需要注意的是，妈妈要让女孩积极、主动地观察生活，将对外物的观察深化为情感上的正面的体验。关键是，妈妈要让女孩善于用心用脑，把生活的点滴融入心灵，从生活中找到契机和切入点，让情感自然流露。

平时要不断对女孩的感官进行训练，时间长了，女孩就能够灵敏、准确地对外界的刺激做出反应，摆脱粗疏、混沌的状态。

3. 帮助女孩学会思考生活

与深层的哲理美相比，感受只是表面上的东西。比如，不要为打翻的牛奶哭泣。为了让女孩感受到这些生活中的哲思，我们要让他们学会思考生活。思考生活，是在用心感受生活的基础上，对生活有一个理性的认识。这样女孩可以发现生活中的美，同时还可以让女孩变得更加睿智，这对于女孩的想象和思考都是有益的。

生活是错综复杂的，对生活的思考，是从偶然到必然、从特殊到一般、从现象到本质的逐步深入的过程。这看似是个简单的过程，其实需要在生活中不断历练，不能一蹴而就，作为妈妈，需要有耐心。

4. 帮助女孩去创造美

陶行知曾经说过："没有创造，一切都亡。"大自然可以创造美，我们也可以创造美。女孩天生心灵手巧，编一个花篮，折一个纸鹤，写作，绘画这都是在创造美。之所以这样说，是因为这些需要把生活中一些简单的元素进行重组和综合，里面既包含自己的思想，又能体现原物的精神。这是对美的一种高层次的发现。

总而言之，妈妈在现实生活中要培养女孩发现自然、感受生活、思考生活的能力，她们的生活会因为这些意识的存在而变得精彩！

生活中到处都充满了美，任何一种美都是一种艺术，都能带给人心灵的震撼，能够洗涤人的精神。缺少美的生活，空洞乏味，没有美的人生，如行尸走肉，毫无意义可言。所以，妈妈要培养女孩发现美的能力。其实这也并不是一件难事，只要妈妈让女孩学会乐观地对待人生，积极地面对生活就足够了。

压力时代，为女孩"降降压"

在这个紧张不安、充满竞争、快速发展的社会里，每一个人，包括孩子，都会遇到压力。现在，孩子们的课业负担重，学习时间长，父母管得过死，还有考试不及格，竞赛不入围，升学上不了重点校，和同学、老师关系不好等等，这些都会给孩子带来心理压力，影响孩子个性和人生的发展。

女孩将来能否顺利、健康地成长，能否实现自己的梦想，需要她有极好的心理承受能力。因此，妈妈要有意识地使女孩逐步形成遇忙不乱、遇惊不颤、宠辱不惊的心理品质，保持心理健康。具体可采取以下做法：

1. 不要给女孩制定不切实际的奋斗目标

不要给女孩的行为太多的约束。如果不顾女孩自身实际，只知道让女孩这个拿第一，那个要优秀，就会给女孩造成巨大的压力。还有些妈妈只让女孩学习，这也不让干，那也不让干，这也会让女孩感到压抑。

2. 要让女孩有足够的休息和娱乐时间

如果女孩不能得到足够的睡眠，休息不好，就会感到身心疲劳，无法集中精力学习，最终让女孩感到紧张，给女孩带来压力。娱乐是化解女孩压力的较好途径，与女孩一起做游戏，使女孩沉浸在快乐的事情之中，压力就会被抛到九霄云外了。

3. 积极鼓励女孩

减轻女孩的心理压力，做妈妈的还可以采取积极鼓励的态度，这也能大大减轻女孩的学习压力，而妈妈对女孩的否定态度则往往会增加女孩的学习压力。如做妈妈的往往会这样说："你看某某又得了满分，你又只有80分，真笨，没出息！"而持积极鼓励态度的妈妈则可能说："虽然你比他考得差些，但只要你像他那样努力，你可能做得比他更好。"所以，要想减轻女孩的压力，应该理解女孩、多与女孩交流；应该尊重女孩，对女孩表示信任；要积极鼓励女孩，尤其是在女孩失败的时候。

4. 教女孩的思维不要绝对化

要让女孩多渠道思考问题，不要把人生的希望放在"必须"和"唯一"的赌注上，一旦失利，就无法承受，要从绝对化的思维方式中解放出来，像有的妈妈教育高考落榜的女孩“榜上无名，脚下有路”就避开了“必须”“一定”等绝对信念的左右。

妈妈要从关心女孩出发，有爱心、有耐心地与女孩多谈心，做女孩的知心朋友。只有这样，才能使女孩的郁闷得到疏散，使女孩每天都有个好心情。

6个小诀窍培养女孩乐观心态

心理学研究表明，一般拥有乐观心态的女孩都比较活泼开朗，对生活充满热情，不畏惧失败，敢于尝试，对事物充满兴趣，具有较强的创新意识。这样的女孩在学校表现得也很好，长大后容易获得成功。乐观的女孩也善于在平凡的生活中找到快乐，在不愉快的时候找回快乐，能轻松自如地化解一些尴尬，积极地面对生活，不但自己充满阳光，还会感染别人，使别人也感到快乐。

不可否认，乐观的心态跟女孩本身的性格特征不无关系，但乐观的心态还是可以通过后天的培养而获得的。一般来说，妈妈可以从以下几方面去做：

1. 妈妈要有乐观的心态

在女孩的成长中，她一直都以父母为榜样，模仿他们的言行。有的妈妈在外面受了“窝囊气”，回来便对女孩发火，这种情况对培养女孩的乐观心态极为不利。因为女孩会认为是自己的错误才让妈妈恼火，但她又不知道自己错在哪儿，这样就会全盘否定自己。长此以往，女孩就容易自责、退缩，并逐渐形成消极的心理氛围。反之，如果妈妈在处理自身问题和家庭问题时持乐观态度，那么通过观察和模仿，女孩也会逐渐养成乐观的心态。

2. 让女孩心中充满希望

乐观向上的人对未来生活满怀信心，因此，妈妈要让女孩充满希望。这是一项细致的工作，需要妈妈时常留意女孩的沮丧情绪，帮助女孩驱散心中的阴霾。妈妈要引导女孩看到自己的进步，鼓励她展望美好的未来，让她充满自信。同时，也要引导女孩看到社会发展和科技的进步，不断地用美好的未来唤起女孩的热情，使她对社会和未来充满信心。

3. 引导女孩多方面地思考问题

当女孩遇到困难而消极悲观时，妈妈应引导女孩多方面地思考问题，并让女孩明白她的思想中存在的逻辑错误。

然然是个活泼可爱的女孩，她性格开朗，无论什么时候她都很快乐。她的妈妈也同样是满脸笑意，那种微笑似乎是他们永恒的表情。有一天，她要去参加好朋友的生日宴会了，因此非常兴奋。她早早就穿上漂亮的新衣服。但是，天公不作美，瞬间狂风大作，下起了倾盆大雨。然然只好在窗前静静地站着，等待暴雨赶快结束。这时，妈妈走了过来，告诉她由于天气的原因而取消了宴会。她的笑容一下子从脸上消失了，眼泪在眼眶里打转转。妈妈微笑地告诉说："然然，虽然咱们不能参加宴会了，但我们可以在屋里子玩'寻找公主'的游戏了。"然然随即高兴起来，她说："我敢打赌，下个星期六一定是好天气，到那时，我就可以穿着新衣服参加生日宴会了。"

4. 不要对女孩的一时挫败表示出难过

有时候，妈妈在面对女孩的一些过失，比如，成绩不理想时，往往会有超出女孩承受能力的强烈反应。当遇到一些不愉快的事情的时候，妈妈如果表现得紧张、伤心过度，就会给女孩的心理造成巨大的压力。因此，当女孩受到挫折的时候，妈妈不要公开地表示出难过的情绪，也不要用处罚、挖苦和责骂的方式，而要尽量激励孩子，向孩子传达一种乐观的、积极向上的心态。

5. 多与女孩交流

妈妈应多关注女孩的情绪变化，当女孩不开心时，就算再忙，也要挤出一点时间和她交谈，鼓励她把不开心的事情说出来。但妈妈千万不要强迫、勉强，而应让女孩感觉到：自己难过了，妈妈也会不高兴，他们是愿意帮助自己的。这样，女孩就会主动地吐露心声了。妈妈应耐心地倾听女孩讲述，然后“对症下药”。实际上，一旦将悲伤的事说出来，不愉快就会消失。

6. 丰富女孩的精神生活

乐观向上是精神上的愉快和进取，要让女孩的精神生活更加丰富多彩。一方面要让她进行广泛的阅读。妈妈应让女孩进入到书的世界，让她阅读伟大人物的故事、优秀的童话、科普读物等。书中好心的人、美妙的故事、知识的魅力都会让女孩着迷，都会让她的灵魂更纯洁，让她的情感更丰富。另一方面，让女孩学会创造美。能够创造美的人才会更加坚定地追求美好的未来。妈妈要鼓励女孩进行各种创造活动，比如，让她进行废物利用，制作手工艺品等。在这个过程中，女孩可以体会到创造的乐趣，同时自身的积极性也会增强，这会为她形成乐观的性格打下良好的基础。

第14章

好性格好人生，塑造女孩成熟的性格

性格是指一个人在个体生活过程中所形成的、对现实稳固的态度以及与之相适应的习惯了的行为方式。俗话说，性格决定命运，有什么样的性格，就有什么样的人生。在生活或者教育孩子的过程中，妈妈要努力改变女孩不良的性格，把自信和坚强、理解和宽容等融入到女孩的性格中，让女孩阳光、健康地成长。

别让你的性格硬伤伤了女孩

妈妈在女孩性格形成的过程中会产生极为重要的影响。妈妈的性格取向总是有一种很神秘的力量在支配着女孩的言行和性格的养成。有时候妈妈对女孩的影响并非总是积极的，妈妈的性格以及性格决定下的言行会给女孩造成负担。如果我们的性格过于强势或过于软弱，对女孩过于溺爱或漠不关心，都会让女孩形成自卑懦弱、无情冷漠的性格取向，从而影响女孩的一生，甚至给女孩造成致命的伤害，这样的伤口一辈子都不会愈合。

如果妈妈是严厉粗暴、专制性的，经常训斥、打骂、批评女孩的，就会使女孩感到家庭没有温暖，很少得到父爱，因此从小就会养成孤独、抑郁、执拗、反抗、情绪不安定，或依赖、服从的性格。而这种性格会直接陪伴到女孩的终身，这是不利于女孩以后成长的。

相反，如果妈妈过分地溺爱、娇养女孩，往往会使女孩产生任性、骄傲的性格。有些女孩身上有消极的性格特征，如自高自大、自私自利、固执任性、缺乏独立精神，就是由于父亲过分迁就、溺爱而造成的。俗语说“溺子如害子”。这是一个世人皆知的道理，但真正面临到妈妈的头上时，却往往失去了对女孩关爱的水准。

如果妈妈是支配型的性格态度，女孩的性格特征就会是消极的、顺从的、缺乏主动性的，有依赖性的；如果妈妈的态度是冷漠的、不关心的，女孩则会出现攻击的、情绪不安定的、冷酷的、自立的性格特征。

另外，家庭不和睦或者存在家庭暴力的，女孩长时间生活在妈妈经常争吵、打破家中物品、或者毫无生气的环境中，就会使女孩倍感迷惑不解、无所适从，极易养成掩盖自己的缺点和错误、两面讨好、投机取巧、爱说谎的毛病，甚至会走向另外一种极端。

对女孩成长影响极大的母亲们要改变不良的性格，做一个阳光母亲。把赞美和欣赏，把自信和坚强，融入自己的性格中，才会让女孩在阳光中沐浴，才能让女孩阳光、健康地成长。

开朗是一切美好性格的源泉

在现代家庭中，有90%以上的家庭都是独生子女，独门独户的现代住宅，把孩子牢牢地锁在了家里，深居简出。与孩子做伴的是电视机、积木、电动玩具、图书等，长期的独居，会使孩子感到压抑、苦闷，造成性格孤僻、内向、暴躁。

因此，妈妈们在工作之余，应尽量带着女孩走出孤独的空间，到大自然中去，观察四季交替带来的一系列变化，观察了解社会上一些积极与消极的事情，引导女孩谈一谈自己的看法；或安排女孩与年龄相仿的女孩一起玩各种有趣的游戏，如：“骑车比赛”“夹玻璃球比赛”“娃娃家”等，发展交往能力，提高语言表达能力和适应环境的能力，体验与人交往合作是一件快乐的事情；

或邀请女孩的朋友到家中做客，事先要先教给女孩接人待物的基本方法和礼节，如对小客人要热情、有礼貌，要拿出好吃的食品、好玩的玩具与小客人一起分享快乐，与小客人发生争执时要学会谦让等，然后根据女孩的能力，或配合或单独地让女孩接待她的客人。

同时，在日常生活中，要教育女孩不屈不挠，有抗挫折的能力。活泼开朗的人与其他人一样也有情绪低落的时候，但她们却能很快地恢复过来，做妈妈的只要指出任何困难都能克服，教育女孩要不屈不挠、永往直前，便能化难为易。遇到心情不好时，可采用改变环境的做法，如听音乐、看书、加入别人的谈话或游戏等，便能帮助女孩学会使自己变得快乐，变得性格开朗。

妈妈还可以利用榜样的力量培养女孩活泼开朗的性格。孩子是成人的一面镜子，能随时折射出教师、父母的言谈举止、待人接物、交往能力、对各种事物的兴趣、是否具有丰富的感情和同情心。所以，要培养一个活泼开朗的女孩，妈妈必须首先自身具备活泼开朗这种素质。女孩在身边参加各种活动时，妈妈要时时处处给女孩起到模范作用，如在各种公开场合，成人能大胆地表达自己的意见，应邀表演小节目或者在大舞台上进行大胆精彩的表演，使女孩感觉到自己的妈妈很活泼、很能干，这样女孩会自觉地模仿成人，不管在什么场合中，都能够比较坦然地表现自己。相反，如果妈妈遇到事情扭扭捏捏，缩头缩脚，会在女孩心里产生“大人这么厉害都不敢，我是一个小孩更不能做了”的想法。

另外，妈妈在接人待物、处理各种关系上都要心胸开阔，互相谦让，与领导、同事、邻居、亲人要建立一种友好自然的关系，使女孩从小感受到人与人之间的关系是互相关心、互相体谅、互相谦让、充满爱意、非常融洽的，这对培养女孩活泼开朗的性格也是非常关键的。

换掉女孩性格中的“完美”短板

现在的独生子女越来越多，独生子女就意味着100%的成功或失败。这就使得许多妈妈心态改变很大，不能再以平常心养育女孩。她们不能接受孩子失败，由于受到攀比心理的影响，希望自己的什么都是最好的，都是完美的。她们接受不了女孩子的任何失败和闪失。

妈妈在教育女孩的过程中，一旦将其不健全的“完美”的性格特质传达给女孩，就意味着向女孩开启了一扇痛苦之门，带有完美主义特质的女孩，心里一定住着一位严厉的批评家，这个批评家时刻在提醒他们：“失败是你自己的责任！”这让女孩的心灵备受折磨甚至产生焦虑，不少完美型、理智型的女孩最难受的不是考试前和考试中，而是考试后。他们考前小腿抽筋的原因是担心自己万一考不好怎么办？而让他们最为痛苦的是考试后的复查。又犯错了！这次我不能原谅自己！

因为这种类型的女孩记忆力普遍高于其他类型的女孩，自己做过的每道题是什么答案可以记个大概。于是估分的时候一旦发现很简单的题被自己做错了就捶胸顿足地说：“怎么又少了一分！”“我真笨，这么简单的题也做错！”这种懊悔不迭的情绪一直要保持到考试成绩出来后很久才会散去。

受其家庭的影响养成完美特质的女孩，也极其容易把别人的错误拿过来折磨和惩罚自己。

小颖正在备战钢琴九级的考试，妈妈的朋友是这方面的专家，于是妈妈就把女儿送去请人家指导。结果下午小颖闷闷不乐地回来了，问其原因，说：“老师不喜欢我。”

原来，那天接受指导的女孩很多，老师便让基础较好的小颖自己练习，偶尔给点意见。结果小颖看老师光顾着指导其他女孩，便认为是自己的水平不过关，把别人的错误引申为是自己不够好、不完美，从而陷入不必要的自我反省和自我否定中去。

“完美”的性格特质无端地给女孩的成长增添了很多灰暗的色彩，给她们的成长经历增添了不必要的苦恼。所以为了女孩的健康成长，做妈妈的要时常回头看看自己的言行，检验一下自己是否把自己完美的追求潜移默化地传给了女孩。一旦发现女孩有追求完美的倾向，要及时地给予疏导，避免女孩陷入完美的误区而不能自拔。

相信善于改善自己“完美”特质的妈妈，不会要求女孩每次都考100分；相信不过分追求尽善尽美的妈妈，不会要求自己的女孩每次都能在竞赛中获得第一名；相信以平常心来看待女孩成长的妈妈，不会要求女孩成为样样都行的“怪才”。只有妈妈们及时取掉性格中“完美”的短板，女孩才会在一种正常的教养下快乐地成长。

引导女孩认识她性格的优点

对于那些成绩不好，既容易自卑又容易叛逆的女孩来说，妈妈们应该如何对待她们呢？有一个很有效的方法——帮女孩找到她的优点。

一个初二年级的女孩成绩很不好，妈妈对她的表现很不满意，于是整天指责她、批评她。而女孩对父母的行为也十分不满意，于是女孩变得任性、叛逆。亲子关系进入了危险期。

这个女孩的妈妈没有办法，便去向一位教育专家请教。教育专家听了这位妈妈的诉说，只对这位妈妈说了一句话：当你发现女孩的优点时，放大来看她的优点。

妈妈似懂非懂，回到家里，女孩也刚刚放学回家，她无意间对女孩说了一句：“今天你的校服很整齐呀。”

听到这句话，女孩先是一愣，然后也友好地问妈妈：“妈妈，今天有什么好事吗，你好像很高兴呀？”

从那一刻起，这位妈妈终于明白：不是女孩不会好好与自己说话，是自己先用带着消极情绪的话指责女孩的；不是女孩没有优点，是一直以来，自己的眼睛总是在盯着女孩的缺点看。

在后来的日子里，这位妈妈还发现，女孩的优点好像会繁殖一样，当她把女孩的一个优点放大时，这个优点就会“繁殖”出更多的优点来。

的确，女孩的成长是需要妈妈的鼓励和赏识的，那些成绩不好的女孩更是如此。如果妈妈总是盯着她们的缺点、挑剔她们的行为，那女孩的未来就会在这样一个恶性环境中度过。女孩成绩不好——妈妈指责、批评她们——女孩行为越来越叛逆——女孩离成才越来越远。但如果妈妈能用放大镜去看这些女孩的优点，女孩的未来就会进入这样一个完全不同于上面的良性循环：妈妈赞赏女孩的优点——女孩去努力弥补自己的不足——妈妈越来越赏识女孩——女孩越来越向成才的方向接近。

其实，每位妈妈的眼睛都是放大镜。只是在一般情况下，妈妈放大的是女孩的缺点，而这种放大作用对女孩的成长是十分不利的。如果妈妈看了上面的论述之后，能够去放大女孩的优点，那女孩的人生，从此刻起将发生转变。

培养孩子理解与宽容的心性

一位社会学家曾经说过：“真诚待人、宽宏大量，是健康人格的必备素质，也是处理好人际关系、沟通彼此心灵的重要条件。”

宽容是人的一种美德，是做人的一种风度和境界。宽容，能使人性情随和，能使心灵有回旋的余地，能使人消除许多无谓的争执。宽容的人，时时刻刻都会受到人们的拥戴，因而他们更容易处理好各种人际关系，能够很快地适应各种不同的环境，能够融洽地与人合作，充分挖掘自己的潜能。因此，妈妈要努力培养女孩理解与宽容的品质。

培养女孩理解与宽容的品质，妈妈首先要从自身做起。妈妈应改正种种不良习惯，为女孩做出表率，在女孩心目中树立一个豁达大度、宽宏大量的形象。同时，还特别要注意从以下几方面加以引导，让女孩幼小、纯洁的心灵自然地建立起一种“人格优势”。

1. 要引导女孩学会忍让

女孩们没有成年人那种复杂沉重的心理障碍，她们的内心世界是纯洁无瑕的，即使出现了矛盾和隔阂，也非常容易自行解脱或缓和。作为妈妈，不能有意无意地把自己的不良心理行为强加于女孩，给她们纯洁的心灵投下阴影，而是要以实际行动来培养女孩的宽容之心，教育女孩要具有豁达的胸襟。

2. 要引导女孩学会助人

妈妈们应协助老师一起树立女孩的集体观念，注重培养女孩同情人、帮助人的意识，鼓励其多与朋友、同学进行真诚、平等的沟通交流，使女孩完全融入周围的群体中去，养成助人为乐的良好习惯。

3. 要引导女孩学会道歉

每名妈妈都应从小培养女孩辨别是非的能力，教育女孩“勿以恶小而为之，勿以善小而不为”，对于自己所犯的错误要勇于承认、勇于改正，要学会向别人道歉。

4. 要引导女孩学会忘记

一位著名的心理学家曾经说过：善忘，是人生的一种佳境。作为妈妈，要注意引导女孩捐弃前嫌，尽快忘记他人的得罪、挑剔，忘却遭遇的苦闷、挫折，忘却心头的误解、怨恨……把不愉快的事情尽早抛之脑后，大踏步走入这种人生佳境。

妈妈们要通过自身实践和多方位的引导，让女孩们真正领会理解与宽容的深刻含义，让女孩们真正认识到：豁达的人心胸宽广，有如海洋，纳百川、竞千帆。豁达的人站在生活的制高点，一览众山小，又处在生活的最深处，风雨平常事。

妈妈应教育女孩，从小树立一个观念：决不能让自己的胸怀像针尖那样狭小，要开阔自己的胸怀，只有能宽容别人，才能与人和谐相处，才能品尝到人生的快乐。

远离嫉妒和猜疑的女孩最美丽

楠楠从小是个乖巧伶俐的孩子，深受亲友和老师的喜爱。而在一片称赞声中长大的她渐渐变得异常的争强好胜，容不得别人有任何强于她的地方。

楠楠喜欢打扮，而且总爱和同学们比。有一次，一位同学买了一件非常漂亮的裙子，别人称赞不已。但这却使楠楠不高兴了，暗中嫉妒，背后说那位同学的坏话。考试时，别的同学成绩考得高一点儿，她也嫉妒，背后议论别人是事先知道了题，或者是碰运气。最让楠楠痛苦的是，她的对手李莎居然竞选学生会副主席成功！她在心里狠狠地想：她哪点儿比我强啊？凭什么她能当选？！楠楠为此食不甘味，寝不成眠，妒火中烧。在连续几个晚上失眠之后，她终于做出决定：写一篇诋毁李莎的文章，发布到学校网站上，文章题目就叫“为谋主席职，竟献青春身”。

文章在网上传播开后，李莎的名誉受到极大的损害，被迫放弃了校学生会副主席一职。楠楠暗自庆幸，但不久，几个警察便出现在她的面前。

经过老师的教导，楠楠终于认识到是嫉妒心害了自己，她向李莎道歉，并表示悔改。

对女孩的嫉妒心，不可低估其危害性。嫉妒是猜疑的根源，有了嫉妒心理，就会把别人无意的行为和语言看成是有意在自己面前炫耀，有时还会莫名其妙地闹纠纷，这样会影响女孩今后的为人处世。妈妈一定要了解女孩的思想意识、道德品质，发现不好的苗头及时制止和矫正，防患于未然。

怎样防止女孩产生嫉妒心呢？

遇到这种类型的女孩，妈妈要明确告诉这些女孩：人生的目标是通过脚踏实地的努力实现的，机遇只会垂青那些为了目标而真正去努力的人。

建立良好的家庭环境能防止嫉妒心理和行为的产生，从根本上讲，是女孩自身的消极因素，和外部环境的消极因素相互影响、相互作用而产生的。比如在家里，大人之间互相猜疑，互相看不起，或当着女孩面议论、贬低别人，会在无形中影响女孩的心理。因此，妈妈应当在家庭中为女孩建立一种团结友爱、互相尊重、谦逊容让的环境气氛，这是预防和纠正女孩嫉妒心理的重要基础。

有嫉妒心理的女孩一般都有争强好胜的性格，妈妈要教育女孩用自己的能力去同别人相比，竞争是为了找出差距，更快地进步和取长补短，不能用不正当、不光彩的手段去获取竞争的胜利，要把女孩的好胜心引向积极的方向。

女儿，你可以温柔但不能软弱！

温柔对于女孩来说是至关重要的，然而，温柔并不意味着软弱。温柔是女孩的天性，而软弱在女孩的成长过程中则是需要克服的缺点。畏畏缩缩、在生人面前不敢说话等都是女孩性格软弱的表现，妈妈对此应该给予重视并及时给予帮助和引导。

乍看上去，温柔和软弱似乎有很多相似之处，但其本质是不同的。一个温柔的女孩，看似柔弱，却可能拥有强大的内心，可以在困难面前表现得很勇敢。而一个软弱的女孩会十分在意别人的看法和评价，特别是受到嘲笑、轻视后会十分不安，她自卑脆弱、逃避退缩、心胸狭隘，行为举止也表现得十分拘谨、少言寡语、喜欢独来独往。

娟娟聪明伶俐，很懂礼貌，而且感情丰富。然而她的性格却很软弱。无论是比她小的邻家弟弟抢了她的玩具，还是大人拒绝了她的要求，甚至是她自己搞砸了某件事——比如她正在搭建的积木一下子倒塌时，她都会号啕大哭。如今的社会竞争日趋激烈，这样的孩子长大后怎么去面对人生的各种挫折呢？妈妈不免为此忧心忡忡，有时甚至会恨铁不成钢地训斥她。

妈妈的训斥不仅对女孩软弱性格的改善无济于事，而且对女孩脆弱的心灵可能更是雪上加霜。妈妈需要做的是让女孩学会“解决问题”，尽量减少女孩性格中的软弱成分。如果妈妈口头上一味要求或强迫女孩“不要软弱”，无休止地重复软弱的害处，其实只会使女孩性格的弱点不断“放大”。这样，女孩软弱的性格不仅不能得到改善，反而会更加严重。

4个小技巧改变女孩的软弱性格

那么，妈妈要怎样做才能改变女孩软弱的性格呢？妈妈不妨从以下几方面着手。

1. 给女孩表达想法的机会

妈妈要想改变女孩的软弱性格，就要先改变家长制作风，淡化自己的权威，多倾听女孩的心声，给女孩充分地表达自己内心想法的机会。比如，妈妈可以对女孩说：“周末我们想带你一起去王阿姨家里玩，你认为怎么样？”也许，女孩起初并不习惯在妈妈面前表达自己的观点，但是只要妈妈倾注足够的耐心，告诉她：“你不用马上作出回答，等你想好了再告诉我。”如果能坚持一直这样做，就会使女孩的性格发生改变。

2. 帮助女孩分析问题

一般来说，性格软弱的女孩都不善于分析问题。因此，当女孩遇到困难时，妈妈最好能帮助她分析一下其中的原因。比如，女孩搭的积木突然倒塌了，妈妈可以帮她找出其中的原因：是不是动作不够轻巧，是不是基础打得不够牢，是不是使用的材料不够恰当等。但是，当女孩再次尝试时，妈妈千万不要替她包办，应尽量让女孩自己来克服困难、解决问题。

3. 让女孩多和勇敢的同伴交往

心理学家指出，女孩的性格可以在游戏和日常生活中明显地表现出来，这也可以作为纠正不良性格的最佳途径。女孩一般都很爱模仿，妈妈可以让性格软弱的女孩多和果断勇敢的小伙伴交往，做一些平时不敢做的事，这样可以对她起到潜移默化的作用，让她逐渐养成勇敢的性格。

4. 给女孩提出一些要求

在日常生活中，妈妈要有意识地给女孩提出一些要求，这将有助于纠正女孩性格软弱、胆小的弱点。

居里夫人的两个女儿，从小都很聪明，可就是性格软弱，非常胆小。居里夫人觉得，如果想在事业上有所成就，必须有胆有识才行。因此，她向女儿们提出了四个“不准怕”的要求：不准怕黑夜，不准怕雷电，不准怕坏人，不准怕疾病。教育她们在面对人生的坎坷和前进中的困难时要勇敢坚强。在她的言传身教和精心培养下，两个女儿长大以后都取得了事业上的成功。

妈妈可以按照女孩的性格特点，有针对性地提出一些要求。比如，可以要求她不怕黑夜、不怕雷电、不怕下雪、不怕批评等。当夜幕降临时，妈妈可以领女孩到户外，观察夜空中的月亮和星星，给她讲点天文知识，引起女孩的兴趣，分散她的恐惧心理，这样让女孩逐渐做到不怕黑夜。

激发影响力，培养女孩领导才能

徐菲菲特别爱学习，每天只是扎在学习中，对班里的事情一点也不感兴趣。妈妈就怕这孩子将来成为书呆子，这怎么能行呢？

不久，徐菲菲的班主任安排徐菲菲当班里的学习委员，徐菲菲没当了两天就不想干了，找老师要求放弃这个职位。老师有些不解，但是看到徐菲菲坚决的样子，只好同意了。回到家里，徐菲菲将这件事情和妈妈说了，妈妈问她原因，徐菲菲还是淡淡地说不想做，没意思，自己学习就行了。

妈妈意识到必须要改变女孩的思路了，于是开导徐菲菲说：“你是不是对学习很有兴趣？”徐菲菲认同了，然后还反问妈妈为什么同学们不像她那样好好学习，而是上课不认真、瞎玩呢？妈妈听到这里，觉得这是个突破口。于是引导徐菲菲：“既然你觉得学习是一件很有乐趣的事情，为什么不把同学组织起来，让他们好好学习呢？”“我说他们也未必相信。”“没试你怎么知道呢？你将自己喜欢学习的原因和乐趣告诉同学们，他们可能同意呢。而且如果你做了学习委员，就利用这一职务履行自己的职责，对同学更有说服力。”徐菲菲将信将疑地看着妈妈，在妈妈的鼓励下她决定再做一阵学习委员试试。

重新当上学习委员的徐菲菲特别认真负责，仔细地收大家的作业，而且询问没交作业同学的原因，并且表示愿意帮助他们。在徐菲菲的感化下，一些不爱学习的同学也按时交作业了，但是学习兴趣还不浓。在妈妈的建议下，徐菲菲与这些同学结成了互帮小组，每天放学后来徐菲菲家一起写作业。和徐菲菲一起学习的时间里，同学们为徐菲菲的博学所吸引，一个个都很爱学习了。为此，徐菲菲在同学们的心中很有地位了，不再是一个只会学习的“书呆子”，还是一个很有号召力的“领头羊”了。

每个女孩只要被合理地引导，都会发挥出潜在的“影响力”“号召力”，显示自己的领导能力，她们需要的只是妈妈的合理引导。因此，给自己的女孩鼓励，给她们建议，让女孩成为一个有影响力的人，一个能够带领大家完成集体目标的人，是妈妈应想到并做到的。

第一，鼓励女孩争取机会做班干部。

有的妈妈认为女孩做班干部没有什么大的意义，其实不然。别看女孩小，在她们的环境中也存在着一种秩序。女孩做班干部很能锻炼女孩解决问题、协调关系、组织等能力。因此女孩在做班干部时，能够充分地锻炼自己的各种能力。能力提高了，就自然而然地容易得到同学们的信任，那么女孩的影响力也就有了。

第二，让女孩严格要求自己。

一个有影响力的人肯定是值得信任的人，也许是品德特别突出，也许是能力特别出众。无论是哪种原因，都需要严格要求自己，自己真正做到好模范、好表率。因此，妈妈要让女孩在日常生活中严格要求自己，赢得别人的肯定。

第三，给女孩适当的肯定。

妈妈给女孩的肯定和鼓励是女孩勇敢地迈出做“有影响力”的人的重要一步。在生活当中，给女孩适时的鼓励，当女孩提出某项提议时，给予积极的响应，让女孩感受到影响力的好处。

例如当女孩晚上提议去散散步时，妈妈一定要热情地给予回应，并且在语言上给予支持：“我家宝贝说的，哪能不去呢？要跟着‘领头羊’走，对不对？”这样善意的肯定会让女孩认识到做一个有影响力的人是多么好。

第15章
好习惯好未来，让女孩赢在起跑线上

我国著名教育家陈鹤琴认为：“人类的动作十之八九是习惯，但是习惯不是一样的，有好有坏，习惯养得好，终身受其福；习惯养得不好，则终身受其害。”

如果你养成好习惯，你一辈子都享受不尽它的利息；如果你养成坏习惯，你一辈子都偿还不尽它的债务……女孩从小养成好习惯会受用终生，因为这些习惯关乎到女孩子今后的发展。在女孩小的时候妈妈就要帮她训练出好习惯，让女孩赢在人生起跑线上。

别让不良习惯害了女孩一生

女孩子的许多不良习惯都是在不自觉中形成的。习惯一经形成，如不及时加以纠正，重复出现一次便是一次强化，慢慢便会成为极难改变的恶习。儿童时代形成的不良习惯，如不及时纠正，到了成年才想去改变就很难了。不良习惯会给人一生带来许多不利，不仅妨碍工作和生活，还会损害人的形象。

不良生活习惯对女孩成才的危害是非常严重的，这主要表现在三个方面：

1. 精力分散，学习受干扰

女孩应当通过学习、游戏、锻炼身体、劳动等活动全面发展自己的身心素质。而有好吃懒做、滥用化妆品、看电视和玩电子游戏入迷等不良生活习惯的女孩，却没有心思去做应该做的事情，反而对那些低级趣味的活动津津乐道、兴致盎然。这些女孩没有理想的追求，价值观念很乱；没有心思学习，多数是学业上的落伍者。

2. 身体受损害，精神不振奋

女孩身体发育是有规律的，人体自有“生物节律”。可是有爱睡懒觉、挑食等不良习惯的女孩却不顾身体发育的需要，随心所欲。身体素质差、精神萎靡不振、烦恼和失望时时相伴、贪婪症、焦虑症等便随之而来。

3. 生活能力脆弱，经不起风雨

人生道路是不平坦的，生活中并非都是歌声与微笑。对于养成良好生活习惯的女孩来说，她们不怕困难，能够开拓前进。而那些存有无病呻吟、小病大养、离群索居、任性固执、花钱如流水等毛病的女孩，小时候得不到克服各种困难的锻炼，将来脱离父母的监护后就会感到事事不如意，到处是麻烦，甚至失去生活的勇气和信心。

女孩年龄尚小、可塑性大，是培养良好习惯的好时机，也是纠正不良习惯的好时机。妈妈要从女孩幼年起就要纠正其不良习惯，让女孩养成良好的习惯。

女孩习惯养在“黄金期”

好习惯使人不由自主地去学习、去工作、去助人。为什么？回答：学惯了，不学难受；干惯了，不干难受；帮惯了，见到人有困难不帮便难受。

坏习惯使人不知不觉地、很省力地、很轻松地去拖拉、去懒惰、去干扰人。他为什么那么做？细想起来，不为什么，也不是故意的，就是拖惯了、懒惯了、干扰惯了，不这样难受。

一个勤奋惯了的学生，不用别人说，他也会自觉学习，如果外人强迫他停止学习，去打游戏机，他会觉得不习惯，甚至厌烦别人的打扰，拒绝去打游戏机。

一个懒惰惯了的学生，别人不说，他总是懒得动，被家长老师逼得没办法了，才学一点儿；但如果家长老师不说，外力一停，立即又不动了。

习惯的好坏可以影响人的一生。美国心理学家威廉·詹姆士说："播下一个行动，收获一种习惯；播下一种习惯，收获一种性格；播下一种性格，收获一种命运。"这就是说：习惯可以决定一个人一生的命运。所以说，我们有必要让我们的孩子从小养成许多好的习惯。

教育是什么？叶圣陶说：教育就是培养习惯。

那么，培养习惯的最佳时期在什么时候？答案是在幼儿阶段和小学阶段。

在幼儿阶段，妈妈要特别重视女孩子生活习惯的培养。比如：按时起床，自己穿衣，自己洗脸、刷牙，吃饭不掉饭粒，做事不磨蹭、动作要快等等。在女孩小学阶段时，则要尽可能多地培养女孩养成好的学习习惯。比如：做完作业自己检查，不会的字自己查字典，按时学习，写完作业后自己整理好书包，在外面要留心观察等。

女孩的好习惯要尽早培养，不要等到女孩年龄大了，已经养成了许多不良习惯了，再想着去改，那就晚了。

抓习惯，小时要严，大了就可以放松一点儿。习惯一定要从小培养，因为女孩越小，可塑性越强，越容易塑造。

管、教、疏、导，一个都不少

我国著名教育家陆士桢曾经说过，教育孩子要学会一手接纳，一手控制。因为孩子毕竟只是孩子。对于孩子，适度的控制是必要的。但教育的核心毕竟是“心”育，一切教育应从“心”开始，想方设法唤起孩子的内心动力才是主要的，再适度辅之以外部的控制（内因为主，外因为辅）。控制与疏导相结合。就像大禹治水一样，在孩子的教育中，光靠“堵”不行，光靠“疏”也不行。要堵疏结合才行。

但是这个堵疏的比例怎么控制呢？这里面大有学问。

在女孩的学龄前期要管和教为主，越小的女孩的行为越应该管束和规范，对小女孩的无理行为不能迁就。如果在女孩幼年时期妈妈就不能制服女孩的对抗行为，那么女孩以后的每一次对抗，妈妈都不会获胜。假如妈妈无法让一个5岁的女孩拾起她的玩具，那么就不可能在女孩具有逆反心理的青春期进行任何有效的管教。

到了小学阶段除了要继续管、教以外，也要重视疏和导，做到管、教、疏、导同时并用；女孩越是长大，管和教就应该逐渐减少，而疏和导就越来越处于重要地位。女孩越大，就越要增加疏和导的分量。

女孩进入初中，妈妈对女孩的疏和导就应该占据重要地位了。进入初中阶段的女孩已经有了较强的独立意识，尤其是这个阶段的女孩的逆反、对抗心理较强，她们已经不再屈从妈妈的管束和说教，希望妈妈尊重她们，与她们平等的沟通。这时，激励和引导就应成为教育女孩的主导原则和方法了。

总之，如果妈妈能综合运用管、教、疏、导的四个原则，注意在女孩的不同成长阶段采用侧重点不同的教育方式，就能使自己对女孩的教育收到理想的效果。

当然，以上四原则要想有效实施，必须建立在妈妈对女孩的尊重和关爱之上的。没有对女孩的尊重就不会有对女孩的有效教育。没有对女孩的关爱之情，就不会有对女孩良好的情感沟通和良好亲子关系的建立，当然也不会有有效的教育。而且，一个教育水平越高、越有教育智慧的妈妈，越善于疏和导，管和教的成分用得极少。因为她们总能抓住女孩的内心需求，总能把握女孩的内心感受，伺机进行引导。

惜时如金，培养女孩的时间观念

一寸光阴一寸金，寸金难买寸光阴，时间比金子还宝贵。然而，现在的女孩们生长在优越、舒适的家庭环境中，养成了懒散、懈怠性的行为和习惯，她们贪图享受玩乐，喜欢学习时出去玩耍，心思一来就放开手中的事物，将注意力放到别的事物上面。

对于女孩的这种现象妈妈可不能睁一只眼闭一只眼，应该帮助女孩树立遵守时间，珍惜时间的好习惯，以便积极的应对学习和生活上的挑战。

1. 培养女孩良好的时间观念

妈妈与女孩接触的时间最长，最了解也最熟悉自己的女孩，因此，妈妈的一举一动都对女孩时间观念的形成起着至关重要的作用。所以作为妈妈，应尽量抽出时间陪女孩，多与女孩交流，如果可能的话要给女孩制定一个日程表，从而培养女孩良好的时间观念。

2. 要教育女孩提高学习效率

提高学习效率首先要提高兴趣，只有感兴趣了才会专注于学习，成绩才会有所提高。有一名女孩上小学三年级了，语文成绩一直很差，于是她的表姐就给她写了一封简短的书信，告诉她语文在生活中的作用，启发她如何提升对语文的兴趣，写过几封之后，女孩终于体会到了学习语文的实际作用，从此对语文产生了兴趣，最终语文学习成绩在班级名列前茅。

3. 提高女孩的紧迫感

许多女孩做事磨磨蹭蹭，没有一点儿紧迫感，时间久了就会形成习惯，这样对女孩以后的生活和学习会有很大影响。所以，妈妈可以在女孩的生活中“制造”点紧张气氛，使女孩的生活节奏加快。如女孩吃饭磨蹭，给她规定时间，让她在规定的时间内吃完饭，时间到了就不许她再吃，这样反复几次就会有效果。

4. 让女孩作息有规律

女孩的自制能力差，做事情不够专心，常常一件事情还没有做完，心里又想着另一件事情。时间久了，就会养成“拖拉”的坏习惯。所以在女孩不专心学习不按时休息时，妈妈应及时地警告女孩，帮助女孩养成有规律的作息习惯。妈妈也可以和女孩一起制定一张作息时间表，包括起床，洗漱，吃早、午、晚餐，学习，睡觉等，都规定出明确的时间。这样把作息时间固定下来，才能养成良好的时间观念。

5. 奖励督促法

直接让女孩跟着自己的计划走这可能会进行的不顺利，因为女孩还小，不甚明白妈妈的用心良苦，为了让女孩从心理上接受，采用奖励督促法就是一个不错的选择，例如女孩若是在规定时间内完成作业，就奖励他看动画片等。恰当的奖励可以强化女孩良好习惯的养成。

自我反省，女孩越来越优秀

有人说过：“一个成功者以最谦虚的态度来接受一个最忠诚的指导，这并不影响他的独立人格。但是你在接受指导之前，必须进行冷静的分析，千万别存有屈服感。”遇事反求诸己，为人之常理，每个人都应该反省自己，随时修正自己的行为。

有这样一个故事。

在美国有一位女士养了一只漂亮的鹦鹉，但是鹦鹉有一个奇怪的毛病，总是咳嗽，而且它的咳嗽声很难听，女主人满以为它是患了呼吸系统疾病，就带它去看兽医。兽医详细地检查它，发现它没有任何疾病，问题只是出在女主人身上，因为她经常抽烟，所以常常咳嗽，这只鹦鹉只是惟妙惟肖地将主人的咳嗽声学会罢了。

无独有偶，在英国，有个年轻人向心理医生诉苦，说他的母亲经常啰啰唆唆，令人感到十分烦恼。心理医生发现他的母亲的确十分啰唆，但是同时发现她本来不是这样的，她之所以变得啰唆，是因为儿子从来不在她只吩咐一两次的时候，就把事情做成，总要她三番四次地提醒，久而久之，便形成啰唆的情况。

能够自我反省，看到自己的问题，及时修正，那么，任何一个障碍都会成为一个超越自我的契机。勇于自我反省是成功人士共有的一种优秀习惯。

现在有很多女孩，一方面由于父母的娇生惯养，一方面由于自身认识的不足，在遭遇挫折或犯了错误的时候，不是反躬自省，而是责怪或迁怒别人。如果总是这样的话，是无法取得进步的。没有反省，就不会有更新和成长。

妈妈要引导女孩改变自负、固执的毛病，做人生路上睿智、坦荡的反省者。

当遇到问题时，妈妈要启发女孩首先从自己身上找原因，比如告诉女孩：同学不愿与你往来是不是你的交友方式有问题？是不是你总是认为自己是对的而别人是错的？你的哪些语言或行为伤害了别人？学习成绩不好是不是不够勤奋，是不是方法不对？……

女孩在成长过程中难免会遇到一些挫败或不愉快的事情，这时候就要及时引导女孩多多反省自己的行为，从自己身上找原因。要让女孩懂得：只有自己反省自己，才能找到解决问题的办法，才能实现自我的提升。

不娇不惯，教育女孩做事不拖延

星期天一早，莉莉起床后就开始做老师留的作文。怎么开头呢？她削削铅笔，翻翻过去的作文本，勉强写了两句，忽然看到一本新来的杂志，心想还早着呢，先看一下再做不迟。转眼到了中午，又该吃午饭了。下午怎么安排呢？紧张学习一周了，总得有半天松弛一下呀！晚饭后，电视里精彩的动画片又开始了，看完再做也不迟呀。就这样，她从早到晚都想要写作文，却一直拖延到人困马乏的半夜时分，才胡乱对付了一篇了事。

在现实生活中，女孩们会常有这种拖延的现象。做事拖拖拉拉是一种惰性，人的精力如果被惰性所抑制，久而久之就会使人懒散成性，什么事也做不成。对于女孩来讲，一般都性格温柔，做起事来不像男女孩一般雷厉风行。因此，妈妈更要注意培养女孩做事利索的好习惯。因为一个做事利索的女孩往往能在相同的时间内做较多的事情。如果一个女孩形成这样一个良好习惯，那么，她无论是在学习、生活，还是工作上都能有效地利用时间，提高效率，做出比别人出色的成绩。

那么，妈妈该如何帮助女孩克服拖延的坏习惯呢？

1. 要求女孩做事既要快又要好

一个人在做事的时候仅仅利落还不够，同时还要把事情做好，两者缺一不可。当女孩已经养成了做事利落的好习惯后，为了防止她一味求快却把事情做得一塌糊涂，这时候妈妈就要把重点放在把事情做好上面，多提醒女孩不要急、不要慌，要一步一步地把事情做好。

2. 让女孩养成立即行动的习惯

很多女孩都会把时间浪费在准备开始进入状态的阶段。她花费了很多时间准备干一件事，但一拖再拖，最后还是没做。如果立即着手行动，我们就会惊奇自己干得有多快！正如一位名人所说：栽一棵树的最好的时间是20年前，第二个最好的时间就是现在。

对待女女孩，如果她要做什么，就让她从现在开始。想锻炼，从现在就开始！不要总是“明日复明日”。

3. 启发女孩有求快的强烈愿望

妈妈应该启发女孩在学习、做事的过程中有求快的愿望，让她能够加快做事的节奏、去想省时的办法。比如，用比比看谁做得快的方式来激发女儿求快欲望。在女儿吃饭、叠被、洗脸、刷牙、穿衣、走路的时候，比比谁快。快者有奖，慢者受罚。妈妈在此时既要扮演竞赛者的角色，同时还要扮演裁判。当然，为了鼓励女儿的信心，妈妈刚开始可以先让着女孩一些，但最好不要让她看出来。

另外，可以让女孩用限时完成的方式来启发她的求快欲望。限时可以用在做练习、写作文、预习功课、复习考试、回答问题等许多事情上。

4. 教女孩不要避重就轻

避重就轻也许符合人的天性，但到头来会积重难返，难上加难。妈妈应该鼓励女孩试着不让自己回避棘手的事。如果她原来习惯是先做容易的问题，而后再解决难的，那这次不妨让她倒过来试试。也许她会从中发现自己在解决了难题之后受到鼓舞，剩余的任务就迎刃而解了。

5. 女孩磨蹭时给些惩罚

如果女孩总是拖延磨蹭，必要时可以给她一些惩罚。

戒除懒惰，勤奋让女孩受益终身

不能否认，几乎每个人天生都有惰性。区别只是在于有的人能够很好地克制和压抑自己的惰性，而有的人却放任了自己的惰性。

比如，贪恋被窝的温暖，赖床不愿意起来早读。

比如，嫌学习任务重，总是将任务一拖再拖，一味玩乐，而将任务忘到了九霄云外。

比如，贪图多玩一会儿游戏，放弃了自己的学习计划。

安逸是勤奋的大敌，如果在学习过程中，你的头脑中贪图安逸的思想占了上风，那么，我可以肯定地说，你的成绩也必定是不理想的。那些成绩优秀的同学绝不会因为贪图安逸而放任自己懒惰。一位考入北京大学的学子在谈起自己中学阶段的学习时这样说：

“懒惰是人的一个本性，也就是说懒惰是与生俱来的。任何人都有犯懒的时候，我自然也不例外。但我却有个妙招激励自己主动起来、勤奋起来，与懒惰绝缘。

“这就是为自己寻找一个竞争对手，时刻与对方比着学。

“我选定的竞争对手是我的同桌，平时成绩与我不相上下，几次考试下来，不是她第一就是我第一。为了争夺第一的宝座，我和同桌较上了劲。每当我想要偷懒时，我就会看一看我的同桌，一看她学得热火朝天，我想要偷懒的想法立刻就会消散于无形。因为有了同桌这么强有力的竞争对手在一旁虎视眈眈，我对待学习就一点儿也不敢放松，学习这根弦总是绷得紧紧的。而因为我对学习从不懈怠，我的成绩也就一直名列前茅。”

如果你的头脑之中总是有贪图安逸的思想在作祟，不妨也向上述例子中的学生学习，为自己寻找一个合适的竞争对手，和对方比着学。中学阶段的学生，自我意识已经很强了，几乎每个人都不愿意落后于人，当你为自己选定了竞争对手，激起了自身的争强好胜意识，在潜意识里就能主动自发地以超越对方为目的，进而渐渐变得主动勤奋起来。

聪明的人从来不会为自己的懒惰寻找借口，而是会积极地督促自己勤奋起来，戒除懒惰。

我所接触的一位优秀学生的经验是这样的：

“从上中学开始，我就给自己树立了这样的目标——一定要考上北京大学。为此，我给自己设下了这样的规定：当天的学习任务，绝对不能拖到明天。

“当我在学习过程中想要犯懒时，我就会在脑海中想一想自己的目标，想一想自己给自己设下的要求，然后问一问自己，如果我懒散下去，还能够实现自己的目标吗？

“每当我用这个目标激励自己，用这个问题反复问自己时，体内就能萌生无尽的动力，促使我再一次投入到学习当中去。就是靠着信念的支撑、理想的鞭策，在学习这条路上，我从来就没有懈怠过，最终得偿所愿，考入了我心中理想的学府——北京大学。”

把所有事情都推给明天而放弃今天的人，只会一事无成，她们的理想就会化为泡影。所以，你一定要战胜自己的懒惰，今天的任务必须今天完成，绝对不能留给明天。当你战胜自己一次之后，以后懒惰的情况就会慢慢改善，进而逐渐养成今日事今日毕的习惯。

女孩做事要有计划、有条理

许多女孩都有早晨起床找不到袜子、学习用品或者生活用品的现象，这便是做事缺乏计划性和条理性的坏习惯。做事情缺乏条理、没有计划是儿童时期的一种自然反应。但是，如果妈妈不注意引导，女孩们往往会养成不良的习惯。做事没有计划，缺乏条理，以后就无法很好地料理自己的生活，也无法很好地进行学习和工作。在走向成功的道路上，做事没有条理、没有计划的女孩将会比其他人走得更辛苦。

所以，对于女孩来说，做事有计划是非常重要的。它可以帮助女孩有条不紊地处理应该处理的事情而不会手忙脚乱。那么，妈妈怎样培养女孩做事有计划、有条理的好习惯呢？

1. 让女孩在比较中得到启发

女孩都喜欢模仿，可以让女孩多接触那些做事有计划、有条理的女孩，让女孩在潜移默化中养成这样的好习惯。

有一位妈妈是这样教育自己的女儿的：

我的女儿已经上学了，还经常玩积木。但她玩起积木，常常丢得满地都是。有一次，我无意中跟同事说起这件事，她说："我有办法，我女儿小雪做事有条理，让她到我家参观参观去。""这有用吗？""当然有用，当初我就是用这个办法帮我女儿养成做事有条理的好习惯的。"于是，在一个周末，我带着女儿来到同事家取经，当然，女儿对此行的目的并不知晓。来到我的同事家，我的女儿很快和小雪熟悉起来，她们一起搭积木、做游戏，玩得不亦乐乎。快到午饭时间，小雪把玩具一一收拢起来，放在原来的位置，然后带着我女儿一起去洗手。后来，我有意识地带女儿去了几次，结果，女儿开始学着自己收拾玩具，然后洗手、吃饭。

2. 实践出真知

可以借节假日的机会，让女孩学做家务，以借此培养她做事的条理性。

比如，当女孩面对着洗衣服、买菜、做饭、整理房间这一堆任务时，起先显得有些困惑，但很快就会进入了角色。她会先把衣服放进洗衣机，当洗衣机开始工作的时候，她开始整理房间。在整理房间的时候，她看到电视里正播放精彩的连续剧，就津津有味地看起来。看一会儿后，她会去晒衣服，再来收拾房间。这样可能要拖拖拉拉一个小时，但女孩总算做好了。以后女孩再做的时候，就会感觉比第一次熟练多了。

3. 让女孩制订计划并按计划办事

妈妈在平时要非常注意女孩做事的计划性，注意引导女孩做事讲究计划。如果女孩对你说："妈妈，我周末想去郊游。"你不要直接说"好"或者"不好"。你可以问女孩："你的计划呢？你想跟谁一起去？到什么地方去？怎么去？要带什么东西去？"如果女孩说："我还没想好"。你就对她说："没想好的事情就不要说。如果你要去，就要先做计划。"这样，女孩做事之前就会想一想，然后做好周密的计划。

4. 以身作则才能出效果

培养女孩良好的习惯，妈妈首先要以身作则。试想，一个做事缺乏条理的家长能培养出一个做事有条理的女孩吗？

培养女孩做事有条理是一个漫长的过程，只要妈妈坚持要求，反复强化，不断激励并加以督促引导，就能使女孩养成做事有条理的好习惯。

耐心、专注、坚持，成就女孩一生

现在的女孩多是独生子女，日常生活中家长们往往对她们娇生惯养、百依百顺，生活条件优裕，从小很少吃苦，这使用她们养成了怕吃苦、做事没有耐心、不能坚持到底的不良习惯。

"不积跬步，无以至千里；不积小流，无以成江海。"昨天的习惯决定明天的我们，昨天的努力决定我们的现在的成就。一个人要想有所成就，没有持之以恒、水滴石穿的精神是不行的。坚持才能成功，有很多事情不是一朝一夕就能完成的，甚至在进行的过程中还要遇到各种困难，阻碍你前进的脚步，这时候最需要的就是专注与坚持，只有这种力量才能让你一步一步朝前走，越来越接近终点。

对于懒散浮躁、没有耐心的女孩，妈妈要努力从点滴之处纠正其这一不良习惯，培养女孩坚持不懈的毅力、专注做事的好习惯。

1. 让女孩认识到坚持的意义

当女孩遇到一些小的困难时，妈妈要鼓励女孩坚持下去，坚持下去就是胜利。等到女孩在妈妈的鼓励下通过自己的坚持取得成功的时候，她们就会体会到坚持给自己带来的好处。妈妈要让女孩明白，很多人就是因为缺少坚持的毅力而在即将取得成功的时候选择了放弃，最后只能落得一个前功尽弃的下场。

2. 从小事出发，培养女孩坚持到底的习惯

女孩习惯的养成，常常需要意志的磨炼。妈妈想要培养女孩坚持到底的习惯，就要让女孩从身边的小事做起，如遵守作息时间、按时完成作业、做完作业后收拾书包、自己收拾房间等。培养行为习惯时要对她们严格要求，如要求她们该完成的任务一定要完成，绝不能半途而废；要求女孩改正缺点就要监督她们必须逐渐改正。

3. 给女孩证明自己的机会

妈妈要适时地肯定女孩，刚开始的时候可以让女孩做一些难度较小的事情。随着年龄的增长，妈妈可以把分配给女孩的任务的难度适当加大。如果女孩面露难色，妈妈就要说一些鼓励的话，如："虽然这件事有点儿难，但是妈妈知道你肯定会做得很好，对吗？"当妈妈向女孩说出这样的话的时候，女孩就会变得更加自信，她们也有了坚持下去的勇气。

4. 妈妈还要做好监督工作

在面对挫折的时候能够坚持到底，是一个人意志力的重要体现。妈妈可以帮助女孩制定一个目标，然后督促她们一步一个脚印地去完成。如果“三天打鱼，两天晒网”，一曝十寒，不但无助于意志力的培养，反而会让女孩更加懒散。因此妈妈要时常监督着女孩，同时可以采取一些小技巧，比如及时表扬、物质奖励等鼓励女孩去实现目标。

帮助女孩改掉不良习惯的好方法

娇生惯养是女孩形成不良生活习惯的直接原因，因此妈妈必须注意改进家庭教育的方法，寻求合适的途径来改进提升教育女孩的方法，引导女孩全面纠正坏习惯，养成好习惯。

1. 帮助女孩深刻认识不良生活习惯的危害

一般来说，有不良生活习惯的女孩都没有正确的生活价值观，她们觉得生活就是享乐，怎么样舒服、快活就怎么样做，有的甚至自以为了不起，别人都是傻瓜，对于成年人的批评毫不在意。这种错误认识不改变，就不可能改正不良习惯。为此妈妈要注意用生动、具体的事例说明不良生活习惯的危害，真正打动女孩的心灵。

2. 采取针对性的措施制止女孩的错误行为

不良生活习惯一旦形成，就会反复地出现。为此，妈妈应当采取一些具体的措施来帮她们克服。如花钱无度的女孩要钱时，必须问清楚用途和数目，再决定给不给和给多少，过后还要追问女孩是怎样花钱的，收回女孩剩余的钱。让有严重不良生活习惯的女孩到较艰苦的地方去锻炼，更换其居住、生活的条件，也能促使他改掉坏习惯。

3. 通过制定家规来约束女孩的行为

儿童时期女孩的自我控制能力较弱，有的已经改正的坏习惯还可能再犯。为了巩固女孩纠正不良生活习惯所取得的成绩，促使其沿着正确的方向不断进步，可以制定一些家庭生活规范，使女孩的行为有所约束。

比如的女孩喜欢吃饭剩碗底，不管饭多少，都是那样。经过妈妈的正确引导，指出粮食来之不易，并用一些具体事例引导，使其认识到粮食的宝贵，浪费粮食就是犯罪。在这个基础上再制定严厉的规定，如果剩饭，再吃饭时必须先把剩饭吃掉，否则不能吃新做的饭菜。这种坏习惯经过一段整治一般也能改变了。

还有诸如每天不能按时刷牙、走路爱踢石子、不按时洗澡、随便弄坏文具、乱撕作业本等坏习惯，也通过制定家庭规范给予限制，并坚决让其更改，做好了就及时表扬。家规的制定要发扬民主，由全家人讨论制定，对女孩既要有约束作用，又要符合实际情况，使女孩经过努力可以做到。家规制定出来后，一定要严格执行，定期总结；还要在执行家规的同时，改善家庭的软环境，家庭成员之间要互相尊重、互相关心。

第16章

每个女孩都是公主，培养高贵优雅小天使

“天然去雕饰，碧水出芙蓉”，有气质的女孩是优雅的天使，是高贵的小公主。优雅的气质，更能衬托出女孩的可爱和可敬之处。虽然女孩的容貌为父母所赐，但气质则可以由后天重塑。培养女孩沉稳大方、优雅端庄的气质，是妈妈送给女孩最尊贵的礼物。

教女孩学会礼貌用语

文明礼貌反映了当今社会人与人之间互相关心、互相尊重的友好关系，也反映了公民自身文化修养的水平。《中小学生守则》《中小学生日常行为规范》都明确地规定了中小学生的文明礼貌行为，各地还相应制定了中小学生礼仪常规，对这些规定妈妈都应督促女孩子认真遵守。

少儿时期是行为习惯形成的重要时期，妈妈应抓住这一有利时机，及早把女孩子培养成讲文明、懂礼貌、有教养的好孩子。

妈妈首先要教女孩学会礼貌用语：

对父母、老师和其他年长者要称呼“您”，不能直呼其名。

请求别人帮助时，要用商量的口吻说“请”“劳驾”，而不能用“喂”“哎”呼之。

当得到别人的帮助时，要说“谢谢”，而不能认为这种帮助是理所当然的。

当别人感谢时，要说“别客气”，而不能以“恩人”“功臣”

自居。

当妨碍了别人或给别人带来麻烦时，要说“对不起”“麻烦您了”“请原谅”，而不能不表示歉意，更不能说“活该”。

当别人赔礼道歉时，要回答“没关系”或“不要紧”，而不能得理不让人，更不能不依不饶、无理取闹。

在街头巷尾碰到同伴、长者，要说“您好”，而不能低头侧身装作没看见。

与别人分别时要说“再见”，而不能只顾自己走开，毫无表示。

谈吐文雅，举止也要优雅

文雅的谈吐必须与得体的举止相匹配。因此，妈妈在教会女孩使用礼貌用语的同时，还应坚持不懈地培养其得体优雅的举止。

需要让女孩知道并遵守的行为规范有：

1. 站立时挺胸收腹，双肩平放不摇晃，两臂下垂不揣兜，腿部不颤动。

2. 遇到熟人要打招呼。

3. 遇到有人问路，要热情地告诉他。

4. 进入别人房间，要先轻轻敲门，得到允许后方可进去，不能随便推门进入。

5. 到别人家拜访要预先通知，并注意时间，一般不在吃饭和午睡时间去，尽量避免妨碍人家的正常生活。

6. 夏天不赤胳膊或穿短裤去串门，任何季节都不能身着内衣或睡衣到别人家，或在家这样子接待来访客人。

7. 客人来访时要主动让座，倒茶时要双手捧上，会客时坐姿要端正，不要左靠右歪，双脚不要叉开太大或跷二郎腿，也不能随意摇摆或晃动。

8. 与人谈话时，不挖鼻孔、抠耳朵、剔牙齿、搔痒、脱鞋袜、抠脚趾。

9. 在别人家做客，不乱翻人家的橱桌抽屉和书籍、用具，不随便吃人家的东西。

10. 就餐时，不在客人和长者之先动筷，不在菜盘中翻拣，餐具要轻拿轻放、减少碰撞，吃东西时不发出很响的咀嚼声。

11. 动用他人物品，必须先经他人允许。

12. 不随便打断别人的讲话、打扰他人学习、工作和休息，妨碍别人时要道歉。

13. 在公众场合，咳嗽、打喷嚏、吐痰需要用手绢或卫生纸掩住口鼻，不能冲着别人。

为培养女孩形成文明礼貌的言谈举止，妈妈要给女孩做榜样，起码在上述方面给女孩以示范。

在日常交往中培养女孩礼仪修养

日常交往是培养女孩礼仪的绝好机会。生活中的你来我往是必不可少的，当有客人来访，或到别人家做客时，妈妈就可以利用这种机会培养女孩的礼仪习惯。节假日是人们交往的密集期，也是对女孩进行礼仪教育的最佳时期。

有客人时，妈妈要引导和鼓励女孩亲切、主动地和客人打招呼。在客人的夸奖声和递过来的一包糖果或一件玩具中，女孩会认识到这的确是一种乐趣。客人进屋后，可以让女孩做些简单的招待工作，如招呼客人坐下、给客人倒茶水等。在大人谈话时，要让女孩明白安静地做自己的事才是乖女孩，来回走动和随便插话是对客人的不尊重。

当有小客人时，大方地拿出玩具和小客人一起玩，会让小客人格外开心。客人走时妈妈可以领着女孩送客人一段，妈妈可以和女孩说："和××说再见，有空再来！"即使是妈妈教女孩说的，从女孩嘴里说出来也会令客人感到快乐。在这样的耳濡目染之后，女孩一定会成为一个有礼貌的小主人。

领着女孩去别人家做客，让女孩在回访中体验礼貌地回应是很实际的礼仪练习。在妈妈指导着女孩按了门铃之后，要和女孩在门口安静地等待直到主人开门。进门后，妈妈要引导女孩在问好之后主动把脱下的鞋子排整齐。当女孩受到招待时记着让女孩说声"谢谢"。女孩的天性就是好奇，在陌生的环境中更是如此，告诉女孩随便乱动别人的东西是不礼貌的，如果想玩玩具或看书，一定要经过主人的同意。在自己玩时记住不要打扰大人谈话，玩过之后，记着让女孩把东西放好。

打造千金的别样气质

一个有气质的人是行为大方的，装扮得体的。但这仅仅是一个人的外在美，真正有气质的人是从内到外散发魅力的人，有内在修养的人更有气质。因此现代妈妈在生活中必须提升自身的修养，具有涵养的妈妈才会养育有修养的女孩。

所谓修养，体现在日常生活当中，与人相处或是独自一人时，所思所言都是修养的体现。妈妈与女儿朝夕相处，因而女孩身上大多数的修养，还是在妈妈的影响下点点滴滴培养而成的。妈妈尊老爱幼，女孩自然就会上行下效；妈妈彬彬有礼，女孩自然就会谦虚谨慎……

妈妈的修养会在大事上体现出来，比如女孩在选择前途上的尊重和理解，处理自己的人际关系上。而更多的是体现在细节当中，有些并不引人注意的细节会摧毁妈妈的形象，摧毁妈妈为女孩一手营造的快乐生活。

人的内在美的核心在于一个人的修养，一个人的外形不管修饰得多么靓丽，如果没有内在美也是不会有风度、气质和魅力的。正是认识到内在美是修养来决定的，所以很多人也都在注重内在的修养了。

妈妈时刻应该注意对真善美的追求，因为这是提高修养的一部分。相信一个在生活中不矫揉造作，处处以真情处世的母亲不会遭到别人的厌恶。一个把别人从痛苦的深渊中拯救出来的母亲，她的善意不但会打动周围的人，还会深深地感动女孩。一个希望给别人留下美好印象的母亲，首先自己要追求美，才能把美化为自己形象的一部分。

对真善美的追求，会让你拥有一颗善良的心、宽大的襟怀、光明平和的处世态度。这样待人会使你谦虚而有自信，积极向上而不嫉妒别人，欣赏别人的美而不自卑。追求真善美的妈妈会让自己的女孩了解自己的长处而不嚣张，勇于负责而不跋扈，从而让女孩举止自然从容，落落大方。

从生活细节教女孩塑造仪表

对于自己的女儿，妈妈要引导她注重培养个人形象。妈妈要从生活中的细节入手，从一点一滴的小事做起，教会女孩讲究、修饰外表礼仪：

1. 要勤洗脸，保持面部的清洁，这样才能给人留下一个比较好的印象。

2. 要经常洗头发，最好一天一洗，最长也不应该超过三天。

3. 保持头发的整齐，不要太乱。

4. 不要把头发染成黑色以外的其他颜色，更不应该烫发。

5. 要经常刷牙，以消除口中的异味。

6. 走路姿势要“行如风”，也就是走起路来要像风一样轻快。正确的走路姿势应该是：轻快稳重，胸脯要挺起，头要抬起，肩部要放松，两眼平视着前方，面带微笑，自然摆动双臂。

7. 在夸奖别人的时候，应该伸出右手，并跷起大拇指，指尖应该朝上，并让拇指的腹面朝向被称赞的人。但在交谈的时候，就不应该这样做了，因为这样往往表示对别人的轻视。

8. 当你为别人引路，或者是指示方向的时候，应该将一只手抬到一定的高度，将五个手指并在一起，掌心朝上，然后再朝着一定的方向伸出手臂。

9. 应该杜绝一些不卫生的手势。例如搔头皮、掏耳朵、抠鼻孔、剔牙齿、挠痒痒、摸脚丫等，这些手势是很不文雅的。

10. 微笑表示着自己心情的良好，在你微笑的时候，你的身体就会处在一种非常好的状态，这非常有利于你的健康。同时你的微笑也能给人一种亲切、温暖、愉快、和蔼的感觉。真诚的微笑也是和人交往的最好通行证，它是最能打动人的一种表情，可以向人传达出你的善意。

11. 着装应该符合自己的年龄特征。女孩就应该穿一些有朝气、有活力的衣服，而不应该穿那些太成熟的衣服。

端庄优雅，妈妈给女孩金贵的礼物

端庄优雅，仿佛是盛开在女人身上的花朵，芳香四溢；更像雕塑家手中的刻刀，从内心到外表雕琢着女人；端庄优雅是一种恒久的时尚，它不因岁月的流逝而消失，也不因时空的转变而淡漠。

池莉是我国当代文坛上有着极高知名度的女作家，她的代表作《来来往往》《口红》《小姐你早》等作品一经搬上荧屏就成为观众热烈追捧的收视热点，均取得了艺术和市场的巨大成功。池莉的作品关注市井生活，文字能够与读者坦诚相见。其新作《生活秀》一问世，便同时被改编成电影和电视剧。电影《生活秀》获得多项大奖，充分展现了池莉作品的独特魅力和市场价值，这与她习惯探究和思考生活本质，去碰触社会与人性的灵魂有莫大的关联。

她不但是一个懂得思考生活的人，在家庭教育上也有自己的独到见解。她曾说：“我希望我的女儿，首先能够从真实不虚的生活中懂得生命意义。如果她慢慢懂得了衣食是一种大事，勤俭是一种美德，心静是一种大气，宽容是一种真爱，知晓是一种最好，那天下还有什么功课她拿不到A的呢？”

池莉这样的教育心境，让孩子得到一个宽松的学习环境和成长空间，这样没有约束的教育只有潜移默化的影响让她的女儿亦池最终成了一个端庄优雅的女孩，不管遇到什么麻烦的事情都能冷静对待、礼貌处理。

亦池上初三的时候，一次课间休息，学生们在操场上运动玩耍。他们班的一个男同学打篮球热了，脱下棉袄，要亦池帮忙照看。亦池就将男生的棉袄接过来，挂在旁边的树枝上。忽然上课铃声响了，男生大叫：“我的棉袄。”亦池急忙拉下棉袄，扔给男生。可是，不小心，树枝挂破了棉衣的下摆。男生立刻气势汹汹，要求索赔，因为那是一件新买的正宗名牌阿迪达斯，价值好几百元呢。亦池安静地回答他两个字：“好的。”

周末的时候，亦池把男生的棉袄带回了家，把事情的经过讲给了妈妈听，最后她幽默地对妈妈说："你缝一缝自己穿吧，买件新的，我赔给他。妈妈穿上小男生的衣服肯定很神气。"

后来男生的家长知道了这件事情，觉得自己的孩子做得不对。带着孩子登门道歉，最后是峰回路转，男孩的家长把池莉缝好的衣服拿了回去。之后，亦池无一句闲话。

看到孩子这样的处世方式，池莉心中升起了一种骄傲。随着亦池渐渐长大，她的这种骄傲从来就没有减少过：那就是孩子高贵的心底和端庄优雅的品格，她的浑然大度和忍让。这让池莉收获了幸福。她感到很欣慰，她能给女儿的端庄优雅的品格，那是最宝贵的财富。

端庄优雅是一种味道，由内而外散发着迷人的芳香。端庄优雅的妈妈言语中尽是启发人的智慧，举手投足间散发着优雅的气息。一个容貌美丽的妈妈未必优雅端庄，而优雅端庄的女人一定"美丽"，因为她的知识和智慧让朋友信任，她的细腻与关爱让女孩依赖。而这智慧、细腻、关爱，你会从她充满迷人韵味的举手投足、一颦一笑间体味。

一个端庄优雅的妈妈在家庭教育会注重对女孩神态的培养，这样女孩才会在交往中表现出对他人的尊重、理解和善意；一个端庄优雅的妈妈也很重视女孩的礼貌教养；她会让子女养成使用文明礼貌用语的好习惯，如经常说"您好""谢谢""请""对不起""没关系"等；一个端庄优雅的妈妈会在恰当的时候还应告诉女孩，沉默寡言、啰唆重复，都是不正确的语言表达方式。

一个端庄优雅的妈妈教育女孩的过程中体现的就是一种优雅气质，当她向女孩讲解优雅举止的标准时，不会用教训、命令的口吻，而是循循善诱、谆谆教导。如此这样，妈妈的端庄和优雅举止会影响女孩养成一种不自觉的习惯，女孩卓尔不凡的气质也就形成了。

美感教育，美丽女孩

苏杭是我国著名的作家，是一个懂得生活，享受生活的人。她认为美好的人生应该是有品位的，她以自己坚强的毅力完成了对女儿的教育，即便在她生病卧床期间也不忘记让孩子过有质量、有品位的生活。

一次，苏杭花10元钱买了5公斤毛衣厂的下脚料。她把五颜六色的线头一截截接好，给孩子织了十来件衣、裙、裤和背心，利用颜色俱全的特点，精心设计出富有儿童情趣的款式和图案。其中有一件毛衣构图新颖奇特，下摆织成红色线加白色线的“砖墙”，胸前露出半张顽皮三毛的脸，左右两只胖乎乎的小手正扒在墙头，好像在寻找着什么。仔细一看，袖子上还有一只小乌龟：小乌龟是先用绿色线头缠好缝上去的，活动的头和尾别有一番情趣。她女儿穿上这件衣服，平添了几分聪颖、活泼。幼儿园的小朋友围着她，摸摸小乌龟，揪揪三毛的头发，羡慕极了。在别人的羡慕中她女儿感到满足和骄傲。

织那件毛衣的时候，苏杭那时因病坐不住，躺着织很艰难，致使胳膊肘流血结痂，但她以母亲深挚的爱，像春风化雨般地润泽着女儿健康的而有品位的生活。另外她还认为一个有品位的人是需要懂得审美的。因此她总是在培养着女儿的审美情趣。

在苏杭看来，现在这个充满物质诱惑的社会中，母亲的责任是引导孩子拥有一种富有个性的审美观，不让孩子盲目追求不属于自己的美。她知道爱美是女孩的天性，但很多女孩并不能分清真正的美丑，觉得流行、时髦就是美。甚至认为美就是擦口红、涂指甲油、涂香水、上课照镜子，手上、脚上常更换手链、脚链等。

对于美，苏杭的女儿也存在着这样那样的错误认知，遇到这种情况，苏杭耐心地对女儿进行引导，并且对女儿进行审美教育，让她拥有正确的审美观。

审美是在远离功利的基础上追求的一种愉悦心态。苏联著名教育家苏霍姆林斯基说得很明确："美育的最重要的任务是通过周围世界的美、人的关系的美而看到精神的高尚、善良和诚挚，并在此基础上确立自己的美的品质。"蔡元培先生曾说："美育，便是使人类能在音乐、雕刻、图画、文学里又找到他们遗失了的情感。"著名美学家朱光潜先生也认为："美感教育是一种情感教育""美感教育的功用在怡情养性""美是一个自我的循环"。

由此可见，在培养女孩审美观的过程中，女孩们最大的收获不是更好地感知和理解何为美，而是在美的享受中接受教育，在不知不觉中陶冶了性情、培养了情操、提升了气质，学会了以开阔的胸襟、从容的姿态面对人生。

妈妈如何教女孩学会审美

女孩的审美教育应该如何展开呢？教育专家给出如下建议，妈妈们可以在教育实践中参照学习使用：

首先，抓住审美教育的敏感期。

蒙台梭利认为，自然赋予正在发育成长中的生命特有的力量。一个"人"或其他有知觉的生命个体在生命的发展过程中，会对外在环境的某些刺激产生特别敏锐的感受力，以至影响其心智的动作或生理反应，而出现特殊的好恶或感受，这种力量的强弱，我们称之为"敏感力"。蒙台梭利所称的"敏感期"是指这样的一段时期，当敏感力产生时，女孩在内心会有一股无法抑制的动力，驱使女孩对他所感兴趣的特定事物产生尝试或学习的狂热，直到满足需求或敏感力减弱，这股力量才会消逝。她认为0～6岁的女孩处于感官敏感期。女孩从出生起，就会借着听觉、视觉、味觉、触觉等感官来熟悉环境、了解事物。

如果女孩房间的色彩很单调，就很难满足他对感觉的需求。这个时候妈妈可以在注意房间雕刻品和装饰画的布置，并给女孩添置颜色鲜艳的玩具，发展女孩的色彩感觉。也可以在家里经常播放一些世界知名的音乐曲目等。

其次，注意培养女孩审美的兴趣。

等女孩稍微长大一些时，妈妈可以选择绘画、音乐等方面优秀的作品给女孩欣赏。这个时期的女孩不知道什么是审美，但她们对美好的事物有一种天生的敏感和好奇，如果妈妈再把作品和故事结合起来，比如，可以讲一些作者的经历和故事，这样女孩就会对作品以及作者产生浓厚的兴趣，妈妈的美育也就慢慢开始了。

最后，鼓励女孩展开想象。

想象力丰富的人，总能对于同一问题能够从不同的角度发挥自己的想象力，从多方面去思考。一个缺乏丰富想象力的人，他的思想内容是贫乏、平淡无奇的，往往只能从单一的方面去展开想象，也只能唤起极少的表象。由此可见，没有想象力的人，他的审美能力又能强到哪里去呢？要培养女孩的想象力，妈妈可以和她们一起看看天花板的污渍或云朵的形状，在各自脑海中描绘出它的形象，然后彼此交换。做过几次后，就会出现效果。也可以鼓励女孩在公共汽车车厢看见某杂志周刊的广告，或是看了某本书的题目，便想象其中的内容，然后与实际的内容作比较；还可以将琐碎的小事和资料为基础，要求女孩创造出一个故事等。

优雅绽放，培养女孩艺术气质

美的生活需要艺术，艺术不仅能激发心灵、调动情绪，它还能丰富人的灵魂，使人建立起一种对美的信仰和追求。有艺术修养的人，气宇轩昂、谈吐不凡，更容易赢得别人的敬重，在交际中更容易受到欢迎，这是艺术带给人生的一种财富。

妈妈应当让自己成为生活的艺术家，通过言传身教培养女孩的艺术气质，将女孩带上艺术的道路，让她们过上有质量的生活。

赖斯作为美国历史上第一位女黑人国务卿，她身上有太多值得一说的地方。她兴趣广泛、头脑灵活、性格坚强。在政客当中，她属于从不大喊大叫的人，但只要她放慢语速、握紧拳头，所有的男人们也不得不变得安静。她就像是美国政坛的一朵黑玫瑰，散发着神秘的魅力。特别是她身上的艺术气质让很多人折服。

赖斯有一个幸福的家庭，她的父亲曾任丹佛大学副校长，母亲是小学音乐教师，因为母亲是一位钢琴教师，赖斯很早就跟着母亲学习音乐，她的名字“Condo leezza”就是音乐术语中“甜蜜的”意思。到4岁时，她已经掌握了一些曲子，开了第一个家庭独奏会。

赖斯一直梦想成为职业钢琴家，她非常刻苦地练习钢琴，在16岁那年，她进入父亲所在的丹佛大学拉蒙特音乐学院学习钢琴演奏。她梦想着将来有一天可以到卡内基音乐厅这样的音乐圣殿中独奏。然而，在大学学习的一个暑假，她的音乐梦想被现实打碎了。

那年夏天，她参加了一个著名的音乐节，也遇到了有生以来最残酷的竞争。“那些11岁的女孩们只看一眼，就能演奏我要练一年才能弹好的曲子。当时我想，我不可能有在卡内基大厅演奏的那一天了。”

尽管音乐梦想破碎了，但赖斯没有完全放弃钢琴，这也得益于她的母亲。当她想要放弃钢琴的时候，妈妈唯一一次干预了她的决定。母亲说：“你还没有弹得好到能够自己做出这种决定的时候。等你长得够大了，弹得够好了，你可以放弃，可现在不行。”

直到现在，赖斯还非常感谢母亲的建议。因为现在她随便想弹什么曲子，都可以得心应手。在政坛上的赖斯在她熟悉的领域占有绝对的发言权，在生活中的她以她从小养成的艺术气质赢得了人们羡慕的眼光。她的母亲把她带向了一条光明的道路。

在羡慕赖斯母亲的同时，很多妈妈都会考虑：我没有赖斯妈妈的才气和艺术细胞，怎样会能有一个具有艺术气质的女孩呢？其实，艺术气质除了妈妈和家人的熏陶和影响外，重要的途径之一就是对女孩的艺术修养进行必要的引导。

妈妈在女孩的生活中处处留下了痕迹，即便是女孩对艺术的理解也不例外。能够对艺术有敏锐感知的女孩，心灵往往也敏锐纯洁。说到底，还是要求妈妈自己有涵养。如果妈妈的言语和动作都粗俗不堪，又常常在女孩面前谈论是非、吵架骂人，给女孩留下的就会是一副市井小人的形象，那么一方面女孩会模仿妈妈而成为一个缺少教养的人；另一方面，女孩的心灵也会被妈妈的大意而损伤，这样的女孩面对青山绿水、天高云淡的美景也会无动于衷。

与女孩一起学习名著、排演戏剧、朗读诗文是很好的接触艺术的方式，做女孩的听众，让她在家里演奏乐器，就像开自己的演奏会一样，这是培养女孩艺术气质的最好方式，也是让女孩的心灵得到爱的最好方式。

第17章
破茧成蝶，将温室花朵浇灌成铿锵玫瑰

美国家庭教育中流传着这样一句话：让你的女儿经得起棒打。对于中国的家长来说，这样的语言听起来难免会有些严重，然而在现实教育中，教育女孩经得起风雨，经得起磨难，却是每一个家庭都应该去做的。那些不被父母娇惯、纵容的女孩，才会成长为一个乐观坚强、轻盈灵活、有热情、有能力的女子。

挫折教育——女孩成长的精神钙

现在不少孩子身上存在害怕困难、承受挫折的心理能力差等特点。近年来，这一问题已经引起了全社会的广泛关注，对儿童进行挫折教育的呼声也日益强烈。心理学家、教育家、家长、教师等纷纷呼吁“今天的孩子需要挫折教育”。

教会女孩子应对困难挫折，培养良好的学习、生活态度，这些都是女孩成长中必不可少的。

在家庭教育中，妈妈该怎样对女孩进行挫折教育呢？

1. 帮女孩理清受挫的原因，增强对挫折的认识

既然挫折在所难免，那么当女孩遇到挫折的时候，重要的就是帮助他学会清理思路，也就是要分析失败的原因。找到了失败的原因之后就要考虑下一步怎么办，然后重整旗鼓，为下一次挑战做准备。

2. 不要否定女孩，培养女孩能正确地评价自我

女孩受挫折的时候，自身很痛苦，妈妈这时候更不要只是一味地否定女孩，特别是不要用“你真笨”这几个字来否定女孩，因为这三个字对女孩的自信心无疑是一个致命的打击。任何人都有不会的问题，即使再有学问的人，也会有不知道的东西。要记住：凡事尽力皆无悔！只要女孩尽力了，就可以了。

每个女孩都有自己的长处与不足，妈妈和老师应有客观的评价，并据此对女孩的成长提出合理的期望，激励女孩向恰当的发展目标努力。

妈妈不仅要教育女孩能看到自己的优点，还要找出自身的缺点，让女孩能够正确地评价自我。

3. 增强女孩的心理耐受力

所谓心理耐受力是指当个体遇到挫折时，能积极自主地摆脱困境并使其心理和行为免于失常的能力。积极的心理耐受力来源于个体的心理韧性，而所谓的心理韧性是指个体认准一个目标并长期坚持向这一目标努力。告诉女孩挫折也是好的事情，因为在对诺贝尔文学奖的得主进行调查之后，结果发现，他们中间有50%以上的人都有过坎坷不幸的童年。爱迪生曾经说过：“伟大人物最明显的标志就是他坚强的意志，不管环境变换到何种地步，他的初衷与希望仍不会有任何改变，而终于克服障碍达到所期望的目的。”

4. 增强女孩的能力，以增强自信

女孩已经清楚了面对挫折时，重要的是应该分析失败的原因，以便日后面对新的挑战和困难。但是妈妈一定要知道，一个女孩如果总是遇到失败和挫折，这无疑对她的自信心是一个沉重的打击。那么这就需要我们有意识地在平时加强女孩的能力，尽可能地挖掘女孩的潜能，这样就为女孩的成功打下了良好的基础。而每一次成功的体验，不管大的成功抑或小的成功，都会增强女孩的信心，这样女孩就会愿意去尝试更具挑战性的事情，在更为激烈的竞争中和更为困难的情况下，锻炼和提高自己的能力，于是就形成了一个良性循环。而成功的体验和较强的能力使女孩在面对挫折时就不至于不知所措、灰心丧气，失去希望和进行努力与尝试的信心。

对女孩进行抗挫折教育，实际上是女孩成长过程中不可缺少的“钙”——精神的钙。只有这样，我们的女孩才能得以茁壮成长。

“输得起”的女孩是教出来的

教育家陶行知先生说：“不要担心挫折，应该担心的是，怕挫折而不敢让孩子做任何事情。”

经常看到有的孩子输了以后神情沮丧，有的还会一蹶不振。孩子输不起，是一种渴望成功的表现，也是好胜心强的体现。面对成长过程中遇到的各种各样的小挫折，有输不起的心理的孩子往往会情绪低落，心理痛苦。这严重影响孩子良好性格的形成。因此，培养女孩赢不骄傲、输不气馁的态度和品格很有必要。

我们来看看下面这家父母是怎样做的。

周末晚上，妈妈和女儿下象棋下到10点。

爸爸忙问：“你让她了吗？”

“没有，我一点儿也没让。”爸爸笑着说。

“那她会不高兴吗？”

当爸爸听说宝贝没有不高兴，而且输了之后还要战斗到底时，露出了满意的笑容。为什么他这么高兴呢？这还得从两年前说起。

那时候，妈妈和女儿下棋，目的是培养孩子对象棋的兴趣，因此总是让着宝贝。结果宝贝下赢了就高兴，下输了就生气，无法接受失败。

有一次，女儿输了，脸色大变，大发一通脾气，大哭大闹。妈妈说了她几句，她把棋盘都掀掉了，气得妈妈狠狠地教训了她一顿，说了一大串“胜败乃兵家常事，哪有只赢不输的”。但是女儿一点也听不进去，最后两人不欢而散。以后一提到下棋，女儿就回避。

在这之后，妈妈花了很多心思才找到了培养女儿“输得起”的精神。比如，妈妈会跟宝贝商量，下三局只要女儿能赢一局，妈妈就给她讲故事；能赢两局，妈妈就送给她一本故事书。通过这种方式来刺激女儿，让孩子每次在三局中都会输掉一局或两局。渐渐地，宝贝明白了输赢的道理，也就看淡了输赢。

生活中，妈妈要警惕孩子“输不起”的心理，多和孩子讲一些勇敢接受失败、不断努力求胜的人的故事，让她知道输赢是每个人成长过程中都必须经历的。“输”并不是丢人的事情，根本不值得念念不忘。这样才能不断增强孩子的心理成熟度，以适应不断变化的环境，使孩子在输赢面前能坦然面对。

妈妈要这样告诉孩子：“这次输不代表每次都会输，只要尽力参与，总会有办法成功的。”让孩子正视失败，才能让她在失败和挫折中坚强起来，不至于被失败和挫折打倒。

重视培养女孩坚强的个性

升入中学后，谢小娜学习比上小学时更努力了，可学习却总也不见成效。几次考试过后，她的成绩都不太理想。接下来的日子里，谢小娜学什么都没了兴致，整天垂头丧气的，还总是嚷嚷着，反正自己就是个失败者，怎么努力也学不好了。任老师和家长怎么开导，她就是不愿意再学下去，没多久，她就辍了学。

因为一两次失败，就给自己打上失败者的烙印，这是非常不明智的。俗话说，胜败乃兵家常事。挫折和失败是任何人都无法避免的。如果孩子认识不到这一点，那么，在学习生活中一旦遭遇一点挫折就可能会一蹶不振，将自己划归到失败者的行列，这样错误的认知无疑是非常有害的。妈妈应该让女孩认识到，在学生阶段，有几次考试不理想、学习不如意都是正常现象，没什么大不了。

妈妈应该引导女孩正确认识学习、生活、交友等方面的挫折，从小重视培养孩子坚强的个性，让孩子在以后的人生道路上能够坚强地朝自己的目标走下去。

第一，不要把女孩当成弱者。

著名科学家居里夫人很注意培养女孩的坚强性格。在第一次世界大战期间，她把大女儿带到战争前线救护伤员，在艰苦的环境中锻炼。1918年，她又要两个女儿留在正遭到德军炮击的巴黎，并告诉女孩，在轰炸的时候不要躲到地窖里去发抖。这种把女孩当成强者的态度使她的女孩们成了坚强的人。

想让女孩坚强，千万不要把女孩当成弱者来看待。只有让女孩自己去站立，她的双腿才会强壮，她的意志才会坚定。

第二，培养女孩的信心。

培养女孩的信心，使女孩了解并发挥自己的长处。天下没有十全十美的人，而正在成长的女孩们就更需要时间来体验挫折，享受成功，进而认识自己。家长应当从女孩小的时候就给她一定的空间，让她大胆尝试，并允许她在尝试中犯错误来获得经验。

家长在鼓励女孩大胆尝试的时候要注意，把焦点放在尝试的过程和女孩付出的努力上，不要过分强求完美的结果。父母要表扬女孩，让她有机会认识自己的优点和长处。这样，当女孩遇到挫折时，就不会轻易放弃了。

第三，教会女孩正确看待失败。

教会女孩正确看待失败，找出失败的原因，父母可以经常和女孩一起分析遇到的问题，教她们学会从不同的角度看待身边的事物，抓住问题的关键。

人的一生总会碰到不少自己力不能及的事和无法控制的情况。因此，家长除了教女孩正确分析和理解造成失败的原因及大胆尝试不怕失败以外，也要帮女孩做应付困境的心理准备。比如，女孩大一些以后，父母可以和女孩一起分析遇到的问题，看看其中是否也包含了一些有益的因素，让女孩学会从不同的角度来看同一件事。

告诉女孩从长远来看成败得失

王苗苗自立能力很强，学习也很主动，从来不需要父母盯着。王苗苗担任班长，以前成绩一直都很不错，但是最近不知道哪儿出了点问题，几次小考成绩都不是太理想。王苗苗非常焦急。情绪低落，甚至想要辞去班长这一职务。妈妈知道了这件事情之后，觉得王苗苗抗挫折能力太差，性格不稳定，于是和王苗苗进行了一次促膝长谈。

王苗苗告诉妈妈，只要是老师要求的任务她必须做到，做不到她就会非常着急，如果表现不好，她就会非常失落，没有自信，觉得自己不适合做班长。

妈妈听了，对王苗苗说："那你每次着急、情绪低落是不是也没有解决问题呢？遇到问题，着急不是办法，失落更不是办法，关键是你要学会去分析问题，发现错误在哪儿，争取下次不再犯类似的错误。失败和挫折在生活中是很正常的事，没有失败，哪儿来的成功？大家都会遇到失败和挫折，只有快乐从容地积极应对的人才值得我们学习，这样的人才会离成功越来越近。”

听了妈妈的话，王苗苗茅塞顿开，再也不像以前那样闷闷不乐了。她现在每天的生活都很快乐，努力学习，努力做到最好，即使考试没有考好，也会以积极的态度寻找问题、发现问题。

现在有些女生：她们或者成绩不错，或者比较聪明，但有一样，平时学习顺风顺水还好，一旦遇到一点儿挫折，就好像天要塌下来一样，从此一蹶不振。

妈妈要耐心告诉女孩：在学习中遇到了困难或者挫折时，不妨将目光放长远一些，多想一想自己的目标与未来，不要拘泥于一时的成败得失，或许就能领略“柳暗花明又一村”的境界。比如，一次考试失败了，想一想自己收获了什么，下一次是不是就能避免犯相似的错误？自己积累的经验又多了一些，是不是离自己的梦想就更近了一步？

当女孩不再将目光局限于当下，而是放眼更为高远的未来时，矢志不渝地坚持下去也就不是困难的事情了。

给女孩设置一些成长“障碍”

笑笑和曼曼是北京某所小学的学生，是一对很好的朋友，父母也都是同事，关系特别要好。在一个风和日丽的周末，笑笑一家和曼曼一家约好去郊外骑自行车。

笑笑一大早就开始准备郊游需要的东西。从吃的到用的，只要她能想到的，就会先找出来放在一边，等会儿让妈妈检查一遍。而曼曼则是睡到出发的前10分钟，在妈妈的督促下，不情愿地起床。

由于前天刚刚下过雨，路上有些泥泞。两家人骑着自行车，笑笑不小心陷入泥地里，笑笑看看父母，父母只是简单说了一句：“自己想办法骑过去。”说完自己先骑走了。笑笑实在是骑不动了，只好从自行车上下来，踮着脚尖，慢慢地推过去。当笑笑满头大汗地赶上父母的时候，父母向笑笑伸出了大拇指。

曼曼不小心也陷入了泥泞中，还没有等到曼曼呼喊，她的爸爸一看在泥泞中左右摇晃的曼曼，立刻扔下车子，一手把曼曼扛在肩上，另一只手推着自行车。曼曼在泥泞面前不费吹灰之力就渡过了难关。

随着年龄的增长，笑笑变得很独立，不怕困难，而曼曼却总像个娇贵的小公主，动不动就叫父母来帮自己解决这个解决那个，弄得父母身心疲惫。

有的家长认为在生活方面多替孩子服务，让孩子把时间用在学习上会有好处。其实不然，生活上的依赖会干扰、阻碍学习上自强精神的形成，也是孩子形成软弱性格的重要原因之一。

妈妈应该从女孩小时候起就重视培养女孩坚强的个性，让女孩在以后的人生道路上能够坚强地朝自己的目标走下去。

让女孩在克服困难中前进，女孩就会获得多方面的发展，女孩也会更加积极地去奋斗、去努力。现实生活中，女孩往往经历不到什么挫折，此时，妈妈可以给女孩设置一定的障碍。

“设置障碍”可以产生正反两方面的效应，如果运用得不好，反而会刺伤女孩，抑制女孩的积极行为。因此，妈妈应该慎重选择这种方法。在使用时要注意以下几点：

（1）采用这种方法，必须根据女孩年龄的大小，受挫经验的多少，加以严格的区别。年龄越小的女孩，设置的障碍就要越小，障碍发生的频率应该越低。受挫折越多的女孩，设置障碍就要越少，甚至不能设置障碍。

（2）设置障碍要和鼓励、表扬结合起来。当女孩排除了障碍，战胜了挫折的时候，妈妈要及时给予赞扬，强化女孩的这种积极行为。

（3）那些“一帆风顺”的女孩因为经常受到赞扬，所以要给她增加一些挫折。对那些受到挫折比较多的女孩，性格过于内向脆弱的女孩，是不宜采用这种方法的。

（4）女孩遇到障碍，受到挫折是难免的，有时可能产生一些不良的情绪反应。妈妈应该有这种思想准备。对一般的不良反应，妈妈可以不去理会。但是如果女孩情绪反应过度，妈妈就要进行必要的心理上的支持。

给温室花朵一个挫折历练的机会

女孩在学习、生活过程中，总会遇到各种小的挫折，然而这正是成长的必然过程。在幼儿时期，当女孩摔倒哭泣的时候，如果妈妈总是立刻赶过去把女孩抱起来哄，甚至抓着女孩的手拍打地面，责怪地面让女孩摔了跤，那么当这个女孩长大后，每每遇到挫折，都倾向于怨天尤人，而不能吸取经验反省自己，从根本上应对和解决问题了。如果女孩跌倒时能获得妈妈的支持和鼓励，自己从跌倒的地方站起来，那么她不仅掌握了解决“摔跤挫折”的方法，还建立起了对自己的信心。

在成长的道路上，每一个女孩难免都会跌倒，只要每一次跌倒后都能自己爬起来，就会站得更稳、走得更好。妈妈要懂得对女孩放手，这样女孩才能学会如何面对困难，才能学会坚强，才能明白责任意味着什么。如果看到女孩遇到一丁点儿的困难，就介入其中，把女孩给解救出来，充当女孩的保护神，那么这样的女孩如同温室里的花朵，经不起风吹雨打，失去了一次次成长的机会。

人的本领都是在挫折中、在困境中练就的。挫折是人生的一笔财富，只有经过挫折洗礼的女孩，才能变得睿智，变得成熟，变得完美。

因此，妈妈应当引导女孩树立积极向上的人生观，正确地面对挫折和痛苦。同时，妈妈更应当关注女孩克服挫折的过程，关注女孩在做事的过程中怎样克服困难，引导女孩学习处理问题的方法，让女孩时刻做好应对挫折、困难的思想准备。

挫折就像人的影子，只要有生命就会有挫折。挫折会伴随女孩的一生，并且成为女孩人生的一部分。倘若从小不让女孩经历一些挫折，那么她们长大后就不知如何面对这个社会。妈妈应该从小对女孩进行挫折历练，引导女孩树立正确的人生目标，勇敢面对挫折，最终克服挫折。

让女孩从小多吃点苦

孩子在成长过程中难免要遇到这样那样的挫折，不遇挫折是不可能的。

为了让女孩在今后的生活中少吃苦头，在女孩成长过程中，妈妈要做的是要精心设计一个有益的教育环境，使女孩在成长过程中适当地吃些苦头，培养她承受挫折的勇气和能力。有了这样的准备，女孩才可能在今后少吃苦。不少妈妈也懂得这个道理，也教育女孩要不畏艰险、勇敢坚强，但这种教育往往只是停留在口头上，妈妈既不忍也不敢将女孩置于困难之中。然而，面对挫折能够坚韧不拔的性格仅靠说教是无法培养的，儿童必须经历挫折才有可能超越挫折。因此，妈妈在日常教育中还应注意设计教育环境，不要一味给女孩营造一切需求都能轻易得到满足的生活环境，更不要阻碍女孩适当接受困难和挫折磨练的机会。让女孩坚持一项体育锻炼，让女孩参加学校组织的军训，让女孩适当参与家务劳动等活动，远比您的说教更能有效地培养女孩承受挫折的勇气和战胜挫折的能力。

据报载：上海有个街道举办“吃苦夏令营”，时间是两天，夏令营所有的活动中，最苦的是拉练和农家住宿。不少妈妈把女孩硬拉去参加。在进行拉练的活动时，105个女孩中就有9个人当了逃兵。通过这件事，妈妈知道，加强培养女孩吃苦耐劳的精神是当务之急。

在很多的小学门口，我们常常可以会看到，校门口挤满了接女孩的家长。下课铃声一响，孩子纷纷走出学校，校门口的小摊变得热闹非凡。摊上摆满了零食、玩具等。家长替女孩背书包，孩子则手里拿着大包的零食，边吃边不停地向卖小玩具的小摊里张望，搜罗着要买个小玩具什么的。

虽然给女孩一个天真无邪的童年是必需的，但这样长久下去，当女孩过惯了这种生活，没有一点吃苦的精神，以后怎么独立呢？要清楚，女孩童年需要的妈妈都可以做到，但是，当女孩长大了，工作的需求、家庭的需求这些妈妈们还能给予吗？

压力如大山，如果没有吃苦耐劳的精神，将会无法解除压力，工作、生活也就会压得他透不过气。因此，为了您的女孩，为了女孩以后能面对更多的困难，更好地在这个充满竞争的社会上立足，让女孩从小就多吃点苦吧！

培养抗挫力强大的正能量女孩

积极正面的个性是成功的先决条件。妈妈要培养女孩乐观、自信、幽默、豁达、坚韧的个性，切实地帮助女孩正确对待并战胜她面临的困难。

那么，妈妈如何培养女孩的挫折力，让她成为一个意志坚强、不怕挫折、永远向前的正能量女孩呢？美国儿童教育专家塔尼可博士提出如下建议：

第一，妈妈不要对女孩控制过严。

作为妈妈，当然不能对女孩不加管教、听之任之。可是控制过严却又会压制儿童天真烂漫的童心，对女孩的心理健康产生副作用。不妨让女孩在不同的年龄段拥有不同的选择权。

例如，对于两三岁的女孩，应该允许她自己选择早餐吃什么，什么时候喝牛奶，今天穿什么衣服；对于四五岁的女孩，应该允许她在妈妈许可的范围内挑选自己喜欢的玩具，选择周末去哪里玩；对于六七岁的女孩，应该允许她在一定的时间内选择自己喜欢看的电视节目，什么时候学习等；对于上小学的女孩，应该允许她结交朋友，带朋友来家玩等。

第二，生活不宜过分优裕。

千万别以为源源不断地为女孩提供高档玩具、美味食品和名牌时装就会给她们带来幸福。

实际上，物质生活的奢华反而会使女孩产生一种贪得无厌的心理，而对物质的追求永远不会满足，这就是为何贪婪者大多并不快乐的真正原因。相反，那些过着普通生活的女孩往往只要得到一件玩具，就会玩得十分快活。

第三，为女孩创建快乐的家庭。

家庭的气氛、家庭成员之间的关系在很大程度上会影响女孩性格的形成。研究表明，女孩在牙牙学语之前，就能感觉到周围的情绪和氛围，尽管当时她还不能用语言来表达。可以想象，一个充满了敌意甚至暴力的家庭，是绝对不可能培养出快乐的女孩的。

平时，妈妈应该让女孩明白，令人快乐的事情总是更多、更长久。一旦有不愉快的事情发生，那也只是暂时的，不具有普遍性，只要乐观对待，生活仍然是美好的。

第四，引导女孩摆脱困境。

人不可能事事称心如意，再乐观的人也不可能“永远快乐”。但乐观者的可贵之处在于她们能很快从失意中重新振奋起来，并把一时的沮丧丢在脑后。当妈妈的最好在女孩很小的时候就着意培养她们应付困境乃至逆境的能力。当女孩遇到困境时，妈妈要多留心女孩的情绪变化。如果女孩闷闷不乐，妈妈无论自己多忙，也要挤出时间和女孩交谈，教育女孩学会忍耐和坚强面对，鼓励女孩凡事多往好的方面想，不要总是往消极的方面想。

妈妈勇敢一点，女孩勇敢一生

知心姐姐卢勤说过：“吃苦是一种心理承受力。”人在艰苦的环境中，战胜的不是环境，而是自己。21世纪是充满竞争的世纪，要做到敢于竞争、善于合作、富于创造，就必须从小加强心理素质教育，着力培养品格健全、意志坚定的精神。

女孩不是温室里的花朵，她们也会遭遇成长过程中的寒风冷雨。当她们能够勇敢面对的时候，她们便会获得成功，当她们在困难面前一蹶不振的时候，就失去了继续向前的勇气。伟大的发明家爱迪生说过，厄运对乐观的人无可奈何，面对厄运和打击，乐观的人总会勇敢地迎接！因此，妈妈要告诉女孩，跌倒了不要怕，勇敢地站起来就能看到一片蓝天！在日常生活中，妈妈不但要用自己的言行让女孩养成坚强的品格，还要不断锻炼女孩的勇气！

在锻炼女孩勇气方面，英国人的做法是值得妈妈们学习。英国西南部的瓦伊河畔，有一所由少年探险组织建立的河流探险训练中心，专门为女孩们提供探险机会，培养她们的勇气和坚强的意志。

在那里，女孩们每天一早就来到河边，由专门的人负责教她们游泳和划船。训练是艰苦而紧张的，每一次练习都有女孩落水或受伤。在激流中拼搏，需要有坚强的意志和勇气。女孩们在这里不仅仅学习了划船等技术，还锻炼了意志，培养出了勇敢的精神，同时也懂得了互敬互爱和团结合作。

在英国很多地方都有类似的活动，目的不是为了学习某种技巧，而是为了锻炼女孩的意志和培养其勇敢精神，为以后的工作和生活做好各方面的准备。

英国人的这种做法是值得提倡和推广的。培养女孩的勇敢精神，首先要求妈妈是勇敢的人。只有勇敢的妈妈才能培养出勇敢的女孩。如果妈妈自身对困难或对带有一点儿危险性的活动感到害怕，那么培养出来的女孩就不可能有勇敢的精神。有些母亲为女孩的安危担忧而牺牲了锻炼女孩的机会。想想看，懦弱的妈妈怎会培养出一个富有勇敢精神而有毅力的女孩呢?

妈妈培养女孩意志力的好方法

现在，身为女孩的妈妈，对女儿大多是轻声柔语，呵护备至。给她喜欢的布娃娃，买给她喜欢的花裙子，在她哭泣时给她拥抱，时刻照顾着她的生活，给她无微不至的爱。诚然，能够根据女孩的天性来爱女儿的想法固然是正确的。然而很多时候，父母又会忽略一个问题。随着女儿变得一天比一天娇柔可爱，她的性格也渐渐变得更加软弱。软弱，早已不再成为他惹人喜爱的因素，反而成了其性格上的缺陷。软弱让女孩在做事时变得瞻前顾后、缩手缩脚，即便是受到不公平的待遇，也一忍再忍，不愿站出来说话，遇到问题很难拿出自己的意见，习惯于听从他人的指挥，结果不仅使她们的学习效率降低，也常会受到小伙伴的戏弄。女孩的软弱性格不仅不利于她们的学习，也会成为破坏与男孩之间人际关系的凶手，特别是在她们长大之后，性格的软弱更会阻碍她们在社会中的发展。

女孩可以温柔，但是绝不可以软弱。从女孩小时候起，妈妈就要注重培养她的坚强性格，不要总是把她当成娇贵的花瓶，拿起来怕碎了，放下怕丢了，使其变得软弱，从而对她的一生造成影响。

坚韧的意志力是女孩取得成功必备的心理品质，也是保证和维持女孩奋斗精神的内在心理力量。做妈妈的，可以从以下几个方面入手培养女孩的意志力，让女孩远离软弱变得坚韧。

1. 鼓励女孩尽力做好每一件事情

女孩心智的发展还不成熟，做事情容易受到外界环境的影响，遇到困难更容易想到放弃。这是女孩正常的心理和行为表现，妈妈应该理解这种行为。在这种情况下，妈妈应该鼓励女孩尽力做好手头正在做的事情。

王晓是个四年级的女孩，她也像同龄的女孩一样做事情遇到困难容易放弃。有一次，妈妈利用周末带她一起收拾屋子。王晓按照妈妈说的方法却怎么也擦不干净玻璃，她有些气馁了。尤其是当她发现自己擦一块玻璃居然花了五分钟还没擦干净，而家里又有这么多扇窗户时她彻底失去信心了。于是，她把抹布扔在一边，一屁股坐在地上叹起气来。

妈妈看到女孩的表现便告诉她："你刚学擦玻璃，擦不干净很正常。你只需要把你正在擦的这块擦好就是成功了呀。不要急于求成，等你熟练以后速度也就上去了。你如果就这样放弃，可是连一块也擦不干净了啊。"

千里之行，始于足下。妈妈应该鼓励女孩做好自己能做好的一切事情，例如当女孩写作业遇到难题时，让她尽力思考，能做到哪一步就到哪一步，但是不能因为题目太难而干脆放弃不做了。

2. 利用名人激励女孩坚强起来

每一个成功者必然都具有坚忍的意志，因为没有哪个人的成功不是克服重重困难、依靠坚韧的意志力的支撑而获得的。妈妈在对女孩进行教育时可以多利用名人的榜样作用来激励女孩。

小学五年级的李思圆是个可爱的女孩，但她也像其他女孩一样，做作业时三心二意。后来妈妈给她买了一本《居里夫人传》，李思圆看了之后跟妈妈说："我也要成为居里夫人那样的成功女性。"妈妈听了很高兴。后来当女孩写作业时东张西望、心里总想着游戏或者玩具时，妈妈就会提醒她居里夫人在工作或者学习时是如何努力的。没想到，妈妈说完之后李思圆居然立刻认真起来。

妈妈有空的时候可以陪女孩去观看一些再现名人成功历程的电影，也可以给女孩购买一些名人的传记，让女孩从名人成功的故事里体会到意志力的重要性，并利用名人的榜样作用时刻激励女孩。

3. 创造机会让女孩锻炼

现在的女孩物质生活特别优越，从来没有体会过生活的艰辛，没吃过什么苦，连上学和放学这样简单的事情也由妈妈陪同，这也是使女孩们缺乏意志力的原因之一。妈妈不仅不应该娇惯女孩，更应该创造机会在生活中锻炼她们坚忍的意志力。

周末的时候，妈妈可以带女孩去参加一些体育活动，如登山、长途远足等，利用这种"劳其筋骨"的方法锻炼女孩的意志力。平时在生活中也要多让女孩参与家务劳动，最重要的是培养女孩遇到困难不退缩的品质。

4. 利用目标激励女孩

没有目标就像在黑夜中行走，这也是许多失败者之所以失败的原因。让女孩看到希望的灯塔，妈妈可以给女孩设定一个目标，让女孩朝着这个目标努力。这种目标激励法会让女孩为了实现目标而自觉地克服困难，迎接挑战。比如，在学习上，妈妈可以每天给女孩设定一个目标，这个目标的难易程度应该根据女孩的个人情况而定，不能过于简单也不应该过于艰难。妈妈还可以指导女孩把大的目标分解成许多小的目标，每天坚持完成当天的任务，最终取得成功。

第18章

女儿当自强，放手让女孩早日自立

女孩能否进行自我管理是其独立性的一个重要方面，也是女孩将来独自面对人生、能够脱颖而出的基本条件。

妈妈必须改变对女孩娇惯宠爱、包办代替的态度，多给女孩自主做事的机会。不管是在生活中，还是在学习上，凡是应该女孩自己做的，妈妈就不要越俎代庖，以锻炼女孩自理能力，树立女孩自强精神。

花盆效应——别让娇生惯养害了孩子

一座山下有个天鹅湖，湖上有个岛，岛上住着一位老渔翁和他的妻子。每天，渔翁摇船捕鱼，他的妻子则在岛上养鸡喂鸭。

有一天，一群天鹅从北方飞来准备去南方过冬，它们把小岛作为中转站停了下来。于是，这两位孤独而又善良的老人，拿出喂鸡的饲料和打来的小鱼给这群美丽的天鹅吃。在两位老人的精心照顾下，这群天鹅竟然没有继续南飞，坚持“住”了下来。

冬天到了，湖面结了厚厚的冰冻，天鹅无法再获得食物，善良的老人敞开了家门让它们进屋取暖，并且给它们吃的。

就这样，这群天鹅无忧无虑地生活在这个小岛上，天气暖和时则在湖中觅食，冬天来临时，就到老夫妇家里觅食。这对老夫妇就这样年复一年地奉献他们的爱心。

终于，老夫妇老了，一天春天，他们不得不离开了小岛。就在老夫妇离开后的那年冬天，这群天鹅也消失了。只不过，它们不是飞向了南方，而是在湖面封冻期间活活饿死了。

故事中的渔翁夫妇绝对是善良的，但是，正是他们过于照顾这群天鹅，从而导致这群天鹅失去了独立生存的能力，最终在恶劣环境中走向死亡。这就好比我们的父母，总是对孩子呵护有加，父母之所以这样做，出发点肯定是爱孩子。但这种爱一旦过了头，就会让孩子丧失独立生存能力，从而伤害了孩子的成长和发展。这种现象可以用“花盆效应”来说明。

刚买回的盆花，花朵饱满，枝叶舒展，令人赏心悦目。可过了一段时间，就变黄枯萎，花叶凋零了。原来，花农为盆花的生长创造了一个良好的环境，温度、湿度适宜，养分充足，花儿的长势当然好。一旦没有花农的精心照料，离开了人工创造的舒适环境，花儿也就难以正常生长了。

花盆效应又称局部生境效应，花盆是一个半人工、半自然的小生境。首先，它在空间上有很大的局限性；其次，由于人为地创造出非常适宜的环境条件，在一段时间内，作物和花卉可以长得很好，但一离开人的精心照料，经不起温度的变化，更经不起风吹雨打。

家庭教育也存在类似的“花盆效应”。现在不少孩子只会过“衣来伸手、饭来张口”的日子，进了小学还不会穿衣、脱袜，上了中学还不会煮饭、洗衣，且个性膨胀，自私自利，这正是父母溺爱的结果。

溺爱孩子，娇生惯养，无异于亲手开掘了温柔的陷阱，会导致灾难性的后果。在家庭教育中，做妈妈的应努力避免“花盆效应”，营造一个科学、合理的家教环境，适当地让女孩做点家务，培养女孩的生活自理能力。

不娇不惯，更不要为女孩包办

一项对全国22个省市的调查显示，我国儿童青少年行为问题的检出率为12.97％，在人际关系、情绪稳定和学习适应方面的问题尤为突出。大学生有心理障碍者占16％~25.4％。而导致心理不健康的重要因素之一，就是家长对孩子的放任自流，过分呵护。

生活条件日渐优越的今天，父母长辈为了让下一代舒适、快乐地成长，对孩子百依百顺，在吃、穿、玩各个方面满足孩子的愿望，不让孩子受一点儿委屈，再者，现代家庭基本上都是独生子女家庭，特别在“6+1”结构的家庭里，孩子的喜怒哀乐牵动着一家人的心，很多家庭里存在“对孩子过度溺爱”的情形：生活上家长包办代替一切，不让孩子参加任何劳动锻炼，孩子过着“饭来张口，衣来伸手”的生活，生活得无忧无虑；家长对孩子的行为是一味赞成，有时对孩子的缺点也不加纠正约束；孩子受到过多的保护。

这样的女孩成了养尊处优的“小公主”、是温室里的鲜花，她们能否承受得住现实生活的“风吹雨打”、独立、坚强成长起来？

妈妈过度保护女孩、溺爱女孩、娇生惯养女孩，会让女孩养成依赖心理，什么事都想依靠父母，这种心理会持续到女孩长大成人，进而形成一种固化的习惯，使得女孩缺失生活自理能力和独立生存能力。

对妈妈过分依赖的女孩，容易事事依赖别人，这对女孩的成长极为不利。过分依赖妈妈和他人的女孩胆小、怕事、遇事退缩、没有主见；总是要别人帮助，屈从他人；逆来顺受，无反抗精神；进取心差，意志薄弱，害怕困难，在困难面前惊慌失措，经受不住挫折和失败；人际交往能力差，孤僻、自我封闭。

过分依赖妈妈，会使女孩失去物质和精神生活的独立自主性。她们不能独立思考，缺乏创造的勇气，自我肯定性较差，总是陷入犹疑不决的困境。在生活中，她们离不开别人的鼓励和支持，总要借助别人的扶助和判断。好吃懒做，坐享其成，不思进取。

女孩过分依赖妈妈，妈妈溺爱女孩，会形成一些特有的生活环境，使女孩缺乏社会安全感，总是跟别人保持距离；她们需要别人提供意见，经常受外界的暗示或指使，好像自己没有判断能力：她们性格中潜藏着脆弱，没有发展出机智应变的能力，更不会有创造性。

应该从女孩有意识时起，做妈妈的就有所控制，要控制好自己的言行，做到对她不娇惯、不纵容。

不做女孩后盾，纠正女孩依赖心

那么，如何才能有效纠正女孩过分依赖的不良心理和坏习惯呢？妈妈们可以从以下几点入手：

1. 对女孩的要求要和女孩的能力相符合

在培养女孩动手能力的同时要按女孩的年龄、能力的发展程度对女孩提出适当的要求。如果对女孩要求过高、难度过大，会使女孩产生畏难情绪；要求过低又不能激发女孩的兴趣。事实上，在幼儿期间，伴随着女孩生理的发展，肢体活动能力的增强，她们相应的自主性也开始得到发展，独立性逐渐增强，这时是妈妈帮助女孩形成良好习惯的适当时期。妈妈要坚持给女孩提出一些要求让她们自己完成。当女孩看到自己完成了许多事情时，她们的自信心和责任感便会增强，从而减少对妈妈的依赖。

2. 让女孩做力所能及的事情

家庭教育的目的，不是让女孩过上舒适安逸的生活，而是要培养女孩各方面的能力。所以，妈妈要转变观念，从小就开始培养女孩自主、自立的精神，女孩的日常学习生活起居，能让其自己做的就不要包办。美国家庭的做法是：婴儿从一出生就单独睡觉；女孩能够捧奶瓶了，就让她自己捧奶瓶喝奶；让女孩在有围栏的床上自己玩；把女孩放在大便椅上让她自己大便；女孩学步的时候，也是让她自己扶着学步车走路。长大后，一切能够做的事情都让她自己完成，同时还必须帮助妈妈干一些家务活；女孩在7岁的时候就开始自己挣钱，成人以后，就完全独立，自己解决生活问题。

3. 改变女孩已形成的依赖心理

妈妈一旦发现女孩有依赖性，就必须及时给予纠正。首先了解女孩依赖心理的形成原因，以此为基础，使用一定的策略。比如，许多女孩每天早上的起床问题让妈妈费了不少心思，一次又一次地叫女孩起床，可女孩总是赖在床上不起，一旦迟到了，反而会责怪妈妈没有及时把他从床上拉起来。面对这样的情况，一位妈妈就对女孩说："上学是你自己的事，晚上睡觉前上好闹钟，早晨自己起床，没有人再叫你了，迟到了只能由你自己负责。"当然这位妈妈对女儿是很了解的，她知道女儿能行。第二天，闹钟一响，女儿果然立即跳下了床，做自己该做的事情。这位妈妈运用了一个小技巧，很轻松地改变了女孩的依赖心理，她的做法是值得其他妈妈借鉴的。

要舍得让女儿早日学会自立

在现代社会中，能否独立解决问题，主导自己的人生，已经成为一个人立足社会的基础。对身处社会中的个体来说，如果任何事情都要依赖他人而缺乏自立能力，不仅会遭人蔑视，往往也会陷于消极被动之中，无法成就大事，更不能成为自己的主人。

孩子从婴儿时期开始，依赖性就已经开始体现出来了。孩子大约在6个月的时候就表现出对母亲深深的依恋，孩子一般会用啼哭来表达这种感情，并希望以此得到母亲的注意。母亲的拥抱、话语、微笑、注视等，都可以在不同程度上对孩子的啼哭起到镇静的作用。

这种早期的情感依赖是孩子得以健康成长的重要因素，如果不能满足孩子早期的依赖情感，就会让孩子形成心理缺失，并严重影响其日后的发展，所以要尽量满足孩子早期的依赖情感需要。但随着孩子年龄的增长，这种依赖性应该慢慢减弱，而其是否会随孩子的成长而逐渐减弱，不但受到孩子天生因素的影响，更取决于孩子从小所接受的教育。

在父母照顾得过于周全、包办一切的家庭中成长起来的孩子，常常不懂得付出，只知道索取，只考虑自己，凡事都想依赖他人，无论对家庭、集体还是对社会，都缺乏责任感，不仅不能成为自己人生的主人，更无法肩负起民族自强的重担。尤其是对女孩来说，柔弱的天性使她们渴望更多的关爱，更愿意依赖父母，独立能力比男孩要差很多。

然而在如今的社会中，越来越要求个人的独立能力。旧时代女性依赖男性的观念在新时代的大潮中已经被涤荡一空，能够成为自己人生主人的女性，才能创造出一片属于自己的天空，主宰自己的人生。

因此，身为妈妈，从小就应该有意识地减少女儿的依赖性，注重培养女儿的独立能力。

教女孩学会如何自我管理

任何一个女孩，终究有一天是要自立于社会、自立于人生的，如果能让女孩从小养成自己的事情自己做，自己的东西自己管，自己的生活自己安排等习惯，就可以使女孩的独立性、目的性和计划性不断增强，这有利于女孩今后生活的幸福和成功。

但在现实生活中，有好多女孩做事完全没有计划性，还拖拖拉拉，许多事情都需要大人提醒；不会自己穿衣服，不会整理自己的房间，甚至有时还很任性。很多妈妈对此也不知如何是好。特别是女孩的依赖性更强，她们更喜欢也更习惯于妈妈为她们把一切安排妥当，吃什么、穿什么、做什么……甚至当她们遇到了困难，她们的第一反应也往往是求助于妈妈。长此以往，当女孩走上社会，面对自己人生的时候，就不能好好地照顾自己，甚至会上当受骗。

能不能在生活中管好自己，这是自我管理能力中最重要的一个方面。如果女孩无法管理自己的生活起居，就很难想象她能够做好其他事情。

在这一点上，中国妈妈要多向国外的一些妈妈学习。比如，韩国人喜欢周末全家出游。无论女孩是大是小，即便只有两三岁，妈妈都会带上他。通常情况下，妈妈都会让女孩自己走，自己照料自己。有时，小孩说自己走不动了，家长们也很少会抱着他们走，而是休息一会儿再接着走。在韩国妈妈看来，女孩的生活自理能力应该从小就开始锻炼，这样女孩才会学会自我管理。

相反，很多中国的妈妈，往往对女孩照顾得无微不至，女孩总是处于“中心地位”：东西弄乱了，大人帮着收拾；衣服穿脏了，大人拿去洗。这样的女孩如果离开妈妈的照顾就无法生活了。

妈妈从小就要培养女孩良好的自我管理能力，不必过于担心她出错而时刻提醒她，处处帮助她，替她包办一切，这种做法只能害了她，让她更加依赖他人。

做妈妈的应该学会放手，让女孩亲自去实践，并由此不断积累经验，培养自我管理能力。平时要注意培养女孩自我管理的意识，例如，玩完后让女孩自己把玩具收拾起来等，她们渐渐地就会学会约束、控制自己，形成良好的自我管理的习惯。

培养女孩的独立生活能力

家住福州市的李女士坐飞机给在青岛某大学读大一的女儿送了一碗馄饨。因为她接到女儿的电话，女儿在电话里哭着说想家，想吃妈妈亲手包的馄饨。李女士说："听到孩子的哭声我很揪心。"这正如俗话所形容的：孩子要天上的星星也恨不得给他摘下来。可是，这对孩子的成长和成才有好处吗？它说明一部分青少年在父母过分的呵护下，心理素质太差，经不起一点点挫折和失败。我们不能说这些学生一定没有出息，但他们将来走向社会后的抗压能力、接受挑战的能力却值得怀疑。这无论对家庭还是对国家，都不是什么好事情。爱与害之间，只隔着一条小溪，过了这条小溪，爱就是害。

人类社会不是暖巢，这里既有明媚的春光，美好的友情和亲情，也有惊涛骇浪。一个人要能够在社会的海洋里搏击而不至于淹死，必须有强健的体魄和坚强的意志，掌握谋生的技术和本领。妈妈要告诉孩子，为了我们个人的明天也为了我们国家和民族的未来一定要学会自立。

作为妈妈，不能一辈子都牵着孩子的手。有些妈妈总爱包办女儿的一切，这样使她们形成对自己的依赖，从而丧失了宝贵的独立意识，为她们将来的发展设下了障碍。

妈妈应该清楚，你不可能跟妇孩子一辈子，也不可能包办一辈子。从小培养女孩子自理自立的能力、坚毅顽强的性格、适应环境的能力，将使女孩子受益终身。人生是一个艰难的路程，有时会遭遇困难，有时会遇到挑战，这时真正能够帮助女孩子的只有她自己，能够拯救她的也只有她自己。此时，最要紧的是必须让女孩子学会自立。

自立就是孩子在掉进坑中后，自己帮助自己勇敢地爬出来；自立就是摔倒后，自己依靠自己的力量重新站起来；自立就是遇到困难时自己想办法解决；自立就是遇到挑战自己能勇敢反击。

培养女孩的独立意识，对于女孩今后的成长有至关重要的作用。她们会在今后的成长过程中摆脱依赖心理，在工作中形成自己的意向，作出自己的决定。她们做事会更充满信心，不至于陷入孤独无望的境地。

妈妈们要培养女孩的自我意识，给她们一些成长的空间，多鼓励她们去独立地完成事情，锻炼自己的独立意识。即使她们失败了，也要多给她们些鼓励，增强她们的信心。真正具有独立精神的女孩对自我意识有一种强烈的需要，她们无须借助这样那样的依赖，就能形成自己的意向，作出自己的决定。

独立生活能力是培养女孩未来独立性的基础。独立性是一个人非常重要的心理品质，对人一生的发展和成才起着极为重要的作用。

对女孩的自理自立能力的培养，应该遵循由小到大、由易到难、由简到繁的原则，让她们在生活实践中体验、成长，并及时鼓励她们，哪怕她们只有微小的进步。

给女孩布置一些适合的家务劳动

“妈妈，我来帮你洗碗吧。”刚和爸爸妈妈在一起吃完饭的小雨很兴奋，她急于想做点事情来表示高兴的心情，因此妈妈刚刚开始收拾碗筷的时候，她便主动请缨了。“好啊！可是有一个条件，你今天洗碗了，以后的碗可都要归你洗了。”妈妈自然很高兴，劳累了一天，她巴不得能够早点去休息一下。“没有问题。”看到妈妈同意自己帮忙，高兴中的小雨根本就没有考虑妈妈话中的“以后”两个字对她来说意味着什么。

看着妈妈洗碗已经很多次了，但真正动起手来还是第一次。“哎呀！”手一滑，碗就落到水池边上的水泥台上，碎了。

女儿是第一次做这个事情，妈妈的注意力一直没有移开，她在关注着女儿。

“没关系！小雨，你做得很好，继续！”妈妈的鼓励对小雨来说是最重要的，打破碗的窘迫一下子就消失了。“第一次，谁都一样，关键要逐步掌握要领，集中注意力。”

小雨洗碗越来越熟练了，渐渐地，甚至闭上眼睛，她也可以把碗洗得很干净，放得很整齐。但是小雨的新鲜劲和耐心也逐渐消磨殆尽。

“今天我不洗碗了！”小雨撒娇道。

“随你的便，别忘了你答应过父母什么。”

“还有碗没用过，我明天洗行吗，妈妈？”

“洗碗是你的事，你自己决定吧！”

“洗碗没劲，妈，我换个活干干吧！”

“不行！干完再说。”这次妈妈回答得很干脆，直接否决。

小雨的招都使尽了，妈妈还是没有反应。“我不洗了！”实在不想洗的时候，小雨开始罢工了。不洗就不洗吧，妈妈照样稳坐钓鱼台，只管煮饭，洗碗的事情就交给小雨，没有碗或者碗不干净，那就等着好了，反正一时半会儿饿不坏。厨房的碗堆了半尺高，筷子掉落到各个地方，妈妈也从来不管。

“小雨，那是你的事，你答应过的，就一定要做好，这是你的责任。”罢工无效的小雨只好妥协：家里又不是有很多碗可以让父母换着用，还是乖乖地去洗吧。小雨的妈妈通过洗碗这件事，让孩子把做人要有责任感的道理体验了一下。

提起让女孩子做家务，现在的妈妈大多数的反应都是不以为然地

“哦”一声，心里想着不知道有多少比做家务更重要的事情等着孩子去学，哪有时间做这种事情？可是，如果我们换一种方式问相同的人群：“你想培养出一个具备责任感的孩子吗？”反响就会大不相同。其实，做家务，是让女孩子建立自我价值感、自信心与责任感的绝佳办法。

让女孩子建立自我价值感、自信心与责任感的一个好办法，就是给女孩子布置一些适合她们干的家务劳动。从小就干家务活儿的女孩子长大以后，往往比不干家务的女孩子更懂得如何照顾好自己。她们从小就懂得干好一件工作是多么有价值，每完成一项工作是多么让人快意。

逐步培养女孩的生活自理能力

女孩长大后是需要独立生活的，绝对不能没有自理能力。但是，由于现在家庭只有一个女孩，父母都把她们视为最珍贵的宝贝、掌上明珠，总想着要怎么对她好，恨不得能充当她们的手脚，一切会累到的事情都代替她们做了，尽力满足她们的一切要求，似乎只有用这样的办法才能表达对女孩足够的爱。

父母忽视了自己的责任——培养女孩的生活自理能力，让女孩没有依赖心理，自己的事情自己做。

女孩不能自理或者懒惰的习惯，都是父母给予的！

妈妈们要改变自己的思想和做法，从小培养女孩的生活自理能力。从小培养女孩的生活自理能力，不仅是对女孩独立生活能力的锻炼，同时也有助于开启女孩的智力，让女孩的人格更加完善。

生活自理能力是指孩子在日常生活中自我服务和照料自己生活的一种能力。主要包括：自己穿脱衣服、鞋袜，整理衣服和收拾床铺，独立吃饭，自己洗脸、洗脚、洗红领巾等。

做妈妈的，如果您的女儿连这些基本的小事都不能做到，那么，建议您从下面的几个方面来进行临时补救：

1. 根据女孩的生理发展，逐步对女孩提出要求，从易到难

3岁的女孩可以训练她自我服务的基本本领，如吃饭、刷牙、洗脸；4岁时可以学习整理床铺、打扫卫生以及自己照料生活；5～6岁的女孩可以要求穿衣服时速度要快、整齐，洗脸一定要洗干净，还要会做一些简单的家务劳动，如拖地、洗茶杯等。

2. 为女孩必要的生活自理创设必要的、合理的条件

如：让她有自己的房间，衣服放置在低矮的橱里，便于女孩取放。

3. 教会女孩一些基本生活自理的方法和技能

如教女孩洗脸的顺序，把毛巾拧干后，先擦眼睛、脸部、前额，然后在擦耳朵、耳背，最后再擦颈部等。

4. 要持之以恒，反复加强女孩自理能力的训练

女孩的自理能力只有在不同的实践中才能做得更好，让女孩养成自觉爱劳动的习惯。如果你的女孩表现得很好，您就要给予表扬。妈妈爱劳动对女孩是最好的榜样，所以，妈妈就应该时时注意，要在女孩面前做出好的表率。

妈妈培养女孩独立能力的好方法

妈妈们，不要再束缚在娇惯女儿、宠爱女儿的思想中，放手让自己的女儿去做一些力所能及的事，把她们看成是一个独立的个体，培养她们的独立生活能力才是妈妈应当考虑的首要问题。

妈妈可从以下几方面来培养女孩子的独立生活能力：

1. 帮助女孩树立自理意识

女孩之所以自理能力差，往往都是出于妈妈对其过分的宠爱。很多妈妈生怕把女孩累着，大小事物都帮女孩完成了，甚至女孩到了高中，到了大学还是要什么都替女孩做了。这样做其实是在扼杀女孩活动的内驱力，削弱女孩研究外界事物的主动性，产生消极、懒惰心理，做事没有恒心等一些不良现象。

2. 不要怕女孩“受苦”

妈妈缺乏对女孩自理能力培养主要表现为两个方面：首先是心疼女孩，怕女孩会受苦，怕女孩在做事时碰伤了自己；其次，是嫌麻烦。曾有妈妈这样说：去花时间教女孩做事，还不如自己替她全部都做完。显然这位妈妈的观念是有问题，女孩的自理能力与责任心是相连的，如果妈妈在女孩需要进行自理能力培养的时候，没有采取适当的教育与训练，那么女孩就会缺少这方面的锻炼，导致永远也学不会，无法在自己已经具有的经验上体会对他人的一种责任心。

3. 锻炼女孩的自理能力

在训练女孩的自理能力的时候，要从小事上培养，要使女孩在自己力所能及的范围内做到自己的事情自己做。按常理来说，女孩对于新的事物总是会特别感兴趣，很乐意去妈妈以及他人做一些事情。因此，就要注意从小事上来引导女孩对劳动感兴趣。例如收拾自己的玩具、用具、书包等。

4. 对女孩做的事情给予肯定、鼓励

由于女孩还处在学习的时候，认识水平不高、经验不足，考虑问题不全面，在做事时，难免会发生一些错误。这时，妈妈就不应该为此而指责女孩，更不能去打骂女孩，而应该以宽容的心态去看待女孩做错和做对的地方。

对于女孩做对的地方应给予表扬，有失误的地方，要想办法帮助她认识问题，分析和解决问题，以免下次再发生失误。

通过这种方法教育女孩，不仅可以锻炼女孩在自理方面的能力，而且还可以增强女孩的自信心，对女孩的身心健康都会有很大的作用。

第19章

天才早发现，培养聪明聪颖聪慧的女孩

英国心理学家托尼·布赞说过：“婴儿出世的那一刻，就真的已经是才华横溢了。仅仅两年时间，他就学会了语言，比任何一位哲学博士都要好，并且，到3岁或4岁时，他在语言方面就是一位能手了。”

从潜能多样性角度看，每个孩子都是天才，或者可以说，每个孩子都可能成为天才。做妈妈的必须改变对天才的看法，以正确的态度和正确的方法，培育出一个智慧超群、能力出众的聪明女孩。

以智能育智能，培育聪明女孩

许多父母经常教育孩子“多动脑子”“好好用功”，而忽略了“以智能育智能”这一重要规律。调查发现：思维活跃、分析问题条理清楚的孩子跟他们的父母有直接关系，这些父母在谈话间明显地表现出思维的准确性和逻辑性，善于动脑筋。

因此，要促进女孩子智力发展，做妈妈的首先应加强自我学习，并积极投入到女孩的智力活动中去。妈妈们可以参考以下几点来进行：

1. 读书、看报

读书、看报能接受更多更新的信息。在家庭中传递信息时，妈妈还要谈谈自己的认识。读书过程中养成划出重点、剪贴感兴趣的文章和记读书笔记等阅读习惯，在潜移默化的教育中，女孩自然也会喜欢上读书、看报。

2. 小型家庭智力竞赛

进行竞赛的方法多种多样：必答、选答、抢答；口述、手写、动作；记分、淘汰、小奖品。这项活动还可以针对女孩在学习中的弱点进行，以激发学习兴趣，扩大知识面。

3. 家庭辩论活动

生活中有许多现象、问题是妈妈和女孩都感兴趣的，但看法未必一样，就此开展辩论活动，各抒己见，也是项不错的活动。如果在家庭中形成讨论、辩论的风气，每个家庭成员的水平都会提高，还能矫正有些妈妈一人说了算的不民主作风。

4. 智力型家务劳动

所有的劳动都有明显的智力因素，如：饭，怎样做能节约时间？菜，怎样做才好吃、好看？大扫除，先干什么、后干什么；拖地板，怎样才能擦干净；等等。在家务劳动中引导女孩开动脑筋，大脑必然得到锻炼。

5. 向女孩请教

妈妈应有向女孩学习的意识，有些领域妈妈可以直接以女孩为老师。比如，女孩的英语学得更好了，妈妈可以多请教请教女孩，这样更会提高女孩的兴趣，如果女孩发现自己不能回答你的问题，女孩就会很自觉地去学习，这样的学习方式难道不比听写、默写更能促进女孩的学习兴趣吗？

留心观察，挖掘女孩潜能

欣欣很贪玩，对学习没有什么兴趣，总是梦想自己能够飞上蓝天。在上课的时候，她总是歪着头观察窗外飞翔的小鸟，特别是当飞机从教室上空飞过的时候，她几乎把脖子伸到了窗外。

老师向欣欣的爸爸妈妈反映了很多次，但是大家一直没有找到解决的办法。这一天，妈妈看到欣欣手上叠的纸飞机，心里有了主意。

她把欣欣叫到面前，问：“欣欣是不是很喜欢飞机？”

“对！”欣欣很坚定地回答，“我长大了要做飞行员，驾驶着飞机飞到天上！”

“嗯，这真是个好主意！是个伟大的理想。可是你打算怎么实现这个理想呢？开飞机可比叠纸飞机要难多了。它需要掌握好多好多知识呢！”妈妈不失时机地赞美孩子的伟大理想，引导孩子把注意力转向学习。

“哦，是吗？那我一定好好学习！”可爱的孩子还沉浸在她的理想中。

“好呀，只有学习更多的知识，打下坚实的基础，将来才能实现开飞机的伟大理想，妈妈一定会支持你的，未来的‘飞行员’！”妈妈摸摸孩子的头说，“好了，咱们现在开始学习知识，充实自己，为将来开飞机做准备好吗？等做完了作业，妈妈陪你一起叠飞机好不好？妈妈还会叠很多各式各样的飞机呢！”

“好！我一定好好学习！”

现实生活中，妈妈们无不对女孩子充满成长的期盼。当看到人家的女孩子表现杰出时，不少妈妈常会埋怨自己的女孩子一无是处。这种一味埋怨女孩的做法不仅是徒劳无益的，相反会伤害女孩幼嫩的自尊心。留心观察，创造机会，挖掘出女孩的潜能，给其日后成才打下坚实的基础，才是每一位妈妈应当着力去做的事。

做女孩成长道路上的伯乐

我们所说的“赏识教育”的“识”就是认识、了解和理解的意思，只有真正了解和理解对方，才可能有真正的赏识。从某种意义上讲，大多数父母并不了解自己的孩子，自然也就谈不上赏识了。孩子身上尤其是心灵上每天悄悄发生着变化，如果不精心观察的话，往往并不能完全了解。这是父母与孩子的天然差距所决定的。

这个世界上不是缺少美，而是缺少发现。千里马常有，而伯乐不常有，妈妈首先应该成为女孩成长道路上的伯乐，给她们的天性创造自由发挥的空间，从而发现其崭露头角的天分。

第一，留意观察。

在日常生活中，妈妈要注意观察女孩的行为举止、喜好憎恶，在她与别人玩耍、交谈或在自己阅读、游戏时，可以察觉出她虽不爱弹琴却喜欢绘画，虽没有耐性却有创意，虽不擅言辞却很热心，把这些蛛丝马迹记录下来，你就能归纳出女孩的性格趋向或者说擅长的一面，从而激发她的潜能。

第二，制造机会。

了解女孩的性格趋向与喜好之后，妈妈别忘了给她机会多加练习，比如：家人生日时，鼓励每个人表演一个节目；每周一晚上家人轮流朗读短文并发表心得；让女孩把当天经历的有趣的事叙述一遍或记录下来……更重要的是，随时给机会让女孩帮你的忙，只要是她力所能及的，如洗碗、拖地、收衣服等。这样越做越熟练，越有信心，女孩才不会退缩在自卑自闭的角落里。

第三，耐心等待。

妈妈既然给女孩机会，就要耐心等待女孩发挥潜力。有些妈妈一时叫不动女孩做家务事，干脆自己做；嫌女孩不会买东西，索性自己出门；认定女孩念不好书，便帮她一题题复习……久而久之，就会滋长女孩的惰性，心想反正妈妈一定会伸手援助，便乐得坐享其成，让自学的天资“睡着了”。所以，妈妈在埋怨女孩懒惰时，不妨扪心自问，是否对女孩缺少耐心，把女孩的表现机会“洗劫”一空了。

第四，给予鼓励。

当女孩自己动手做、开口说时，妈妈应该给她肯定的赞美和鼓励的掌声。因为，即使是天才，也需要有一个练习的机会来酝酿信心，而后越走越顺。如果只是一味地打击、批评，女孩会窘迫得抬不起头，再也不肯尝试，所有潜力的发挥也就无从谈起。

好奇心是女孩智慧的营养素

女孩的个性尽管千差万别，但是有好奇心却是女孩的共性。好奇心是智慧富有活力的营养素，是女孩求知欲的最直接反映，越是聪明的女孩好奇心越强。

当女孩上一年级的时候，她提出的问题涉及天文、地理、历史等知识，妈妈解答不了，就可以和她一起查资料，或者去请教老师。建议妈妈给女孩购置《少儿爱问的为什么》《十万个为什么》《千万个为什么》《百科知识大词典》等书籍，有不明白的问题女孩就自己去查阅解决。对她提出的新见解，家长要充分给予肯定，千方百计地保护她的好奇心。有一个小学一年级的女孩，对小鸡特别喜欢，问：“鸡蛋是怎样变成小鸡的？鸡妈妈是怎样养女孩的？”妈妈并没有直接告诉她们答案，而是专门孵了两窝小鸡，每天都和女孩一起观察鸡蛋的变化以及小鸡的生长，她从中学到不少知识。

好奇心强的女孩，也常常是好动的女孩。好奇心强的女孩常常把买来的玩具拆开，重新组装。外出旅游时，不让进去的地方她偏要去，有时难免给家长招来麻烦，有时甚至会“闯祸”。比如一个女孩刚上小学一年级时，她从书本上看到陶是用泥巴烧成的，竟把泥巴捏成一定形状用打火机烧。此时，女孩的妈妈告诉她，精美的陶器是在高温条件下烧制而成的，一般的火焰温度达不到。为此，妈妈还专门带她去制陶的作坊参观，让她了解制陶的有关原理。

保护女孩的好奇心不是一句空话，当妈妈的要理解女孩。如果女孩看到新鲜好奇的东西，做妈妈的表现出漠然的样子，就会冷了女孩的心。女孩的好奇心有时会冲破妈妈的知识范围，这是很正常的。妈妈对女孩的发问一时答不上来，可以通过翻书或向人请教，有了正确的答案，事后再告诉女孩，千万不能不耐烦地说：“就你能！”“就你话多！”或者饭桌上妈妈回答不了女孩的问题时，就用“吃饭吧”来加以搪塞敷衍。即使女孩因好奇而惹了麻烦或做错了事，妈妈也要正确引导，不可动手打女孩。

6大途径激发女孩的好奇心

培养女孩的创造力离不开对女孩好奇心的激励，妈妈必须用心去想各种办法，通过各种途径去激发女孩的好奇心。

那么，具体应该怎么做呢？

第一，抽时间多给女孩介绍周围的世界。

女孩喜欢做没做过的事，尝试没玩过的游戏，并能从中表现出她们的创造力。因此，妈妈在各种可能的场合，尽量多给女孩介绍周围的世界。

第二，充分利用家庭环境。

在家庭生活中，有许多事情可以激发女孩的好奇心，例如，当水烧开的时候，可以问问女孩为什么水壶里会发出“嘟嘟”声；可以让女孩摸摸不同质地衣服的手感，让她们比较出不同。家庭里有许多事是女孩感兴趣的，关键是抓住机会，让女孩从看似平淡的生活中找到兴趣点。

第三，鼓励女孩多动手。

女孩在动手做事情的过程中，手的动作会在脑的活动支配下进行，这也是女孩观察、注意等能力的综合运用过程。

第四，多给女孩讲故事。

讲故事能够激发女孩的好奇心，女孩一般都爱听故事，不管是老师或妈妈讲故事，还是广播电台或电视台播放故事，她们总是会专心致志地听，特别是绘声绘色的故事最能吸引她们。

第五，利用大自然诱发女孩的好奇心。

妈妈可以经常有意识地引导女孩到大自然中观察日月星辰、山川河流。大自然千变万化，是女孩看不完、看不够的宝库。春天可带女孩去观察小树以及其他植物的生长情况；夏天带女孩去爬山、游泳；秋天带她们去观察树叶的变化；冬天又可引导她们去观察人们衣着的变化，看雪花纷飞的景象。妈妈可以和女孩一起猜云彩的形状会如何变化；听鸟啼婉转，猜唱歌的小鸟长什么样；为什么蚂蚁在搬家，为什么向日葵朝着太阳等。

除此之外，妈妈还应该指导她们参加实践活动，如让女孩自己收集各种种子，搞发芽的试验，栽种盆花，也可饲养些小动物。随着女孩年龄的增长，可以启发她们把看到的、听到的画出来，并鼓励她们阅读有关图书，学会提出问题，学会到书中找答案。这样，既满足了女孩了解新事物的好奇心，又扩大了她们的知识面。

女孩通过参加各种大自然活动，既开阔了眼界，丰富了感性认识，又提高了学习兴趣，学习能力也在不知不觉中得到了提高。

第六，用书本知识激发女孩的好奇心。

对于大一点儿的女孩，妈妈可以用书上的知识来诱发她们的好奇心，让她选择性地看一些书，从书本中发现问题并寻找问题的答案。

想象力是女孩思维的翅膀

想象力是指对头脑中已有的表象进行加工改造，创造出新形象的过程。想象力是创造力最本质的内涵，没有想象力就意味着创造力的贫乏。少儿时期是想象力表现最活跃的时期，儿童的想象力是儿童探索活动和创新活动的基础，一切创新的活动都是从创新性的想象开始的。人类的物质文明和精神文明，无不是创造性思维和创造想象相结合的产物。妈妈要尽早为女孩插上想象的翅膀，激活女孩的想象力，培养女孩的想象力。日本著名育儿专家让内藤主张：对女孩的教育要顺乎天性、崇尚自然，尊重儿童的想象，无论它是怎样怪癖离奇，本质上却是在尊重女孩的自由幻想的权利，也是对女孩创造天性的最大保护。

想象力是女孩思维的翅膀，古今中外的事例证实，凡是创造想象能力发达的女孩，大都有强烈的责任感和好奇心，有学习研究的热情，也表现出顽强的意志力，而且勤奋乐观，还有较强的独立性和智力，所以，伟大的爱因斯坦说得好："想象力比知识更重要！"

爱因斯坦的话为我们开发女孩的智力指出了方向。善于对女孩进行教育的妈妈，在帮助女孩学好书本知识、打好基础的同时，要重视女孩想象力的培养，使女孩的想象力不断得到发展。

激活和培养女孩的想象力

心理学家的许多调查都表明，成功的人在儿童时期都具有超凡的想象力。孩子想象力越丰富，成功的潜能越大。因此，培养女孩的想象力非常重要。

那么，妈妈该如何保护女孩的天性，激活和培养女孩的想象力呢？

第一，丰富女孩的感性知识。

女孩生活内容越丰富，得到各类事物的表象越多，就越有助于想象力的发展。要有计划地经常带女孩进行参观、旅游等活动，启发她们认识自然事物和各种动植物。女孩在见多识广的情况下，很容易把各种事物的特点联系起来进行想象，而想象力就在这一过程中得到全面发展，这是创造想象的基础。

第二，鼓励女孩大胆想象。

女孩常把一根小棒当作调羹喂娃娃，常把一个小盒子"嘟嘟嘟"当作小推车，常梦想自己在月亮上荡秋千，常在树上画满雪糕……她们的想象充满了幻想，丰富而大胆。所以，无论女孩的想象有多离奇，成人一定要保护女孩想象的欲望，鼓励女孩大胆想象。如看到一个圆圈想到什么？还能变成什么？

第三，保护女孩的好奇心，培养想象的主动性。

女孩有强烈的好奇心，这是发展想象的起点。女孩发问时，妈妈一定要耐心地尽量完整地给出解释，然后还要反问：你为什么要这么问？你是怎么想的？进而培养女孩想象的主动性，特别是提出女孩感兴趣的问题，让她们去想象。

第四，充分利用文学艺术，激发女孩想象力。

讲故事、猜谜语是激发女孩想象力的主要途径。充满想象的童话和神话故事最能引起女孩的遐想，所以，要有目的地去选择能够激活女孩想象的文学作品。还可以采用续编故事、看图讲述等形式来激发、提高女孩的想象力。

音乐和美术活动也是发展女孩想象力的有效途径，让女孩根据音乐编动作，通过语言表现对音乐的理解，让女孩画意愿画、主题画、填充画、涂物画，鼓励女孩自己想，自己画，大胆想象，大胆去试，别出心裁。

第五，在游戏活动中激发女孩的想象。

妈妈要多为女孩提供各种不同的游戏材料和玩具，如一堆不同形状的积木。让女孩自由想象，她能组成自己喜爱的各种形状与物体。要为女孩提供半成品材料，让女孩在制作过程中加工、想象。例如，在女孩玩布娃娃时，妈妈可以摸着布娃娃的肚子，故作惊讶地说："呀！这女孩怎么肚子疼啦？"那么，玩布娃娃的女孩就会围绕"女孩为什么肚子疼"的问题展开无穷的想象。

观察力，开启女孩的智慧窗户

一般来说，孩子将来无论做什么都需要较强的观察力。观察力是孩子认识世界的基础，更是日后走向成功的关键所在。

妈妈要从小就培养女孩的观察力，并为女孩创造良好的环境和条件，帮助女孩拓宽视野，让女孩敢于观察，善于观察，为女孩的智力发展开启一扇明亮的"窗户"。

第一，激发观察兴趣。

妈妈在家里让女孩看看、说说家人喜欢的事情，说说衣服、食物特点等。如果家中有动植物，还可以鼓励女孩观察它们的生长变化情况。在户外也可以鼓励女孩观察大自然，如观察白云的瞬息变化、植物的争奇斗艳、昆虫的蜕变等。妈妈首先要有一双善于观察的眼睛，有一颗童心，这是引导、激发女孩观察兴趣的前提。当女孩沉迷于对自然的观察过程中时，给她一个远远的关注就够了，不要过多干扰。

第二，教女孩有意识地观察。

妈妈要帮助女孩拟订观察计划，让女孩明确观察的对象、任务、步骤和方法，有计划、有系统地进行观察。让女孩观察的事物应该从简单到复杂，观察的范围从小到大，观察的时间从短到长，这样有计划地指导女孩观察事物，有利于逐渐提高女孩的观察能力。

在要求女孩观察某个事物时，可以让女孩先做准备，特别是知识上的准备。比如，在女孩观察猫的习性时，让她先看一些猫的相关资料，这样有利于女孩根据已有的知识去辨认事物，取得较好的观察效果。

第三，教女孩多角度观察。

观察一个事物，常常需要多角度、全方位进行。只有多角度观察一个事物，才有可能全面地观察到事物的各个特性，抓住事物的本质。

多角度观察不仅能够提高观察的效果，而且能够养成女孩多角度思考的好习惯。妈妈在日常生活中应该像上例中达·芬奇的老师一样，主动引导女孩多角度去观察事物。例如，当女孩在看一幅画的时候，妈妈可以说："站远点再看看，有什么不一样的感觉？"当女孩观察小鸡的时候，对女孩说："看看它的正面，再看看侧面，你发现了什么？"这样，经过妈妈不断的训练，女孩就会养成多角度观察事物的好习惯。

第四，让女孩利用多种器官进行观察。

在培养女孩的观察能力中，妈妈最好让女孩通过多种感觉器官来观察。如用眼睛看，用耳朵听，用手摸，用鼻子闻，等等，进行实际操作，增强观察效果。让女孩听一听水流声和鸟叫声有什么不同？摸一摸真花和塑料花的表面有什么不同？闻一闻水和酒的味道有什么不同？还可以和女孩一起种些花草树木，养些小动物，指导她们对此留心观察，比如看看花草的幼芽如何破土出来？花谢后会出现什么结果？虫儿是怎样吃食物的？鸟儿是怎样飞的？……如果女孩能写字了，还可以指导女孩写写观察日记，如植物栽培日记、动物成长日记、天气变化日记、气温变化日记等。年龄小的女孩如果不能用文字写观察日记，可以用笔录、音录、画画、填图等多种形式，让女孩记录观察结果。

第五，教女孩边观察边思考。

在培养女孩观察能力的同时，妈妈要引导女孩在观察中积极思考。只有在观察的同时积极地思考，女孩才会更有目的、有针对性地去观察。

动手能力，培养心灵手巧的女孩

多数科学家、发明家都有很强的动手能力，心灵手巧是他们做出成就的保证。苏联教育家苏霍姆林斯基说："儿童的智慧在手指尖上。"这句名言非常形象、生动地说明了智力发展与手指的关系。

手是人重要的感觉器官，让女孩多动手是促进其智力发展的重要途径。通过手的活动，可以获取更多的外部信息，这些信息能促使大脑积极活动，促进女孩的大脑发育，使女孩心灵手巧。

那么，妈妈应该怎样来培养女孩的动手能力呢？

第一，尽早学会使用筷子。

两至三岁的儿童就可以使用筷子了，妈妈在女孩这个年龄就要教会女孩使用筷子。使用筷子时，需要几个手指头的肌肉和神经都协调起来，这是相当不简单的动作。日本的学者发现，学会正确使用筷子的儿童注意力集中，手指也更加灵活。

第二，尽早学会使用剪刀。

剪刀是个非常有用的工具，让女孩学会使用剪刀，不仅可以学会做许多家务活儿，还能做手工，如剪纸、做模型。女孩使用剪刀，各种纸、布都在她的手下发生着移位、组合的形态变化，直接促进思维的灵活转化。

现在有专门供女孩使用的安全剪刀，刀刃不太锋利，剪刀顶端是圆形的。如果一时买不到合适的剪刀，妈妈可以将家里的小剪刀改一改。女孩使用剪刀时，只要家长在跟前，是不会出事的。事后可以把剪刀藏起来，直到女孩能自如、安全地使用为止。

第三，指导女孩做手工。

妈妈可以经常让女孩做一些手工，包括画图、泥工、折纸、剪贴等，这能够促进女孩手的动作协调。两岁半的女孩从简单的折纸学起，到三岁时可学两至三步的折纸；三岁开始学拿剪刀，先学剪纸条，后学剪图形，可以用纸条贴成链条或方纸贴成花篮等；四至五岁可以剪更复杂的剪贴和图案。妈妈可帮助女孩做多种手工以提高技巧，在动手的同时也能培养女孩的创造能力。

第四，让女孩学习乐器。

有条件的家庭，可以让女孩学习一些乐器，非常有利于培养女孩手指的灵活性。有的妈妈就是这样考虑的，她们让女孩学习乐器，就是为了开发女孩的能力和提高女孩的音乐素养，至于女孩是否成为专业的音乐家，还要看女孩的天赋和兴趣。键盘乐器是十个手指都要进行操作的，同时还要看着乐谱，可以锻炼手、眼、脑的高度协调能力。

总之，妈妈必须重视女孩动手能力的培养，使她们有机会参加各种动手活动，促进女孩创造力结构的合理发展。

妈妈提高女孩思维能力的好方法

思维能力是智力结构的核心，是培养女孩创造力最重要的智力因素。思维是人脑对客观事物间接和概括的认识过程，透过这个过程，可以把握事物的本质。

孔子说，学而不思则罔，思而不学则殆。如果女孩思维能力不高，不仅在学习中得不到收获，更不会有创造力的发展。提高女孩的思维能力特别是创造性思维能力是妈妈必须重视的。

那么，妈妈应该如何做才能提高女孩的思维能力呢？

1. 让女孩经常处在问题情景之中

问题是思维的引子，经常面对问题，大脑就活动积极。当女孩爱提各种各样问题的时候，妈妈要跟女孩一起讨论、解释这些问题，妈妈的积极主动对女孩影响很大。特别是妈妈也弄不懂的问题，通过请教他人、查阅资料、反复思考获得圆满答案，这个过程最能提高女孩的思维能力。女孩大了以后，有的不爱向妈妈提问题了，妈妈应该主动提出一些问题进行讨论，包括家庭遇到的一些疑难问题。有时，妈妈应放下架子，向女孩请教一些自己不懂的问题，这些做法对发展女孩思维有好处。

2. 启发女孩主动思考，自己寻找问题答案

启发女孩，一个问题应该怎样去想、去分析，怎样运用自己学过的知识，怎样看书，怎样查阅参考资料等。当女孩自己得出答案时，她会充满成就感，思维能力得到提高而且产生新的动力。

3. 跟女孩一起收集动脑筋的故事和资料

动脑筋的故事和资料很多，有的是真人真事，有的是寓言故事，有的是科普性读物。妈妈、女孩共同收集，整理好放在书柜的一角。空闲时间，大家可以翻阅这些资料，互相讨论感兴趣的问题。

4. 搞家庭智力竞赛

利用节假日进行，妈妈和女孩轮流做主持人，谁主持谁准备竞赛题目，设立小奖品或其他奖励措施。为了增强气氛，可以请亲友或其他小伙伴参加。准备过程和竞赛过程都是训练脑力的过程。

5. 讨论、设计解决实际问题的思路，参与解决问题的过程

在女孩的生活、学习中，在家庭生活中经常出现各种各样的问题需要解决。妈妈应引导女孩并与女孩一起共同讨论、设计解决问题的方案，并付诸实施。这个过程中，需要分析、归纳，需要推理，需要设想解决的方法与程序。这对于提高女孩的思维能力和解决实际问题的能力大有好处。

总之，为了提高女孩的思维能力，妈妈经常想到创造动脑筋的氛围，鼓励女孩多想、多问、多实践。为了女孩提高思维能力，既要重视学习过程，也要在功课以外想办法。

第20章
众星捧月，教女孩做社交场人气女王

人际交往能力是现代人才的重要素质，也是衡量一个人社会适应能力的重要标志。妈妈要想自己的女孩能在未来社会中出类拔萃、有所作为，就必须从眼下开始引导她学习人际交往技能，努力培养和提高自己的交往能力。

近朱者赤——女孩要交上进的朋友

一天，妈妈从阿姨家把表姐妞妞接到了自己的家里。妈妈告诉苏美美，在阿姨出差的这几天里，表姐都要住在这里。苏美美很高兴，终于有人和自己一块玩了。虽然每天在学校里有同学一起玩，可是一放学就都回家了，她都还没玩够呢。

妈妈本来以为苏美美这几天会跟表姐玩疯了，可是却发现根本不是那么回事。以前苏美美进图书馆，从来没有认认真真看过一本书，即使认真地看也是翻翻图画，看一些漫画书，而且看不了半小时就开始烦躁不安起来。可今天在妞妞表姐的影响下，苏美美不但看了一个多小时，而且出来还快乐地说："妈妈，我今天看了《三国演义》，里面有曹操、刘备、诸葛亮、张飞，还有关羽……其中诸葛亮就是我们课文上学过的。"

妈妈很惊喜，赶快顺藤摸瓜问道："宝贝今天真能干！第一次看就能记住那么多人物，真了不起啊！"苏美美听了妈妈的话开心地笑了！

说下次还要去看，而且在和妞妞表姐一起看书的过程中，苏美美还看到了表姐的优点，那就是看书看得很快！看得出苏美美很佩服表姐，想向表姐学习呢！

所谓“近朱者赤，近墨者黑”，外部环境对女孩还是有很重要的影响的，特别是女孩还没有形成清晰的行为原则的阶段，如果女孩能结识一些优秀的同学，会让女孩受益终身。

女孩很容易受到同龄人的影响，把女孩放在一群有礼貌的同学中间，久而久之女孩也会变得知礼、守礼，这是一种良性的影响，当然也有可能沾染一些负面的东西，但总体来看利大于弊。优秀者和优秀者在一起的时候，会更加优秀，平凡者和优秀者同处，平凡者也会变得不凡。

妈妈要支持女孩多多结交上进的朋友。

妈妈对女孩结交上进的朋友，要很明显地表示支持，不但要在口头上给予鼓励，还要在行动上有所表示。妈妈可以鼓励女孩经常把朋友邀请到家里做客，并给予热情的接待，给女孩创造更多接触的机会和空间。

妈妈也可以多多和对方的妈妈接触。能够教出优秀女孩的家庭，也会是非常优秀的。妈妈和对方的家庭建立友好的关系，经常互相拜访联络感情，两家女孩自然也会有较多的时间在一起玩。

带女孩走出去，扩大女孩交友范围

刚刚转学的苏晓云，面对完全陌生的环境和同学，一下子显得很孤单。这段时间，苏晓云总是一个人独来独往，从来不愿意主动去结交新朋友。当别的孩子一起做游戏打闹时，她总是自己一个人在一边玩。别的孩子向她表示友好时，她也只是简单回应几句就不再有什么表示了。

老师曾经试图组织苏晓云和小朋友结成小组玩游戏，也被苏晓云以身体不舒服拒绝了好几次。老师担心这样下去苏晓云只会变得越来越孤僻，最后会形成恶性循环，于是找到了苏晓云的妈妈，希望从妈妈的家庭教育入手，让苏晓云明白结交新朋友的必要，让妈妈帮助苏晓云克服不愿意结交新朋友的心理障碍。

苏晓云的现象，可能是很多女孩身上都曾经出现过的。女孩换了新环境，发觉四周都是陌生的人，会有一种倦怠心理，会更加怀念以前的朋友，而没有结交新朋友的欲望。苏晓云以前在幼儿园的时候有不少朋友，她能凭自己的能力结交一个小朋友并能比较长时间地保持友谊，这说明她在交友方面不存在障碍。那么，苏晓云为什么就不能接受小学的新朋友呢?

教育专家认为，女孩害怕、不愿意结交新朋友的原因主要有以下几方面:

第一种，女孩生活圈子太小。

由于现在的女孩大多数都是独生子女，女孩在家中就缺少玩伴，扩大到小区后，同年龄的女孩也寥寥无几，直接造成了女孩交际范围狭窄的局面，这使得女孩一进入陌生的环境就有种不适应的感觉，害怕和陌生人打交道。

第二种，家长的过分保护和溺爱。

有些家长不太爱放女孩出去交朋友，生怕女孩在外边会吃亏，或者受到伤害，受到不良影响等。这也在阻碍着女孩交友范围的扩大，让女孩失去和陌生人交往的能力。

第三种，家长的“势利眼”。

家长希望女孩能跟学习成绩好或者家庭条件相当的女孩做朋友，在女孩交友的标准上划定了界限，这也在无形中缩小了女孩的交友范围，让女孩很少有机会结识新的朋友。

第四种，女孩的心理因素。

女孩由于缺乏自信，害怕被拒绝、受伤害而不愿主动结交新朋友。

女孩交友范围太窄，会让她在日后与人接触时，容易出现害羞、恐惧、不合群等不良心理症状，久而久之形成退缩、怯懦、孤僻的性格，很难适应各种人群，对其以后的人格发展和交友能力极其不利。这就需要妈妈重视起女孩的交友状况，帮助女孩扩大交友范围，让女孩在以后的成长道路上，不会因为交友能力缺失而影响整个人生。

比如，妈妈在听完老师的陈述后，积极为苏晓云结交新的朋友创造条件。从那以后，妈妈经常带苏晓云到同龄人聚集的地方，如小区的花园、公园或游乐场，或到有女孩的亲友、邻居、同事家去做客，鼓励、指导苏晓云多和其她女孩玩耍。她还帮助苏晓云组织了一些活动，比如定期请朋友的女孩到自己家里来，主动拿出苏晓云的图书和玩具，引导女孩们一起游戏和活动。

鼓励女孩走出家门交朋友

孩子在成长的过程中，需要学习和锻炼很多能力，交友能力就是其中之一。可是现在的孩子由于交友范围太过狭窄，失去了锻炼交友能力的机会。这使得她们不善于交友，在交际中显得缩手缩脚，表现出胆怯、不安、避让的症状，心理越来越封闭，性格越来越孤僻。这对于她们的成长是极为不利的。

因此，妈妈应该有意识地引导女孩树立正确的交友观，培养和提高女孩的交友能力，帮助女孩扩大交友范围。

1. 经常赞扬女孩交际方面的长处

女孩的自尊心都幽默强，内心比较敏感，在没有绝对被接纳的把握时，是不愿意主动和陌生的小朋友结交的。妈妈可以经常赞扬女孩在交际方面的长处，比如对人有礼貌，懂得体贴、照顾人，让她知道自己多么讨人喜欢。还可经常拿别的女孩们相处融洽的例子来让女孩回味有好朋友在身边的快乐，让女孩知道，她的身上有让周围的人快乐起来的能力，从而让女孩增强自信心，最终走出封闭的心门，主动去结交新的朋友。

2. 引导女孩多参加集体活动

妈妈应带领和鼓励女孩多参加集体活动，教育女孩在集体活动中尊重别人。当别人遇到困难时，主动帮助别人，这样才能赢得更多的朋友；如果有的同学对自己态度冷淡，也不必介意，应该坚持在集体里服务于大家，久而久之，同学就会对自己热情起来。

3. 针对具体情况制定扩大女孩交友范围的措施

首先是从外部环境入手，带领女孩走出家门，接触人群；其次是经过分析女孩的性格和心理，采取鼓励的方法增强了女孩的自信心，让她走出自己的世界，双管齐下，效果自然不错。

妈妈在培养女孩交友能力的过程中，一方面要重视女孩的交友范围，创造良好的外部交友环境，让女孩接触更多的人；另一方面，妈妈还要关注女孩的心理活动和思想动态，让女孩发自内心地愿意扩大朋友圈。

珍视友谊，新老朋友都是好朋友

“李苗，这个暑假你怎么没有去找同桌丹丹玩啊？你们闹矛盾了吗？”妈妈不解地问道。每次放暑假李苗总会去丹丹家找她玩，两个孩子一起做作业、上辅导班、去书店……有时还在她家过夜，是非常要好的一对朋友。

“妈妈，我现在的同桌已经不是丹丹了，我们调开快一个月了。我现在有了新的同桌。”李苗漫不经心地回答道。

“你的意思是有了新同桌就不和丹丹玩了？”妈妈笑道。

“是啊，我现在有新同桌新朋友了，有人陪我去厕所，有人陪我去学校商店……那我还要跑那么远去找她吗？”李苗一边看电视一边回答妈妈。

“可是，你也不能因为有了新同桌就忘记以前的同桌了啊？”

结识新朋友忘记老朋友，是每个人都有可能遇到的问题，由于各方面的原因，时过境迁，渐渐地就忘记了老朋友。如果一个女孩从小养成对待朋友喜新厌旧的习惯，就会形成错误的交友观。一个拥有错误交友观的女孩，无论如何也无法获得真正的友谊，无法获得别人的真心，无法获得别人的信任，不利于女孩未来的发展。由此可见，从小就让女孩认识到朋友的重要性和如何去维持跟朋友之间的关系，对女孩的个人成长有着重要的意义。

妈妈怎样才能帮助女孩不忘记老朋友呢？

首先，妈妈应当有意识地向女孩灌输广交好友的重要性。许多人在结交新朋友的同时，坚守“不忘老朋友”的交友准则，这样自己的朋友才会越来越多。现代社会讲究的就是人脉，因此妈妈从小就要给女孩灌输广交好友的重要性。妈妈也可以给女孩讲一些小故事听，耳濡目染，让广交好友的思想根植于女孩的脑海里。

其次，妈妈要以身作则，让女孩亲眼目睹妈妈广交好友的重要性。现实生活当中，人与人之间的关系除了亲情关系之外，朋友更是不可或缺的。因此，妈妈在日常生活中，更要注重与老朋友之间沟通的方式和频率，经常带女孩参加一些朋友间的聚会，让女孩亲眼目睹朋友间真诚的交往方式，让女孩树立正确的交友观。

再次，妈妈除了从思想上和自身行为上指导和影响女孩正确地对待老朋友之外，更要督促女孩以实际行动去维护真诚的友谊。妈妈不妨为女孩创造一个沟通交往的空间，比如让女孩带一些具有共同兴趣爱好的同学到自己家玩，在沟通交流的基础上深化彼此间的友谊，妈妈则可以在这个过程当中起到推波助澜的作用。

女孩淡忘同桌、同伴的情况虽然极为普遍，但并不是因为她们没有真诚地交往或存在矛盾，而是在这个年龄段需要妈妈对她们的指引。因此，妈妈除了教育女孩要敞开心扉对待人，真心付出不要求回报外，更重要的是让她们知道友谊的重要性以及如何去维系。

允许女孩有能谈得来的异性朋友

"真是拿我家女孩没有办法了，小小年纪就开始恋爱了。天天晚上很晚才睡。我以为她在认真学习，谁知道，昨天我悄悄推门一看，她居然在给她所谓的男朋友折纸鹤。"

有些妈妈一见到自己的女孩结交了异性朋友，就会胡思乱想：女孩已经进入了十几岁，她们会不会早恋？其实，妈妈大可不必如此敏感。妈妈应该看到女孩结交异性朋友所带来的好处。比如，多几个性格、兴趣迥然不同的异性朋友，女孩会更容易看到自身存在的不足，取长补短，完善自己。

女孩对异性产生好感是正常现象，是女孩成长过程中都有可能面临的问题，妈妈不要把它视为洪水猛兽。

萌萌从小就是个外向的女孩，朋友也比其他的女孩多。男男女女，老老少少，都有跟她有交情的人。自从萌萌升入了中学后，妈妈发现她的交友状况突然发生了变化。虽然以前也有男性朋友，但是一般都是同学，而且明显比女性朋友少。可是最近萌萌的男性朋友越来越多。这是怎么回事呢？

后来，在不经意间，妈妈看到了一篇关于学生早恋的报道，她的心里就泛起了嘀咕：女儿会不会是在早恋？她教的那些新朋友是什么样子的人？会不会把女儿带坏？从此后，妈妈吃不好睡不好的，她开始密切注意萌萌的一举一动、来往信件和日记，唯恐女孩陷入早恋的误区。

萌萌妈妈的这种担心可能是所有妈妈的疑虑。特别是当女孩升入中学，妈妈对女孩结交异性朋友就会非常敏感，一有什么风吹草动就草木皆兵，疑神疑鬼。有些妈妈甚至会采取过激的举动，比如跟踪女孩、偷看日记等。本来好好的家庭氛围也一下子变了味道。

其实，男生和女生各有各的优势，女孩可以在与异性的交往中，相互帮助，相互弥补，在个性和习惯方面，可以塑造得更为全面。比如说，男同学可以从女同学那里学到细心和善解人意，从而弥补自己心大意的一面，女同学则可以从男同学那里学到坚强、果断，克服自己的娇气、犹豫。而且在与异性的交往中，女孩会感觉很轻松，特别是经常被拿来和同性朋友相比较的女孩，在这方面的思想压力一下子减轻很多，从而能够更加身心健康、精神饱满地投入学习与生活。

善于与异性朋友交往的女孩有比较健康的个性，比较合群，一般都能与外界保持良好的接触，不自我封闭。这些优势对于女孩以后适应社会的能力是非常需要的。

女孩需要不同类型的朋友丰富她的成长历程，当女孩结交异性朋友的时候，是女孩社交能力的扩展，妈妈不应该对此太过敏感，要选择支持和相信女孩，多和女孩谈论她的交友状况，引导女孩从异性朋友身上看到优点，取长补短。

女孩年龄尚小，还不能够分清爱与好感之间的区别，往往会把一时的好感当成爱。因此，妈妈不必大惊小怪，不要操之过急地去批评或责骂女孩，而是要耐心倾听女孩的心声，给予女孩更多的关爱，悉心指导女孩走过早恋这一时期。

不要为自己的女孩选择朋友

15岁的沐沐对朋友倾诉：

“我的父母真的很奇怪，对我交朋友的事情总是特别敏感。如果我和女同学交朋友，他们就“严格审查”；如果我想和男生交朋友，那就干脆免谈。而且学习不好的不能交，打扮太漂亮的不能交，太机灵的不能交。你瞧，在家里这种高压政策下，我还能有朋友吗？上次语文考试结束后，在回家的路上，我和班上的两位男生同路。谁知回到家妈妈却问我：“和你同路的那两个戴眼镜的人到底是谁？你在左边，他们两个在右边？”我有时候真受不了妈妈这种询问的态度，但我没办法，在她们眼里，我已经是个心里有秘密的“半大人”了。

“还有一次，我和两个男同学结伴回家，大家平时都挺熟的。那天，他们说想到我家去玩玩，顺便认一下门。我没想太多就答应了。路上我和他们说，如果我父母问起来，就说是来找我借书的。我之所以这样撒谎，其实很无奈，我不希望又被父母骂，也不希望大家弄得不愉快。

“到了家里，父母还算给我留面子，没有当时把我朋友赶走。但是，妈妈不时地到我的小屋里来看看。我知道，其实她是来监视我们的。那两个同学也觉得很别扭，没坐一会儿就走了，以后再也没有提过要去我家看看之类的话。

“那天我把他们送出门，回到家妈妈就板着脸问我：“这两个男孩是干什么的？”我说是我的同学。她又问：“跟你是一个班的吗？”我说不是。妈妈又说：“那你怎么把他们招引来了？”我当时就感觉忍无可忍，什么叫“招引”啊？妈妈为什么用这样的语言来挖苦我？

“那一天，我不知道我是怎么上床睡觉的。”

想一想，在你的家里是否存在这样的情况？也许，您家里没有这种“比较过分的事件”，但您是否给孩子的成长提供过一些与伙伴交往的机会？

妈妈往往会有一些交友的习惯，所以也特别希望女孩也能按照自己的思路去交朋友，一意孤行，到最后就只能和女孩吵架。可能妈妈是出于好心，害怕女孩在朋友身上学一些坏习惯，但是在和女孩提出来的时候，一定要持“软”态度。听一听女孩说的，看看有没有一些道理。比如问问女孩在这个朋友身上学到的东西，是不是有妈妈看不到的益处。

但是如果发现女孩真的在朋友身上学到了一些不好的习惯，也要善意地提醒女孩。比如，想一想你最近是不是爱玩游戏了？是不是很喜欢没事就往外面跑了？

孩子间的矛盾让孩子自己解决

在我们身边，孩子与孩子之间难免会出现一些矛盾和冲突，如争抢玩具、不小心的冲撞等。遇到这种事，家长的做法一般是赶快制止、解决矛盾，以免矛盾“升级”，孩子大打出手。但是也有很多父母，转换了疼爱孩子的方式，由最初的“多为孩子做点事”转化为“少为孩子做点事”。当孩子有了冲突，家长不是着急“参与”，而是作为一个旁观者，看她们是否能自己找到解决的办法。并不是每一次冲突，孩子都会用“武力”来解决的，每一个孩子都有潜力学会独立解决问题。

其实，每个孩子都有自己解决问题的能力或者潜力。只是由于父母的及时“呵护”，而没有表现出来。孩子之间吵吵闹闹都是很正常的事情，孩子有孩子的世界，任何人不能代替她们成长。孩子们之间的冲突是成长过程中所不可避免的，也是孩子适应社会所必须面对的，所以父母不必过分干涉，而应当善加引导，让孩子懂得如何去处理矛盾和冲突。

那么当自家的女孩与人发生矛盾的时候，做妈妈的如何让女孩懂得处理呢？

第一，让孩子自己面对矛盾。

女孩之所以喜欢找成人解决问题，主要是她们害怕与其他小朋友打交道。其实，女孩在很多时候要比成人想象的更懂道理，只要家长告诉她们：“玩具要和大家分享。”或者让受委屈的女孩直接对小朋友提出“我们应该怎么做”的建议，这样会让她更自信。下一次，她也就有了勇气自己去处理和小朋友之间的矛盾了。

第二，把处理问题的主动权让给女孩。

当女孩与幼儿园的小朋友或者是学校里的同学发生矛盾的时候，妈妈不要第一时间赶到女孩身边，做女孩的“及时雨”，最好是让女孩自己去想办法。当矛盾无法解决的时候，妈妈可以提出对事情的看法，有针对性地帮助女孩们认识她们之间发生矛盾的原因，尤其是女孩们各自存在的问题，这样，女孩会在独立处理问题的过程中渐渐长大。

第三，及时制止女孩的伤害行为。

女孩一般不会采取过激的行为解决矛盾，但如果在矛盾中出现了打斗等行为，妈妈要第一时间去制止女孩的行为，以免造成意外的伤害。同时，妈妈要帮助女孩疏导不良情绪，当女孩想发脾气时，可以告诉她用转移法，离开令她不愉快的地方，有话以后再说；也可以选择释放法，让女孩在一个安静的环境尽情地发泄。

第四，对女孩的冲突有正确的认识。

产生矛盾的原因有很多，当妈妈知道女孩之间起了冲突时，不要着急怎么去保护自己的女孩不受委屈，也不要偏信女孩的一面之词，而是应当了解事情的全部情况。这时候，妈妈不妨让产生矛盾的女孩们坐在一起，让她们各自说说为何要争吵，这样做的好处在于让女孩能够彼此倾听对方的想法，也能使妈妈了解事情的经过。

指导女孩交友，用对方法最重要

一个小学生，因为找不到可以一起玩耍的伙伴，只有一个人玩，经常觉得很孤独、没意思。

另一个女孩，因为在班里没有朋友，得不到别人的重视，于是经常调皮捣蛋以吸引大家的注意，结果反而让同学们离她更远。

常常有小学生向老师反映："我找不到伙伴一起玩""为什么大家不跟我一起玩""我为什么没有朋友"……如今，越来越多的孩子享受不到和小伙伴玩耍的乐趣了。

儿童的健康成长需要伙伴，经常产生孤独感的女孩易形成不健康的心理和性格。亲和能力是情商的重要部分，如果将来女孩只会学习、工作，却不知如何与他人交往，是无法适应社会的。

因此，妈妈应努力提高女孩的交往、交友能力，适时对女孩的交友、择友进行正确引导。

首先，妈妈应给女孩一个宽松的家庭空间。

妈妈要注意培养女孩发表意见的能力，有些事情甚至可以咨询女孩的意见，这有利于女孩树立信心，并培养女孩分析、判断事物的能力。今后，这种能力也会被女孩运用到择友中去。

其次，教会女孩自己解决问题。

当女孩与小朋友们发生矛盾时，妈妈不要一味地迁就、打骂，或者直接干涉，而是应及时地引导女孩正确认识、解决各种矛盾。实际上，这正是女孩学习的绝好机会，妈妈应给予建议，但不能一手包办。

最后，放手让女孩自己择友。

妈妈应该避免以成人的观念帮女孩选择朋友。女孩自己择友的过程，也就是她学习、成长的过程。妈妈可在一旁多加注意，并适时给予建议，但不能粗暴干涉、阻止。

帮助女孩走出交友中的挫折和误区

齐菲菲最近几天一直很不高兴，回到家里一句话都不愿意多说，吃完饭就躲到自己的房间里面不出来。妈妈知道齐菲菲肯定是遇到什么事了。

在睡前10分钟的床前故事时间里，妈妈对齐菲菲说："齐菲菲，今天晚上换你来给妈妈讲故事好吗？你就讲讲最近在学校里面有什么变化吧！"

齐菲菲听到妈妈这么说，突然变得很沮丧："学校里面发生了什么事情我没有去注意。这几天，我和孙琳琳吵架了，到现在还没有和好。妈妈，我是不是很不讨人喜欢？"

妈妈吃了一惊，忙问齐菲菲："怎么回事？你不是和孙琳琳是最好的朋友吗？怎么突然吵架了？"

齐菲菲告诉妈妈，最近孙琳琳和她的同桌越来越要好，有时候都冷落了自己。齐菲菲很不高兴，有一次，她看到孙琳琳在和同桌咬耳朵，还一边偷看自己，觉得她们是在说自己的坏话，就冲孙琳琳发了一顿脾气。之后孙琳琳来跟她说话，她一想到她和同桌那么好，心里就不舒服，所以也就没有搭理孙琳琳。一直到现在，俩人还没说话呢。

故事中的齐菲菲在交友道路上遇到挫折，一方面是由于对朋友的独占欲太强，不愿意自己的好朋友与别人走得太近；另一方面是由于她的心思太敏感，看到别人说悄悄话就觉得是在说自己坏话。当女孩在交友上面遭遇这样的挫折的时候，妈妈应该弄清楚女孩所有的想法和事情的全部经过，然后再根据情况找到对策。

女孩在与朋友交往的过程中，可能存在一些思想误区。这些误区，会让女孩的交友之路走得坎坎坷坷。一些极端的想法和做法——比如朋友是自己一个人的，只能和自己玩；好朋友就应该让着自己，时刻关注自己等等，会让女孩在交友上变得自私。这些误区让女孩在朋友面前的形象越来越差，一些不经意的举动还会伤害到朋友的感情，从而使友谊破裂。

当女孩面临交往挫折的时候，妈妈能够做的，就是和女孩一起分析原因，让女孩发现自身存在的问题。女孩还小，还没有能力完全客观地分析，妈妈作为引导者，可以给女孩一些有用的意见。在妈妈的引导下，女孩自己发现的问题，更有说服力，女孩更容易引起警觉并改正。

第21章
莫以成绩论成败，引导女孩成为学习达人

学习，是孩子生活中最重要的内容。现代孩子学习课程多、时间紧、任务重，老师和家长过于看重分数，对孩子要求高，让孩子对学习产生畏难和厌倦心理，学习成绩难以提高。

在女孩的学习上，妈妈要改变自己的片面认识，做女孩学习上的好帮手，不仅要教会女孩学习的方法，还要培养女孩自主学习的能力，让女孩成为爱学习能学习会学习的超级学霸。

学海无涯“乐”作舟

学习，原本是快乐的。当一个人刚刚开始学着写字、学着画画、学会骑自行车，或者他终于得到一本心仪很久的小说的时候，他会轻易地放弃吗？一定不会的，那个时候的人，是带着快乐在学习。

叛逆期的女孩不少都不爱学习，觉得学习是件辛苦的事情，这是为什么呢？是不是女孩失去了体味快乐学习的能力？

学习变得不再快乐，原因之一是缺少动力，之二是缺少方法。死板机械、枯燥乏味、重复多余的学习过程，掩盖住了学习的快乐色彩。

要想改变女孩对待学习的态度，妈妈必须帮助女孩恢复其学习这件事原本就具有的快乐。

妈妈可以给女孩设定一个研究方向，让女孩去学习，让研究性的学习增进女孩学习的动力，增添学习的快乐。

研究性的学习需要想象，更需要丰富的知识和能力。去研究一切有兴趣的，去学习一切感兴趣的。研究性学习的目的不在于发明创造，而是在于学习方法，在于培养能力，在于还学习以原本就具有的极大乐趣，让学习充满活力与快乐。

如果女孩们每一个人都能有一个或几个研究的题目，带着问题去寻找资料，去求教，去分析研究，那样，她们的学习还会没有乐趣吗？

如果女孩觉得没有心情看书时，妈妈不妨让女孩暂时搁下书本，做一些其他活动，调整一下心态和精神。比如听听音乐，与朋友谈谈话，做些游戏等。等到有了看书的欲望时，再拿起书本来看，就能集中精神用心去读，收到很好的效果。

妈妈还要启发女孩切不可因为暂时遇到的困难，就放弃学习，要去多想想自己的优点，或者把它记下来，每天大声地念，使它植根于自己的脑子里。这样一来，便能消除自卑感，增强学习自信心。

妈妈要让女孩始终保持对学习的热情，在学习的道路上不满足，把学习看成是永无止境的事情。

兴趣是女孩学习最好的老师

越越最近迷上了《我是未来的科学家》这套书，放学回家后总会做点实验小游戏。书里的很多实验她都模仿过，比如“火山爆发”：把苏打粉放在玻璃杯中，慢慢往里面倒醋，流出的泡泡就像火山爆发。越越开心极了。

有一天，越越在玩水的时候，忽然想称一称一盆水的重量。可是怎么称呢？在妈妈的提示下，聪明的越越一下想起了《曹冲称象》的故事。越越找来十几个矿泉水瓶，打算一瓶一瓶地称。但是天平有些小，越越不得不放弃用矿泉水瓶当代替物的想法。于是她用自己的刷牙杯子装水，装一些，称一些。在妈妈的建议下，越越找来纸笔，记下每一次称的杯子和水的重量……就这样，越越终于称完了盆里所有的水。越越在每一次“实验”小游戏中，学到了很多知识，更加迷上了读书和学习，并且立志将来要做一个伟大的科学家。

孩子一旦有了兴趣，就能对感兴趣的事物进行积极的探索和研究，也就能自觉自愿、主动愉快地去学习。所以说，兴趣是孩子最好的老师，是她们探究新事物的动力，也是推动她们学习新知识和从事活动的一种精神力量。

虽然兴趣有天生的成分，但大多数都是培养出来的。对女孩学习兴趣的培养，妈妈应着重于以下几个方面：

第一，发现女孩的兴趣点。

要培养女孩的广泛兴趣，鼓励女孩接触多方面的事物，从而获得“广博的知识”。在广博知识的基础上，注意发现女孩的特殊爱好，使其在某一方面有所专长。当女孩做出选择后，要鼓励她保持恒心，不使她半途而废、一事无成。如果女孩对读书并无兴趣，可以试着以她的其他兴趣为桥梁，把她的兴趣引向书本。例如，让她看一些与她的嗜好、所喜欢的运动有关的或关于某个有个性的人物的书籍。如果女孩的兴趣很罕见，也不要失望，书籍五花八门，什么都有，只要下功夫，就能找到合适的。

第二，培养兴趣方法多。

让女孩产生学习兴趣的方法多种多样。如讲述浅显易懂的学习文化科学知识重要性，伟人、科学家学习的故事，诉说没有文化的困难、痛苦和闹出的笑话，还可借助看画书、猜谜语、唱歌曲、做游戏以及小实验、小制作、小发明、小创造等适合女孩年龄特点的有趣活动，一点一滴、一事一例，围绕其主旨让女孩逐渐明白知识就是力量的道理，受到这方面的启蒙教育，在幼小的心灵深处播下求知好学的种子。

引导女孩及时总结，汲取课堂精华

总结是学习必不可少的重要环节，通过总结，孩子可以把所学的知识“读薄”，提炼出精华，这样对提高学习效率有很大作用。一个经常进行学习总结的女孩这样说：

“每天的学习结束之后，我都会及时对当天的内容进行总结。总结些什么呢？比如：今天学了哪些课程，每门课重点讲了什么，难点在哪，考点何在；需要记忆的有哪些，需要理解的又有哪些；老师讲课的过程中运用了什么样的解题思路和解题方法；老师今天讲的与之前的知识点之间有什么样的联系。

“这样一总结，在课后复习的时候，我就能有的放矢地进行复习了，花的时间不多，却很出效果。”

因此，作为妈妈，当你不知道怎么管女孩的学习时，你可以看看女孩是否把总结当回事了。如果她对此不屑一顾，那你可要教女孩学会总结。引导女孩把总结当成一种习惯，她们才能将学过的知识牢牢掌握。

一位妈妈是这样教女孩学习的：

李晓是个很懂事的女孩，小学时，她从来没让妈妈为她的学习操过心，每天放学回家就会主动写作业，学习成绩一直都是名列前茅。但上了初中之后，情况就有所不同了，她开始觉得老师所讲的内容有点难了，学习成绩也一直呈下降状态。

一次测验之后，李晓的成绩很差，她的情绪沮丧极了，这时妈妈对她说：“妈妈刚考上初中的时候，在学习方面也感觉很吃力，但那个时候我遇到了一位高人，高人教了我一个有效的学习方法。从那以后，我的学习就进入了状态。

“什么高人呀？也介绍给我认识吧！”李晓有点兴奋地说。

“只可惜那位高人现在不在了，不过我可以把那个有效的学习方法传授给你。”妈妈神秘地说。

“妈妈，你就别卖关子了，快点说吧！”李晓有点着急了。“这个学习方法叫作‘过电影’，也就是每天在睡觉之前，躺在被窝里回忆、思考当天学过的内容，想想当天学了些什么，哪些懂了，哪些还没弄懂。然后起床翻书看一下不懂的部分，看完书后闭上眼睛回想一下，归纳一下要点，以加深记忆。这样，当天学过的知识，就在这种‘过电影’中消化了、记住了。”

李晓觉得妈妈的这个方法很有道理，便迫不及待地去试用了。没想到试用了还不到一周，她便告诉妈妈这个方法很有效，因为她觉得学习不再像以前那样吃力了。

这个方法之所以有效，是因为它里面有很强的科学性。每天晚上睡觉前，躺在床上像放电影一样，把一天所学的知识在大脑里过一遍，就等于是把当天所学的知识做了个总结，并根据知识之间的联系，把所学的知识都串联起来。这其实是一个把知识系统化、条理化的过程。并且在这一过程中，女孩对知识的记忆也加深了，等于把所学的知识又复习了一遍，所以学习的效果会很好。

融会贯通，乘上高效学习快车

有些女孩在平时的学习过程中往往不求甚解，只是蜻蜓点水，一带而过，并没有把书上的知识细细咀嚼，吃下肚去，从中吸收有益的营养，只是自以为是地认为自己已经掌握透了。

事实上，她们根本就没有做到真正的“懂”。对知识做到真正的懂了，那时候就不叫“懂”，而叫“通”了。

知识的“懂”和“通”有质的差别。“懂”只表示你对某个知识点理解了，不会引起误解，“通”表示你能把一个个知识点用一条线索串联起来，你能说出各个知识点之间的逻辑关系。

所以说，这些女孩对知识点的理解只停留在表面阶段，非常浅显，而没有深入到更深的层次当中，因此，在做练习或者考试的时候，就不可避免地“卡壳”了。

因马虎和不求甚解而与高分失之交臂，会让人觉得遗憾、可惜。反过来说，要想考试拿高分，就一定要改掉这两个致命的不良习惯——马虎、不求甚解。

然而，虽然很多女孩已经意识到马虎是学习的大敌，但却不会积极主动地去改掉这个毛病。因为在她们看来，这个不良习惯是无法根治的。

其实并不是这样的。对于马虎这个不良的学习习惯，是完全可以避免的。马虎通常被说成是“不该错的地方错了”“低级错误”。这种错误往往使该得到的分没有得到，应有的水平没有发挥出来。因此，妈妈要引导女孩在平时做题的时候就应严格要求自己，避免这种错误。

妈妈可以教给女孩这样的做题方法：做一步，保证对一步。这种方法是说在做题的时候，每做一步就回过头来检查有没有出错，如果有错误的地方，就重头再来。这样，就能做到每一步都正确，到题目做完时，就不用返工。按照这种方法，一开始做题速度可能会慢些，但久而久之养成习惯，速度就快了，而且正确率极高。与此同时，妈妈还要让女孩改变不求甚解的不良学习习惯，让女孩懂得：在掌握知识点的时候，不要浮光掠影似的掠过，而要沉下心来，刻苦钻研，深入到更深层次当中去。

总之，在平时的学习过程中，妈妈一定要引导女孩注意培养自己仔细、认真、刻苦钻研的习惯，这样才能走出马虎、不求甚解的毛病，乘上学习的智力快车。

优秀学科攻难点，弱势学科攻基础

很多时候，女孩的整体状况不理想，败就败在薄弱环节上。反过来，如果女孩能够克服自己存在的弱点，就可以保证成绩的稳定与拔尖。

刘婷初一、初二时，她的成绩在班上属于中等行列，算不上很突出。但在中考时，她却以班级第二名的好成绩进入重点高中就读。她是如何在最后一年杀出重围的呢？让我们来听听她的经验之谈：

“最后一年的学习，可谓是与时间赛跑，要想赢过时间，就得找点技巧。数学和物理一直以来都是我的强项，在做大量的巩固练习时，一般的基础题我跳过不做，节省出时间专攻较难一点的题。而对于较差的语文，在学习时我就把大量的时间用在基础知识的掌握上，不仅在课上专心听讲，还在课后花费不少时间做基础练习。如此一来，中考时，我的数学和物理成绩比平时高出了很多，语文成绩也大有起色，加上平稳的语文、化学和政治，我的总成绩自然显着提升了。”

刘婷得以在最后一年大幅度提高成绩，就在于她采用了一种比较有效的方法——优秀学科攻难点，较差学科攻基础。刘婷在数学和物理这两门学科上学得得心应手，因此在最后一年的时间里，她就把重点放在这两门学科的难点上，而对于学得较差的语文，她则把重点放在基础知识的掌握上。

有的女孩之所以在某些学科上学得吃力，最主要的原因就是基础不扎实。

在学习过程中，如果基础掌握得不扎实，那么想要提高学习成绩，无疑就是水中月、镜中花。所以，对于女孩学得较差的学科，如果妈妈能够引导女孩把时间花在攻基础上，一步一步扎实基础，成绩的提高就有了可靠的保证。

每个女孩所学的科目中，必然有比较擅长的长项科目，也有不擅长的短腿科目。因此，要想让女孩的成绩取得长足的进步，妈妈们就必须用这样的方法去引导女孩：优势学科，基础打得牢，就多花点时间攻难点；短腿科目，基础还不牢，学习重点就得放在攻基础上。

胜不骄败不馁，教女孩正确对待考试

考试的目的是查漏补缺。妈妈应该懂得要对女孩的考试成绩给予积极的响应，尤其是在女孩考得不好的时候，更要帮助女孩找出不足的地方，这样才有助于女孩改正错误，提高成绩。有妈妈的支持做后盾，女孩学习的动力才会越来越足。

现在，妈妈体罚女孩的情况越来越少发生了。但是，一些诸如讽刺、挖苦、谩骂的语言暴力却增多了。尤其在女孩考试成绩不理想的情况下，妈妈总是习惯性地对女孩进行一番“耳提面命”，想以此来激励女孩下次取得好成绩。但是，这样的语言起到的效果甚微。我们设身处地地想，女孩考不好，她自己的心里已经很难受了，妈妈的讽刺挖苦很可能使女孩的自尊心和自信心遭受到更严重的打击。

那么，怎样做才有效呢？对于女孩来说，让其拥有“胜不骄，败不馁”的心态，才是健康的考试心态。

有了健康的心态，下一步妈妈还要帮助女孩认真分析考试结果，总结经验教训。

分析之前，假定这次说明不了什么问题，这样能够使分析错了的不良后果降到最低。

第一步，想一想，这次考试自己满意不满意，对什么满意，又对哪些方面不满意。再想想，这次考试有没有什么特殊的，例如：第一次考试、没有复习的考试……如果有这种特殊情况，那么这里就可以得出结论了：

考得不好，说明不了什么问题，我努力，就不信下回考不好！

考得好，说明不了什么问题，一时侥幸，还得努力，下次才是印证我的实力的时候！

如果一切正常就进行下一步。

第二步，自己是不是偏科了。这时就要开始对弱项多加练习。

第三步，自己是智力因素还是非智力因素导致的丢分。智力因素就要调整自己的方法，非智力因素就要端正自己的态度。

第四步，作下一步学习的计划。

第五步，认真修改自己的分析。

最后，看看自己在年级里是进步了还是退步了，不要太在意，但大幅度的下降就需要一些非常手段了。

考试的目的是检验女孩在平时的学习中存在哪些问题，以便帮助女孩改正和进步。所以对女孩来说，善于总结与归纳是非常重要的学习本领，也决定着女孩能不能进步。妈妈一定要给予重视，帮助女孩养成考试后总结的习惯。

寓学于乐，让女孩在游戏中学知识

在生活中，有些妈妈为了让女孩把时间和精力放在学习上而剥夺了女孩游戏的权利，将女孩的玩耍当成一种错误，只要看见女孩玩游戏，便见缝插针，“占领”女孩玩耍的时间。殊不知，这样做不仅提高不了女孩的学习成绩，反而还会让女孩对学习产生厌烦心理。

其实，教育女孩的最佳模式——寓教于乐。

玩，是女孩最喜欢的活动，对于女孩的成长，就像维生素一样必不可少。学是女孩获取知识、立足社会的基础，对于女孩的成长而言，就像空气一样重要。而在很多妈妈心目中，玩和学是完全对立的，玩占用了女孩学的时间，于是她们竭尽全力“占领”女孩玩耍的时间。

玩是女孩的天性，如果妈妈不尊重女孩玩的天性，就会限制女孩的发展。玩与学是女孩两种互补性活动，相辅相成，如果妈妈能将女孩的玩与学结合起来，在游戏中激发女孩的学习兴趣，传授知识，那么女孩将会把学习视为一种习惯，从而达到事半功倍的效果。

实践证实，女孩往往在玩中更容易接受知识，学得快，知识掌握得牢固，不易忘。

让女孩在游戏中学习知识。游戏分为两种，一种是无目的的玩耍，一种是有目的玩耍，妈妈应当将女孩无目的玩耍转化为有目的玩耍，科学地安排学与玩，让女孩玩出知识、玩出名堂。

第一，女孩做游戏时，引导女孩在玩中学习。

妈妈要在女孩玩游戏时，给予她最合理、最及时的引导。比如女孩做实验时，妈妈为女孩提供玩耍的氛围、玩耍的道具。这样女孩在玩游戏的同时，也学到了各种关于物理、化学、天文、地理等方面的基本概念和知识。因此，妈妈要重视女孩的游戏，抓住女孩兴奋的每一个时机，及时给予合理的引导，向女孩输送更多的信息。

第二，重视女孩的问题与回答。

女孩在做游戏的过程中，难免产生一些疑问，向妈妈提出一些问题，也许同一个问题会问很多遍。对此，妈妈要耐住性子，不厌其烦地重复答案，巩固女孩的记忆，但是答案要简短，以激发女孩接着问下去。

第三，控制女孩玩游戏的时间。

女孩玩游戏，虽然能够激发其学习兴趣，获取知识，但妈妈千万不能因此让女孩将所有的时间都投入到游戏中去，这样难免耽误学习。妈妈要在女孩玩与学之间寻找一个平衡点，把握好时间这个“度”，既不能太“左”，也不能太“右”。

中国近代教育家陈鹤琴认为，寓教于乐是教育孩子的最佳模式。因此，妈妈不能简单地抹杀女孩玩耍的权利，要为女孩留下玩耍的时间，重视女孩的问题与回答，引导女孩在玩中学习，从而达到事半功倍的效果。

培养女孩自主学习的能力

学习能力是孩子的先天特性，但更需要后天培养。可以说，所有的教育都是在培养孩子的学习能力。如果能够有意识地引导孩子独立地进行学习，往往会获得意想不到的效果。

自学能力的培养，可以大大促进女孩的学习兴趣和学习能力的开发，为女孩在以后的各方面发展赢得优势，这种优势越到后来越能明显地发挥出来。

那么，妈妈如何培养女孩的自主学习的能力呢?

第一，妈妈避免做女孩的“陪读”。

妈妈对女孩的教育都很重视，希望女孩学习成绩好，但又不相信女孩自学的能力和自觉性。于是，每天晚上辅导女孩做作业、为女孩检查作业便成了妈妈一定要做的事。这样做的后果是让女孩有了依赖，就不把作业放在眼里了，从而便会用无所谓的态度对待作业。并且，当女孩有了依赖时，自己学习的兴趣和学习的信心都会明显地降低。

第二，帮女孩建立科学的自学方法。

学习优秀需要兴趣和良好的环境，更需要科学、正确的方法。要想使自己的女孩获得优异的成绩，取得学习上的成功，除了对她提供一些必要的物质保证外，精神和智力上的支持也必不可少。其中，帮助女孩建立一套科学的自学方法显得尤为重要。

第三，教导女孩做自学笔记。

在自学的过程中，做笔记绝对是重要的学习技巧。复习一门功课，需要好几本的教材和辅导资料、习题集。但是做好笔记之后，就一下子把最精华的部分归纳总结好了，复习起来很方便，查阅起来也很方便，应付考试更方便。所以有没有学习，从笔记上就可以看个八九不离十。

自学时，可以先在书上把重点标记出来，然后把标记的部分记在笔记本上。这样方便对所学的内容进行整理，也有助于加深理解。对于一些很难短时间内就掌握的东西，可以分别记在小卡片上，把小卡片放在口袋里经常拿出来看看，这样很快就把所有内容记住了。

第四，教导女孩学会预习。

妈妈平时要注意女孩是否具备预习的能力或潜力，主要是看女孩基础掌握得好不好，如果以前的基础不扎实，也就没有能力去学习后面的课程了；如果发现女孩现有的学习基础不错，要尽快制定一个阶段性总体目标，让女孩有一个追求的方向，这会使女孩产生强烈的兴趣和动力。妈妈可以引导女孩把总体目标分成一个个切实可行的小目标，制定详细的时间表，让女孩在一步步完成的过程中尝到成功的喜悦，并从胜利成果中获取进一步学习的动力。

妈妈在教女孩预习的方法时，要让女孩选择自己认为最优秀的课程开始预习，因为优秀的课程学起来有更多的兴趣，而兴趣又会使自学的劲头更大、效果更好。学好这一科之后，就能把这一科的经验推广到其他科目上去。

给女孩创造自由学习的时间和机会

我们可以看到这样的现象：有的妈妈对女孩的学习管得很少，只是偶尔在女孩拿不定主意或者出现偏差的时候适当地引导一下，女孩在自己的意愿和安排下完成自学，学习成绩相当优秀；而有的妈妈却总怕女孩会闲下来，所以总是千方百计地给女孩安排任务。钢琴练完学画画，画画学完练书法，书法练完学外语……这样做的结果，就是让女孩完全没有自己学习和思考的时间，没有办法按照自己的需要来学习，学习成绩自然也不理想。

然然的数学成绩很好，语文却很糟糕，英语不上不下。所以，她自己制订了一个有针对性的学习计划，先预习语文，因为语文需要背诵的东西很多，花费时间很长；接下来是学习英语，因为单词都在老师讲解的时候记得差不多了，所以记起来很轻松；最后是数学，大概看一下公式和例题就可以了。这样的学习方法对然然来说是很实用的，她的学习成绩虽然在短期内上涨不是很明显，但是也略有提升。可是妈妈似乎并不这么认为，她经常借故到然然房间里面拿东西来打探然然是不是在学习，正在学什么内容。有一次，妈妈又进来了，对着然然说："你不要先预习这一门，另外一门比较重要，赶紧换过来！"然然本来就对妈妈的干扰很有意见，这一次忍不住就爆发了："不用你管我！我愿意先看哪个是我的事！"

从此以后，然然在妈妈进来的时候都会停止一切学习的活动，有的时候干脆什么也不学了。

学习是女孩是自己的事，对女孩的学习，妈妈只能进行适当的引导和指点，而不能强加干涉，让女孩按照自己的想法和方式去学习。否则就会打乱女孩的学习计划，给女孩带来压力，让女孩失去自主学习的能力，对学习产生厌倦，学习成绩不但上不去，反而会下滑。妈妈应该给女孩自由学习的时间和机会，给女孩创造一个自由的学习空间。

第一，每天给女孩留出自由支配的时间。

现在的女孩虽然课程安排比较紧凑，作业负担比较重，但是老师也会根据女孩们吸收知识的程度来为女孩留出一些自己思考的时间，这些时间对女孩来说是非常宝贵的。作为妈妈，一定要保证女孩的这些时间能被充分利用，尽量不要干扰女孩。

第二，避免对女孩的学习方法指手画脚。

女孩有自己的时间安排，妈妈应该信任女孩，避免对女孩的学习方法指手画脚，防止女孩出现逆反心理。

第三，积极配合女孩制订的学习计划。

女孩根据自己的实际情况定出学习计划以后，妈妈应该积极配合女孩的安排，给女孩学习创造有利的条件。比如，在女孩制订的计划中，确定了某段时间是必须要静下心来的，妈妈就应该主动为女孩创造一个好的环境。在这段时间，避免接待客人或者进行吵闹的活动。自己也尽量不要让各种事务去打扰女孩，给女孩一个自由的学习空间。

第22章
不娇不惯养女孩，好妈妈胜过好老师

妈妈是女孩的偶像，更是女孩的榜样。妈妈的言行在很大程度上影响着女孩的成长道路和发展轨迹，影响着女孩的人生观、世界观、价值观的形成。

培养和教育女孩，只靠女孩一个人的努力是不够的，还需要妈妈的以身作则、言行为范，给女孩树立成功的榜样，才能让女孩更加自信，更加积极地面对未来和人生。

榜样的力量——好妈妈胜过好老师

妈妈对女孩的影响是无时不在的，尽管你也会经常给女孩讲道理，但你的行为却会对女孩产生更深的影响。

当妈妈友好而和善地对待他人时，女孩就会学到妈妈的善；当妈妈心胸狭窄、自私自利时，女孩也同样学到了这些东西。如果妈妈为了推掉一个不愿参加的约会而说谎，或者妈妈因为不想听电话而让女孩告诉人家妈妈不在家时，妈妈便在女孩的心灵中播下了撒谎的种子。受过骗的女孩会去骗人。女孩若看到妈妈从工厂里偷工具或在旅馆里偷毛巾，便会以为偷窃不是错事。在家里看不见妈妈笑脸、得不到爱抚的女孩将来很难开朗和对人友爱。

女孩在注视着妈妈的生活，妈妈是什么样的人要比妈妈说什么样的话更有力量。

妈妈做出了率直的榜样，女孩就会诚实。

妈妈用爱环绕着女孩，女孩就会去爱。

妈妈善于谅解，女孩就会宽容。

妈妈对体育显示出兴趣，女孩就会在绿茵场叱咤风云。

妈妈用微笑和闪烁的眼睛对待生活，女孩就会懂得幽默。

妈妈感谢生活的祝愿，女孩就会对生活满怀欣慰。

妈妈表示出友好，女孩就会变得和善。

妈妈的言辞充满进取的意志，女孩就会振奋他人。

妈妈勇敢地面对挫折、失败和不幸，女孩就能学会顽强地去生活。

妈妈的人生肯定了妈妈对于生命长久而深沉的信念，女孩将不再迷惘。

妈妈用真善美维护着女孩，女孩将会发现生存的真谛。

妈妈的品质、人格对女孩有潜移默化的作用，它会影响女孩今后的成长。如果妈妈的行为出现了偏差，女孩的思想行为就会出现偏差。在今后的生活中她就会放松自律，做出有损社会公德的事情，从而也使她失去社会性人格的发展机会。

作为妈妈，应该检视自己的一言一行，以身作则，在立身修德、做人做事等方面给女孩树立良好的榜样，在潜移默化中引导、教育女孩，让女孩自觉地规范自己的言行，修炼自己的品格，顺利地走上成功的人生之路。

妈妈们，不要只是站着，只用手比划或指点着你企望你的女孩征服的高度。自己努力攀缘吧，她们就会跟上来！

在家中扮演好家长的角色

很多妈妈在对女孩的教育中，无一例外地充当了老师的角色，她们教女孩功课，布置作业，给女孩报班……女孩感叹：放学回家后又是上学，真累！即使是这样，妈妈们也抱怨，花了这么多心思，好像没获得多大的效果，女孩们还不理解妈妈的良苦用心。妈妈要改变观念，找准自己的定位。作为妈妈，你要明白，在家庭中，你不是一个老师，而是一个妈妈，是一个要让女孩身心灵得到全面健康发展的现代妈妈。

要教育好女孩，妈妈首先要摆正自己的位置，扮演好当妈妈、做家长的角色。

在给女孩足够的爱和关心的基础上，妈妈还要再做到以下几点，才能使家庭教育收到比较完美的成效。

第一，责任明确。

在教育女孩的过程中，要让女孩明确自己的责任。有这样一个故事：女孩已经适应了学校的生活后，妈妈和女孩说好以后要自己起床，不要父母一遍遍地喊，所以妈妈给女孩定的闹钟是7点20分。第一天闹铃响了，女孩却伸手把闹铃关掉，又继续蒙头大睡，妈妈也没采取措施，结果女孩睡到近9点才自己醒来，非常着急，央求妈妈打电话给老师说明情况，妈妈却对女孩说："这完全是由于你自己不能按时起床而造成的后果，所以要自己处理。"结果女孩迟到受了批评，以后再也没有在闹铃响后赖床了。女孩自己该负的责任要让女孩明白并让女孩自己承担，妈妈不要事事包办，这样才能培养女孩的责任意识。

第二，对女孩说话要坦白。

不少妈妈不轻易把自己内心的事告诉女孩，或者在子女面前无法坦然面对自己的失误等，也许是不想让女孩担心，也许是考虑女孩还小不懂事。但这样的强者不败的虚荣形象，会让女孩长大之后，一旦看到妈妈出现差错，就会感到非常失望，难以理解。

如果妈妈出错，在女孩面前不故意隐瞒，使女孩了解原来父母妈妈也是常人。"人非圣贤，孰能无过？"妈妈不是万能的，也有不知道的事情，要让女孩知道“走自己的路”是至关重要的。

第三，教导女孩注重礼节。

常会看见女孩们在餐厅或马路上到处走动，在公共场所大吵大闹，甚至穿着鞋子踩在坐垫上……纵容女孩这些不当行为是错误的。有的妈妈认为不能轻易给女孩压力，要给女孩自由，这是给错了地方，给错了方向。

第四，多管女孩的行为，少管女孩的功课。

很多妈妈非常重视女孩的功课学习，而对女孩的行为则很少关注。多管女孩功课，虽然能暂时让女孩学到一些知识，但是往往使女孩失去了学习的兴趣，也使得女孩失去自主决断和独立做事的能力，得不偿失。多管女孩的行为，少管女孩的功课，才会养育成有自主和自制能力的女孩。

在家庭教育中要做好分内事

孩子出生后，从小到大，几乎三分之一时间生活在家庭之中，都在接受着家庭的教育。这种教育是在有意和无意之中进行的，不管是以什么方式、在什么时间进行教育，都是家长以其自身的言行随时随地教育着孩子。这种教育对孩子的生活习惯、道德品行、谈吐举止等都在不停地影响和示范，潜移默化的作用非常大。可以说，孩子的性格和行为习惯的养成，家庭教育起着决定性作用。

家庭教育有学校教育、社会教育不可替代的作用。家庭是一个小的社会细胞，是女孩出生后的第一个环境。女孩的全部生活始终与家庭小集体有密切的联系。作为女孩第一任老师的妈妈，应时时把握好教育女孩这一关。

第一，妈妈以身作则，为女孩做出榜样。

妈妈的“言、行、举、止”都将在女孩的心灵上铭刻下难以泯灭的痕迹。对女孩思想、性格、品德的形成会产生深远影响。所以，妈妈要以身作则，讲文明、讲礼貌，有意识有步骤地教给女孩待人接物的礼仪，循循善诱，持之以恒，使女孩耳濡目染，从小就受到善与美的陶冶与感化。

若妈妈的素质、言行不足以让女孩依赖，妈妈经常说空话，那么女孩就不听你的话，家庭教育的特点、优势就发挥不出来。为了提高自身的素质，妈妈要多读育儿书籍。

第二，给女孩提供良好的家庭环境。

俗话说“近朱者赤，近墨者黑”，在一定意义上说明了环境对人的影响作用。古代曾有“孟母三迁”，从“其舍近墓”到“迁居市旁”，最后徙居“学官之旁”，终于使孟轲在学官的影响下，成为学者。可见环境对人的影响多么巨大。

因为环境因素具有广泛性、经常性、自然性、偶然性等特点。尤其是自然性的特点，它有与教育相平行的影响，也有与教育相矛盾的影响，这对女孩的身心发展有时是有利的、积极的，有时是不良的、消极的。所以，不能低估环境因素的作用。幸福和睦的家庭氛围和良好的亲子关系是培养女孩极其重要的条件和保障。

妈妈要努力为女孩创造一个民主、宽松、好学、上进的家庭环境，促进女孩心智、健康、学习等各方面的成熟与成长。有的女孩在良好的家庭环境影响下，可以较早地显示某些方面的特殊才能，为人处世也表现出优雅得体的风范。

生长在有着良好家风的家庭中的女孩是幸福的、快乐的、健康的，同时妈妈也因女儿的成长和进步而深感骄傲和欣慰。

以身作则，用行动去做表率

想让女孩健康地成长，成为一个有用的人才，除了供孩子吃、穿、学习之外，还应该时时注意为孩子增加一份精神营养，即良好的教育。或许有的妈妈不以为然。关于孩子的教育，自己在家经常讲，老师在学校天天讲；广播里说，电视里说，报纸杂志上也不断地宣传，难道这样的影响力还不够吗？答案当然是否定的。

对孩子的教育，不仅仅要靠学校、靠社会的宣传，更要靠孩子的家长，把它实实在在地落实到实际行动上，落实到每一件小事上。

孩子本没有什么大事情，但是孩子终究要长大成人，小事做不好，大事也难成；小毛病不注意，大毛病很快就会找上门。从小事做起，学做人，学做事，是孩子人生之路自始至终都要学的一门最重要的基础课。

无数成功人士的经验证明：从小养成的好习惯会伴随人的一生，终身受用。而家长在孩子良好的行为习惯形成方面起着至关重要的作用，直接影响孩子行为习惯的养成，影响孩子对社会和人生的直接看法。

当你的女儿一脚踏入绿茵茵的青草坪，或者随手将一块果皮扔在了地上，作为妈妈的你，这时应该怎么办？毫无疑问，立即劝阻女儿不要践踏小草，告诉女儿要将果皮拾起来扔进果皮箱，并告诉她这样做的好与不好。这就是对女孩道德观的一次最直接的影响和教育。

古人说得好：勿以善小而不为，勿以恶小而为之。女孩子年龄小，判断是非的能力还不强，在是与否的认识上还很模糊。俗话说树大自然直，然而事实并非如此。人的道德水平与人的年龄并不同步增长，不是有很多成年人，其道德水准仍保持在幼稚的以自我为中心的幼儿时期吗？！不是有许多人，早已过了弱冠之年，仍伸手向父母要这要那，或者随意破坏公共卫生和秩序吗？！

因此，妈妈想要让女孩养成良好的道德品质，自己首先要规规矩矩做人，勤勤勉勉做事，为女孩做出表率。

形象是一种润物无声的教育

虽然女孩具有很强的模仿能力，但她们的判断能力却还不很强，加上妈妈在女孩心目中的不可替代的重要地位和与妈妈的朝夕相处对她们耳濡目染、潜移默化的影响，导致她们不可能也无法准确地判断妈妈言行的正确与错误。在她们看来，自己的妈妈所说的和所做的都是自己可以学习也是应当学习的。所以，从这个角度来看，妈妈应当十分注意自己的形象。

不用责备打骂、不必苦口婆心，当你意识到女孩存在这样的缺点、那样的毛病时，请您揽镜自照，看看“病根”是不是在您的身上，因为您的形象对女孩就是一种无声的教育。

不少妈妈习惯以对话的方式让女孩做这做那，和女孩进行交流。其实，有时候试一试用无声的语言，即自我形象来教育、影响女孩，效果可能会更好。

妈妈在教育女孩时务必使自己的体态自然大方、动作讲究得体，让女孩感到自己的稳重、端庄却不失亲切、随和。尤其要注意，妈妈在外面有什么不顺心的事情，绝不可以回家把气撒到女孩身上。否则，久而久之会形成女孩偏执、狭隘的性格，并形成自卑心理。平时，妈妈对女孩一定要注意多用柔和、温存、真诚的眼光，这将会使女孩产生一种良性反应，使女孩感到心情舒畅、身心愉悦，对生活充满信心，学习也会追求上进。

从塑造女孩的正确审美观念上来说，妈妈穿着得体、整洁朴实，在女孩面前总是保持美观整洁、大方得体的外观形象，女孩就将得到非常具体的美的形象和美的教育。

以下这些行为妈妈们不要做：

（1）夫妻吵架，互不相容。

（2）带女孩到公共场所去，随地吐痰、擤鼻涕、抢座位、跨越栏杆、摘花草……

（3）不善于与邻居和睦相处，常常因小事耿耿于怀，指桑骂槐，恶语相对。

（4）愤世嫉俗，有很强的“权力欲”和“金钱欲”。

家庭是社会的细胞，女孩是祖国的明天，每一个家庭实际上都担负着不可推卸的培养教育祖国下一代的责任。把女孩培养成为有出息、有作为的人，有各种条件、因素和方式，但最直接、最重要的就是家长自身的表率作用。如果每一位妈妈都能以身作则，把自己的女孩教育好，那么这个家庭就是一个幸福的、有希望的家庭。如果每个家庭都是健康幸福的家庭，那我们的社会就会安定祥和、充满朝气。

做优秀的导航手，引导女孩树立理想

张雪学习成绩一直不大理想，其他方面也是表现平平。她经常认为自己长大以后没什么出息，在父母和同学面前时常流露出对前途没有信心。

平时，张雪总让人感觉缺乏生气。她不知道自己为什么要学习，因此学习也不努力，有时想起来了就做几道作业题，但其实她也并不特别爱玩。

有一次，老师布置了作文《长大以后》，张雪不知道怎么写，因为她不知道自己长大以后要干什么……

理想是女孩人生的奋斗目标，也是女孩不断进取的动力。没有理想的女孩就会失去前进的动力，会表现出缺乏学习的热情和激情，终日无所事事，碌碌无为地度过每一天。

女孩理想的形成有一定规律：小学时期处于理想的准备、萌发期，中学时期处于理想的形成期，高中时期则是理想的确定期。可见，中小学是女孩形成理想的关键时期。因此，妈妈要注意引导女孩树立崇高的理想。

妈妈应该通过各种方法来了解女孩的理想。比如，在日常生活中，妈妈可以询问女孩："你将来希望成为怎样的人""你觉得学习是为了什么"等；在观看电视、电影的时候，妈妈可以借机问女孩："你觉得这位模范人物怎么样？""他有什么值得你学习的地方？"妈妈也可以与老师取得联系，从女孩的作文、周记等方面去了解女孩的理想。了解女孩的理想可以让妈妈了解女孩的心态，及时引导女孩树立远大的理想。

如果女孩经常谈论她的理想或者目标，妈妈不要嘲笑女孩的理想，而是应该鼓励女孩把理想说出来，同时引导女孩向着自己的理想去努力。

例如，一个8岁的女孩会说自己的理想是当个科学家，这时，妈妈要引导女孩把这个理想写下来，并把它当成行动的计划，去做一些能够实现理想的事情，这样才能把理想变成现实。比如，妈妈要教育女孩好好学习科学知识，可以让女孩在一年内学习两册科学知识读本。当然，并不一定是要树立当科学家、政治家之类的远大理想才有意义，实际上，理想没有高低贵贱之分，不管女孩的理想是什么，只要她能够坚持自己的理想不断努力，这才是最关键的。更何况，在实际过程中，许多人年幼时的理想往往会在成年后发生改变，这非常正常。而理想的作用，只是给女孩树立一个努力的方向。

理想是每个女孩都挂在嘴边上的词语，但并不一定每个女孩都理解其中的内涵，但妈妈一定要明确，从小树立正确的理想，其价值将贯穿女孩的一生。在女孩树立理想的过程中，妈妈要做一个优秀的导航手。

家庭环境对女孩的影响有多大

家庭环境是立体化的、从头到尾的“三维教材”。就像青蛙在不同的环境中会改变不同的体色，女孩在不同的家庭环境中会形成不同的个性。家庭环境具有强大的影响力，它给女孩耳濡目染、潜移默化的力量。

家庭环境和氛围对女孩的影响：

影响一：影响女孩的品质。

品质是一个人个性的反映。家是社会的缩影。女孩长期置身于某种道德氛围中，可能产生与家庭同样的道德心理。这是因为女孩小，学到的知识少，缺乏道德评价能力，往往服从家长的权威，以家长的判断为自己的判断，并在道德情感的推动下，内化为自身的道德观念，表现出一定的品德行为。另外，家长是否以身作则，对形成女孩的品德具有更直观的心理意义。

影响二：影响女孩的情感。

女孩的情感是脆弱多变的，需要家长的爱护和关怀，特别是学龄前儿童和学龄初期的女孩，更需要家长直接的爱，表现为需要家长亲切的话语和身体的接触。在女孩不安、恐惧时，表示安慰；在女孩进步时，表示称赞和鼓励；在女孩痛苦时，表示安慰和同情；在女孩委屈时，表示理解。总之，在家庭中，通过家长的音容笑貌、亲切话语所创造的对女孩充满爱的氛围，会使她们的身心得到放松，心情舒畅地感受家长关爱的幸福。日久天长，女孩会以同样的爱心回报家长，这会使她们的情感世界不断地丰富。

影响三：影响女孩的认知。

女孩认识客观世界需要有安定的环境和外部的激励，家庭氛围的好坏很大程度上决定家庭所提供的上述条件的优劣。在良好的家庭氛围中，女孩的学习不受干扰，宽松的学习空间能使女孩的思维顺畅，有利于对知识的理解和探究；家长的经常关心、启发和各种形式的激励，会使女孩形成正确的学习动机，获得良好的学习效果。由于家长对知识的浓厚兴趣和执着追求所形成的勤奋好学的家庭氛围，能潜移默化地影响女孩形成正确的学习态度和方法，从而使智力和能力也得到充分发展。

影响四：影响女孩的健康。

家庭氛围不仅影响女孩的心理健康，而且也影响女孩的身体健康。长期生活在良好的家庭氛围中的女孩，心情愉快，兴趣广泛，性格开朗，喜欢交际，她们生活休息有序，加之适度的体育锻炼，体质会不断增强。相反，长期生活在不良家庭氛围中的女孩往往会过度焦虑、心情压抑、自我封闭，甚至会存在心理障碍，由此会造成女孩饮食不足、思维不灵活、身体各部分的机能不能发挥最佳水平，影响身体发育。

创建家庭氛围，让女孩飞向广阔蓝天

小娟的父母有段时间爱吵架，两个人都是意气用事，吵过就忘了。可是，一天，妈妈无意中看到了女儿的私人日记。才知道他俩吵架的一些话，让女儿很受伤。女儿有一次听到父母吵着要离婚，躲在被子里哭了一个小时，第二天一整天都没心思听课。妈妈看后，心里很难受。从那天起，她再也没和爸爸当着小娟的面争吵，有什么事情，也都是关上门在卧室里讨论。妈妈还常对小娟说："我和你爸，偶尔争争嘴，可感情还是很好的。"小娟看到父母这样恩爱，觉得自己的天空又变得晴朗了，学习起来也不再分心了。

家长的情绪对家庭氛围的形成起着关键的作用。家长由于种种因素形成积极的或消极的心境，然后将这种心境投射于女孩，使女孩感染和家长同样的心境，而且彼此间相互强化，很容易形成家庭心理氛围的反馈和网络结构。如果家长双方的情绪不一致，则女孩的心理调适就比较困难，久而久之会给女孩造成巨大的心理负担，甚至引发心理疾病，也影响女孩的身体健康，更影响女孩的性格和成长。

父母恩爱的家庭、和睦温馨的家庭，会使女孩子感觉到温暖，家对她有一种吸引力，让她愿意在家里待着。在这样的家庭里，女孩子心理发展才会健康，性格才会走向成熟。

有良好环境氛围的家庭，夫妻关系和谐，互相尊重，彼此理解。对孩子给予真诚和理智的爱，家庭成员之间感情融洽，志趣相投，态度和善，思想活跃，心态相容，反映出互爱的高尚情调和积极向上的气息。在这样的家庭环境氛围中成长的女孩，想不优秀都难！

家庭和睦美满，是女孩子健康成长的基本前提。在友爱和谐的环境中，女孩子感觉幸福的同时，也能学会付出爱与和谐。为了女孩子的健康成长，妈妈们，请和爸爸们一道创造良好的家庭氛围吧！

那么，怎样创造和谐家庭氛围呢？

第一，家庭各成员之间交流思想、相互尊重，任何人都不使用污言秽语。

第二，全家人在一起进行体育活动、游戏，尽可能一起到公园玩玩。

第三，家庭某成员生病时，大家都能给予关心和照顾。

第四，对家庭的重大问题，如购买贵重物品、安排节假日活动等，大家在一起商量决定。

第五，对女孩子的各种提问，要热心地、不厌其烦地给予答复。

第六，要知道女孩子的要好朋友和在校的基本情况。

第七，为了使女孩子增长知识，要经常让她帮做一些力所能及的事情。

第八，不过多地限制女孩子的兴趣和爱好，当发现她做得不对时，能给予启发和教育。

第九，要让已经懂事的女孩子大概知道家庭的经济收支等一般情况。

第十，不单方面破坏同女孩的协定，如某项实在办不到，应当面向女孩解释。

附录一
好妈妈给女孩的50句成长忠告

1. 人生的高度取决于你的梦想。

2. 要保持一颗谦逊的心。

3. 诚实守信是你的立身之本。

4. 心灵美永远胜过外表美。

5. 知识比一头美丽的秀发更重要。

6. 提升自己的气质和修养是一生都要做的事。

7. 先要学会自爱，然后别人才会爱你。

8. 让追求卓越成为你终身的习惯。

9. 这世界上只有你自己才是最可靠的。

10. 不等靠不依赖，自己的事情自己做。

11. 所谓慈善不是你捐的钱，而是你的心。

12. 让爱心在自己心灵深处生根。

13. 顺境不抛弃，逆境不放弃，乐观让你与成功相伴一生。

14. 美丽源于自信，坚持走自己认定的路。

15. 永远相信自己，你是独一无二的，你的语调，你的风格，你的态度，都是不可替代的。

16. 不要怀疑你的想法、你的声音、你的美丽、你的天赋。你是无与伦比的。自信能让你在向往的方向上走得更远。

17. 你的身体是属于你自己的，你应该照顾好它。

18. 不要因为担心犯错而不去尝试。允许自己犯一些错误。如果你犯了错，要懂得从中学习，然后振作起来继续前进。

19. 学习并不只是为了拿到一个好成绩，更重要的是要在学习中提高自己的素质与修养，掌握正确的学习方法，掌握必要的知识技能，学以致用，使自己能全面发展。

20. 把时间花在阅读和探索自然上，你对世界和自身的了解，基本上就从这两样东西中来。

21. 要有一双善良的眼睛，一颗温柔的灵魂，一颗广阔的心境。

22. 不要让别人践踏你的想法，淹没你的声音，要勇于发声，敢于坚持自己的想法。

23. 友情是一份珍贵的礼物，但如果不用心对待的话，它也很容易消失不见。

24. 如果一个人让你消极，你就离他远一点。让那些善良、大方、充满活力的人围绕在你身边。

25. 每一天都对生活表示感恩。怀着感恩的心是让生活平和安详的秘密。

26. 不少女孩自诩牙尖嘴利，说话不把对方逼到南墙不罢休，殊不知她们极可能吃亏就吃在嘴巴上。

27. 玫瑰带刺，兔子咬人，每个人心里都住着一个小魔鬼，你要做的就是不将它激怒，放它酣睡百年。

28. 不管生活怎么对待你，你都要坚持做一个性情平和、内心美好的人。因为，你温暖就会迎来春天，你冷酷就有可能遇上冬天。

29. 作为女孩子，无论何时何地都应学会锋芒不露，学会委婉表达，哪怕得理，也得饶人。

30. 一个人，不可能永远得意，也不可能永远失意。得意时，你要清醒，淡定看待；失意时，不退缩，坚持下去。

31. 亲人只有一次缘分，这辈子，即使无法与你一路伴行，但在风雨交加的时候，总会想着为你遮风挡雨一程。

32. 花前月下漫步总是美好的，甜言蜜语更是迷人，可别忘了现实中还有风霜雨雪。

33. 不要以为世界少了自己，地球就转不了，不要以为个人渺小，就自我放弃和抛弃。

34. 一个人的未来由知识、能力、态度决定。知识可以通过学习获得，能力也可以在实践中增长，而态度却由习惯养成。

35. 你要找那些比你强大的人做朋友，尤其记住，在朋友落难时，一定要施以援手。

36. 不要老在别人面前倾诉你的困境，袒露你的脆弱。

37. 用美的眼光看生活看世界，每天给自己一个快乐的心情。

38. 嫉妒是一服毒药，伤害了别人，也伤害了自己。

39. 获得知识的道路没有捷径，把“勤奋学习”写在书的扉页上。

40. 世上没有十全十美的东西，没有十全十美的人，关键是你要清楚自己想做什么样的人。

41. 不要总是去挑剔别人，在要求别人进步之前，要让自己先进步。

42. 钱很重要，但不能依靠男人或父母，自己一定要保持一定的赚钱的能力。不要把找个有钱人当成自己的标准，那样你永远得不到幸福。

43. 要远离泡沫偶像剧，不要沉溺于这种造假的童话氛围里，否则会让它们吞噬你的美好青春，扭曲你的人生观与价值观。

44. 保护好自己的尊严。你可以没有钱财，但不能没有自己的尊严。

45. 女孩的天空可以是明亮的，也可以是悲伤的，但要记住，它一定是有追求的。

46. 如果你把自己标榜成什么样，那就只能生活在自己给自己设下的心牢里。

47. 忍耐并不是懦弱，也不是伤自尊，而是一种宽容的美。

48. 生活里会遇到很多不公平的事情，也会遇到很多让你无法接受的人。你不能改变环境，但可以改变心情。你不要改变别人，但可以改变自己。

49. 不要轻易交朋友，但是想交朋友，你就要对他们付出真诚，你对别人好与不好，别人也都清楚地看得到。用自己的真诚与那些有思想的优秀人交朋友。

50. 只有积极向上的情操才会让生活变得美好，要相信明天一定比今天会好。

附录二
日本妈妈培养女孩100句金言

1. 妈妈要做有责任的好榜样。

2. 孩子的未来是由父母创造的。

3. 每个女孩都是独一无二的，都是天使。

4. 得到妈妈的关怀和信任，对于女孩子来说，无疑都是前进道路上的原动力。

5. 作为妈妈应该有这样的认知：对于孩子来说最好的人生道路是说不清、道不破的。

6. 靠着父母的价值观走出的人生道路，孩子是没有幸福可言的。

7. 给孩子制订明确的目标，虽然也算是一件让孩子受惠的事情，但是与此同时，这样也让孩子未来的道路变得狭窄。

8. 孩子未来的道路，是由孩子自己来选择的，为了孩子的幸福，父母要成为孩子强有力的后盾。

9. 相信孩子有无限的可能，让孩子能够相信自己，这些都是为人父母的义务，不然孩子以后就会慢慢失去梦想。

10. 女孩的人生由父母的说话方式来决定。

11. 女孩的将来跟父母的表达方式密切相关。

12. 女孩总是受到正面语言的表扬，那么，她的自我意识就是积极向上的，在实际的行为上也会表现出积极的一面，言行就会一致，相辅相成，最后形成一种螺旋上升的趋势。

13. 母亲先考虑一下自己的人生道路，可以使女儿也更加努力地追逐自己的人生。

14. 母亲要在日常的生活当中，坚持以以身作则的观念来培养女孩子。

15. 妈妈要温柔守护女儿的梦想。

16. 作为妈妈一定要站在女儿的立场，跟女儿一起，对女儿的梦想要温柔以待。

17. 过分干涉非但没有益处，还会影响孩子的健全发展。

18. 即使是略带强制语气的话语，也会让孩子心生厌烦。

19. 无论做什么事情，只要将其作为“新游戏”，并给孩子以积极的引导，孩子就能乖巧听话。

20. 让女孩自己去做决定，自己的事情自己做。

21. 为了培养女孩子独立自主的能力，女孩子自己能做的事情尽量让他自己做。

22. 为了你的孩子，请妈妈们放手，让孩子自己去努力吧！

23. 倾听很重要，父母要学会聆听孩子的想法。

24. 父母善于聆听，孩子才会有所提高。

25. 如果父母面对社会拥有自己的梦想，那么为了梦想拼搏的姿态会成为一面镜子，时时刻刻照着孩子，孩子自然而然也会拥有自己的梦想。

26. 孩子时时刻刻都在看着父母，超乎我们想象地观察着父母，从中获得各种感受。总而言之，父母的言行给孩子带来的影响，比父母想象的更大。

27. 父母每天怎样生活，怎样度过一生，孩子观察着父母的一言一行，一天天地长大，渐渐地就执着地认为原来长大就是这样。

28. 如果父母工作一天，筋疲力尽，回到家牢骚满腹，那么孩子就会不想长大。如果父母每天朝气蓬勃、神采奕奕地享受自己的人生，那么孩子就会想快点长大。

29. 如果父母希望自己的孩子能够拥有梦想，人生充满阳光，那么父母自己也应该拥有梦想，并让孩子看到你为之拼搏的身影。也就是说应该用你的身影来说话。它比起用嘴说更充满力量。

30. 没有什么比父母更能够理解孩子，更令孩子安心的。因此不要把注意力关注到事情上，更应该关注的是孩子的情感，应该体谅孩子的心情。唯有如此，才能培养出情商高的孩子，亲子关系才能够更融洽。

31. 如果我们希望自己孩子的人生充满光明，并且能够幸福成长，作为母亲的自己就应该有积极的世界观，向孩子传达正能量的语言。

32. 妈妈要注意不能随便插手孩子的事情，除非是万不得已的情况，比如孩子一个人没有办法完成的事情。

33. 妈妈要让女孩懂得：不管是谁，只要想生存下去，都需要他人的帮助，或者去帮助他人。相互关照才能更好地生活。

34. 妈妈要时常告诉自己的女儿，一旦遇到不懂的问题，要勇于去请教别人，当别人也遇到难题来请教自己的时候，自己也要乐于解答，这才是想在这个社会生存下去不可或缺的能力。

35. 有自己的世界，有自己想做的事情，是为母子各自独立的那一天做准备。

36. 妈妈一定要让女儿明白这一点：不懂就是不懂，不能装懂。不懂就坦诚地说出口，然后请教别人，这才是解决问题的关键。

37. 妈妈要向女儿传送这样一个道理：专注于自己的喜好，在自己擅长的领域取得一定的成绩，同时还能够发挥自己的作用，再试着寻找一种能够将自己的价值还原到社会中的方式，这才是有意义的人生。

38. 能快乐地学习，那就要让孩子在学习方面，保持“我会，我能，我做到了，我真高兴”这样一种学习态度。这样一来，孩子自然也会产生“我对学习很在行”这样的自信心。

39. 为了让女孩发挥她的无限可能性，作为妈妈，要对“孩子一定比自己更优秀，孩子一定能够超越自己”这一点深信不疑。

40. 孩子的大脑功能其实是很强大的，因此，从婴儿时期妈妈就开始培养孩子善于开动脑筋的习惯，会起到非常好的效果。

41. 让孩子树立信心，坚信自己的能力，有独立的判断能力，有自己动手解决问题的能力，这些都要从小坚持培养，才有可能培养出孩子的聪明大脑。

42. 培养孩子的聪明大脑不是一蹴而就的，而是通过日积月累，从各个方面来进行训练而成的。

43. 不管是什么样的孩子都能够培养出聪明大脑。

44. 妈妈要在12岁以前锻炼女孩子的脑力和心智。

45. 在女孩子6岁以前，尽可能多地刺激她的五官，培养她开动脑筋的好习惯。

46. 在女孩子进入初高中以后，孩子也进入了青春期，妈妈要尽量少干预，做到充分相信孩子，对孩子彻底放手。

47. 在12岁之前用心培养女孩子的学习习惯，女孩子一定会学会自主学习，并且能够为自己的将来做打算。

48. 如果在小学的时候，女孩子能够自主学习，并且能够具备一定的自立能力，在上中学以后，这样的女孩子大多能够成为独立自主的孩子。

49. 作为妈妈，一定不要随波逐流，要有自己的判断力：这条道路适不适合我的孩子？我的孩子能适应这个学校吗？这样的学习方法对我的孩子有效吗？等等，都要有一个客观的认识。

50. 每个孩子都是独一无二的，所以，适合孩子的道路、学校等都会有所差异。

51. 当孩子持续地体会到了成功或者出色地完成某件事情后，学习这样的事情也就不在话下了。

52. 妈妈要时常告诉女孩子：如果自己能够帮到他人，自己的人生也会丰富起来。

53. 妈妈在教育女孩子的时候真要诚地把自己的情感传达给女孩子。

54. 妈妈要对自己的信念坚定不移，对女孩子要持永远支持的态度。

55. 请妈妈们用能激发女孩子热情的说话方式和女孩子交流吧！

56. 妈妈不要吹毛求疵，在女孩进入注重仪容的青春期前，就让她们自由发展吧！

57. 妈妈每次都和女孩子讲道理可能是件麻烦的事，因此可以在女孩子面前适当地让让步。

58. 妈妈学会放手是教育孩子中十分重要的一课。

59. 为了孩子的将来，妈妈必须让孩子拥有独立面对人生的勇气和决心。

60. 如果想要改变孩子与人打交道扭扭捏捏的情况，可以让其练习大声说话，而最有效的方法是，妈妈以为孩子树立打招呼的好榜样。

61. “老师”这个词汇其实就是可以瞬间提高自我印象的词汇。把孩子当作老师进行交谈，对于激发孩子好奇心、拓展孩子优势、迅速提高孩子干劲非常有效果。

62. 告诉孩子汗水不会白流。只有这样，才能培养出坚持不懈、百折不挠、持之以恒的孩子。

63. 如果妈妈对孩子期待过高，觉得自己的孩子应该做得更好，那么就无法看到孩子的优势。

64. 父母常拿自己的孩子去和其他的孩子进行比较，这种做法不好。这会打击孩子健康成长的渴望，所以要多加注意。

65. 如果谁表扬了我们的孩子，无须谦虚，请一定要道谢之后坦诚地接受，然后传达给孩子。不仅是受到亲人的表扬，受到周围人表扬的感觉也能给孩子带来自信。

66. 孩子的耐心并不是天生就有的，需要后天培养。

67. 要想让女孩子遵守约定，妈妈首先得自己遵守约定。

68. 应当在女孩子小的时候就教育她们节俭。

69. 有些父母自己很节俭，但对孩子却很大方，这虽然表现了对孩子的关爱，却并不是一种明智的爱。

70. 要经常告诫女儿要节约，不应该肆意挥霍。要让她懂得，所有的一切都来之不易，要知道珍惜。

71. 如非必要，绝不要帮女儿去做她自己能做到的事。如果任何事情都代女儿做，那么就相当于剥夺了她锻炼的机会，也会让她养成对自己的行为不负责，甚至对他人产生依赖的坏习惯。

72. 要经常告诉女儿，只有做到不依赖别人，才能成为一个独立、自信而骄傲的人。

73. 从女儿很小的时候就开始让她自己穿衣服、洗脸、吃饭、上卫生间等，以此培养她的独立能力。

74. 如果放手让女孩子做，比如说照顾自己，或者是帮父母做家务，她会觉得自己会做那些事情非常了不起，无形中就树立了自信心。长大以后，她会非常独立，喜欢自己的事情自己做，而且还会乐意帮助其他人。

75. 妈妈要有意识地对女儿独立和勤劳的品德进行培养。

76. 妈妈应当对女儿的能力有信心，应当指导并陪女儿共同探索。

77. 孩子不能一直生活在父母的庇护之下，而要学会适应生活，寻找机会锻炼并培养自己的能力。孩子只有在这样的情况下才会愿意做自己应当做的事情，从而形成勤劳的习惯。

78. 妈妈的溺爱，向女儿传递了一个错误的信息，认为自己只能依赖妈妈，自己什么也做不了，这会使她失去学习照顾自己的机会，因而丧失自信。从小缺乏信心的孩子往往会成为一个怯于探索的人。

79. 妈妈不应事事顺着孩子，而应当有意识地让孩子了解做家务是很重要的。

80. 妈妈不要命令孩子做什么，而是要把道理讲明白。

81. 妈妈要让女儿懂得：勤劳是受人尊敬的第一步。

82. 只有妈妈能够一直保持好的习惯，女孩子才会有继续坚持的信心。

83. 重视女儿良好生活习惯的培养，并在日常生活中对她进行教育。

84. 有些父母在发现孩子的不良行为后，就开始责骂惩罚。这种做法是错误的。正确的做法是注意教育方式，不管在任何情况下都不要伤害孩子，做到对事不对人。

85. 在女儿还是一个小女孩的时候，妈妈就要常常教导她要做一个有爱心、有同情心的人，因为这样才能赢得大家的尊重和喜爱。

86. 妈妈要告诉女儿，凡事都有相对性，一个只关心自己的人，是得不到别人关心的。

87. 在女孩子特别小的时候，就应该培养她的自信心。这就要求妈妈随时反思自己对待孩子的态度，不能以爱为借口溺爱她，也不能代她包办所有的事情。

88. 不要替女孩子做任何力所能及的事情。假如代劳了过多的事情，她会因此失去发展自己能力的机会，同时也剥夺了她树立自信心的机会。

89. 家庭的可贵之处在于注重培养子女的独立生活能力，而不是过分地呵护孩子。

90. 父母若照顾过多，孩子不但会因此失去锻炼与进步的机会，还会觉得自己能力不足，进而失去自信心。

91. 为女孩子代劳力所能及的事，会严重伤害她的积极性，因为这让她失去了实践机会。其后果是她丧失自信与勇气，也会感到恐惧，没有安全感，因为安全感是以能力为基础的。

92. 父母们自认为为子女代劳是无私的，事实上却是剥夺了孩子发展自身能力的权利，要知道，孩子成长的最关键因素就是自立。

93. 孩子们自己能做的事，就放手让孩子自己去做，切忌事事代劳。

94. 如果希望孩子成功地走向外面的世界，一定要从小培养孩子自立、自信的品质。但是，如果我们为孩子包办一切，就不可能达到这个目的。而且，在溺爱中长大的孩子，内心是畏缩、缺乏勇气的。

95. 孩子自信心养成的最好方法，就是给孩子机会自主选择，让孩子看到正确的结果。

96. 在女孩子成长过程中，一个非常重要的手段即鼓励女孩子，让她产生自信心，妈妈应时刻注意这一点。

97. 每个孩子都有独特之处，在孩子之间相互比较往往有害无利。因此，父母不能复制别的孩子，而是做到从每个孩子的实际情况出发，让孩子自立、自信地面对生活。

98. 孩子也有犯错的权利，因此，要鼓励孩子多尝试，勇于犯错，敢于面对失败，同时设法维护孩子的自尊和自信。

99. 让孩子意识到自己属于一个集体、家庭，是鼓励孩子的重点。孩子通过我们的鼓励会明白：人生真正的乐趣就在于让周围的人感觉到自己的存在。

100. 日常生活中的点点滴滴，有助于女孩子认识良好品德的重要性，更有助于她们树立正确的人生观，因此，家庭才是教育儿童的最佳场所。

附录三
美国妈妈培养女孩100句金言

1. 生活是最好的课程，妈妈是女孩子最好的老师。

2. 作为母亲，在享受做一个幸福的母亲的同时，一定要多花点心思在孩子身上。

3. 妈妈是女孩子的启蒙老师，生活中的每个场景都是一本教材，妈妈就是根据这本教材来给女孩子上课的。

4. 不要过度拘泥于眼前一些琐事，要以宽厚仁慈的禀性来对待自己的孩子，对自己不成熟的地方，妈妈也要多进行自我反省。

5. 有的父母不愿意以身作则，却总是对孩子提出各种要求，给孩子下各种命令，要求孩子可以做什么，不可以做什么。这样做是不可能教育好孩子的。

6. 若一味给女孩子怜悯和帮助，她就会因此丧失斗志，止步不前，而这对女孩子的成长来说，是有百害而无一利的。

7. 与那些在父母包容宠溺下长大的孩子相比，那些虽然有身体缺陷，但却不觉得自己可怜，有着坚强的意志，健康的心态，和战胜困难的决心与毅力的孩子，有着更高的能力，而且也要幸福得多。

8. 关怀与帮助，而不是包揽一切，才是正确对待孩子的态度。

9. 鼓励孩子，让孩子尽快适应正常生活，而不是大包大揽，孩子才能得到真正的幸福。

10. 有的父母从来都吝于赞赏自己的孩子，导致孩子的自信心逐渐萎缩；有的父母对孩子呵护过度，结果造成孩子对父母的依赖，无法很好地发展自身能力。如果孩子从小受到的照顾太多，就得不到必要的锻炼，成年后通常会变得保守怯弱。

11. 孩子就像父母的影子，孩子的所有品行，无论善恶都来自于父母，特别是母亲。

12. 母亲的打扮既不应太过随便，也不要浓妆艳抹。否则，她的威信就会大打折扣，而这正是教育孩子失败的开始。

13. 如果父母可以真诚地对待事业、家庭与生活，保持良好的习惯，子女必然会尊重他们。

14. 父母赢得子女尊重的关键在于自身的言行。

15. 父母应以平和的心态面对子女。

16. 首先反思自己的行为，看是否能赢得子女的尊重。这种自我反省的态度可谓是对孩子最好的教育。

17. 教育孩子时千万不要摆出权威的架子，不要居高临下地向孩子提出什么要求。

18. 身教胜于言传。如果妈妈能严格要求自己，女孩一定可以学会严格要求自己。

19. 一个优秀的妈妈，必须是一个有爱心、负责任的好妈妈。

20. 妈妈不仅要关心孩子的成长，还要在培养孩子的过程当中不断摸索经验，一方面注重学习培养孩子的知识，一方面注意自我提升，掌握正确的方法，身体力行，用积极的态度来引导孩子。

21. 妈妈要用最合适的方法教育孩子，舍得在孩子身上花时间，以乐观的态度解答孩子所有的问题。

22. 一个合格的妈妈，需要不断进步，不断提升自己，不断改进教育方法，直到孩子长大成人，离开自己身边的那一天为止。

23. 母亲必须把教育女孩子视为一项重大任务，并且认真地完成这个任务。

24. 母亲会为纠正孩子的某个不良习惯而煞费苦心，但是却因为认识错误或者方法不当而失败，甚至适得其反。

25. 要想成为一位合格的母亲，不但要学习教育孩子的相关知识，还要积累生理和心理方面的知识与实际经验。

26. 每个孩子都是与众不同的，所以母亲应该具备独创性，通过自己的实际体验不断思考摸索。

27. 应该信任孩子。只有相互信任，教育才能有一个好开始。

28. 母亲应当努力成为有独创性的聪明妈妈，因为只有这样才能有效地培养自己的孩子。

29. 母亲必须先进行自我教育，才能培养出杰出的女孩子。

30. 妈妈应当用宽容来善待女孩，只有这样女孩才能体会到妈妈的信任。只有这样，女孩才有可能对妈妈不设防，愿意向妈妈吐露心事。只有这样，母女之间的交流才能顺利进行。

31. 有了彼此间信任的支持，纵使孩子沾染了坏习惯，也更容易改正。

32. 如果想培养好女孩子，那么首先就应该充分相信她，只有这样女孩子才有可能成为一个优秀的人。只有信任女孩子的能力、才华和品质，她才能走好人生旅途的第一步。

33. 年轻的妈妈应当从细微之处观察自己的孩子，努力了解孩子的内心世界，用不同的方法正确地引导孩子，使其能够更健康、茁壮地成长。

34. 教育孩子要根据孩子的不同性格，因材施教。

35. 每个孩子特点都不尽相同，所以，父母需要花时间找出这种差异，并据此采取不同的方法。

36. 作为父母，听取别人的意见只是教育的一部分，最主要的还是应当充分了解孩子的个性，以便据此采取最适宜的教育方法。

37. 父母必须了解孩子内心的想法，对孩子有充分、全面的认识，否则什么教育方法都是无稽之谈。

38. 父母应当尊重孩子，和孩子平等沟通。

39. 父母应该首先从内心改变自己，就像对待朋友一样，以平等的方式对待孩子，如此才能顺畅地与孩子进行思想交流、沟通。

40. 父母总想抓住一切机会向孩子灌输道理，可事实上，孩子根本不能接受这种“填鸭”式的教育，甚至还会心生厌恶和反感。父母总是希望孩子能事事顺从，对孩子提出百般要求，却不告诉孩子为什么这样做。长此以往，孩子不仅不会听话，反而会产生叛逆心理，抵制父母的要求。

41. 从某种程度上来说，交流，尤其是有效的交流，是一门值得研究的艺术。因此在和孩子交流时，应当采取恰当的方式。

42. 只有尊重和理解孩子的想法，才能有效地与孩子交流。

43. 对待孩子，父母也需要用真诚和理解的态度。只有这样，父母们才能真正了解孩子内心的想法，才能用恰当的方式帮助孩子解决成长中的烦恼。

44. 妈妈要乐意多花时间和女儿沟通，满足女儿对亲情的需求，让她愿意和自己分享心事和心情。

45. 任何人都不喜欢听人发号施令，不管孩子还是大人，因此，在教育女儿时，不要对她下命令，而要采用一种巧妙的方式，不说出想要她做什么，让她自觉去做；也不说出不让她做什么，让她自觉地不做。

46. 强迫女孩子学习没有用，甚至会适得其反，因此，尽管母亲是出于好意，但这样做的结果往往事与愿违。

47. 最为有效的方法是引导女孩子正确看待学习，而非命令她们学习。

48. 妈妈要努力培养女儿的自控能力，让她养成有规律的生活习惯。

49. 对孩子不理不睬，漫不经心的母亲是不称职的；但对孩子过分溺爱、迁就，或采取错误方式粗暴地教育孩子的母亲，不管其内心多么关爱孩子，都是不称职的。

50. 别光是希望自己的孩子成为聪明的孩子，还要用嘴巴说出来：你就是聪明的孩子！

51. 赞美之词、信任之言，能让女孩子快速成长。

52. 妈妈在跟女孩子说一些正面的语言的时候，这种能量就会传递给女孩子，同时，自身也会迸发出一股正能量。

53. 孩子的语言能力由婴儿期语言教育决定。所以，妈妈从一开始对女儿说话时，就特别注意精选语句和标准发音。

54. 让女孩养成主动学习和解决问题的好习惯，可以使她的智力得到充分开发。

55. 独立解决问题的素质，为女孩子未来人生道路奠定了坚实的基础，为她创造了优越的条件，使她在日后能够取得杰出的成就。

56. 坚持是成功的关键。持久的恒心与坚强的毅力使女孩子在日后获益匪浅。

57. “暂停”是解决女孩子哭闹的好办法。这是在采取非暴力手段让孩子停止发“疯”，而不是为了惩罚孩子。

58. 尊重是让孩子理解平等的开始。

59. 孩子有着复杂的情感，不是一个任人摆布的玩具，而是一个活生生的人。

60. 告诉女儿：与人为善，对自己，对他人，对周围的环境都大有好处。

61. 每当女儿做好事时，妈妈都要给予充分的肯定。女儿做了好事后，要适时地夸奖她。

62. 孩子非常重视父母的注意和表扬。孩子犯了错，父母必须提醒和予以纠正；同时，在孩子改正错误并养成好习惯后，父母也应该加以充分的肯定，以便孩子有自信去做正确的事，并渴望获得更好的成绩。

63. 比起带着受指责的坏心情，带着愉悦的心情更容易让孩子养成好习惯。

64. 虽说多数孩子会承认大人的权威，但过多责备仍会让孩子产生逆反心理，从而影响到教育效果。直接采用正面鼓励的方法，效果会更好。

65. 要长期关注孩子点点滴滴的进步，同时还要及时予以鼓励。

66. 年轻的妈妈应该学会适当夸奖孩子，不要错过生活中能促使孩子进步的一丝机会。

67. 妈妈要培养和满足女孩子的好奇心，不想阻止她探索这个世界的热情。

68. 要让女儿明白：等待必不可少，失望也在所难免。她懂得这些道理之后，将来会从中受益很多。

69. 要培养孩子的耐心，首先自己必须要有耐心。

70. 只有留给孩子充足的时间，才能有助于加快孩子做事的速度。而且，父母的宽容还会促使孩子严格要求自己。

71. 和自己的孩子说话，没必要顾虑重重。说错了，没必要担心面子问题，大大方方地收回原话即可。毕竟，说话的对象是自己的孩子，和她争那一口气，何必呢？倒不如把这个精力放在孩子的教育上。

72. 妈妈要让女儿明白：人要有勇气改正错误，并做出理智的让步。

73. 与那些固执专横的父母相比，勇于承认错误、乐于探索新途径的父母，要可爱多得多。

74. 妈妈务必使女儿懂得：一个成熟者，必有负责心，也必有发奋图强的精神。

75. 孩子都有按照心中所想享受生活的权利，如果剥夺了孩子的这种权利，就会给孩子的个性造成难以愈合的创伤。

76. 要时常告诉你的女儿：懂得如何从生活中寻找快乐的人，不仅能够出色地完成工作，而且还能够通过工作找到幸福。

77. 从女孩小时候起，妈妈就要有意识地让她学会接受失败，追求希望，勇敢地迎接挑战。这都是为了让女孩将来能够有一个幸福的人生。

78. 用真正的爱心对待女孩子，才是培养女孩子的最佳方法。

79. 孩子应当感激父母的养育之恩，但若父母以恩人自居，就有让孩子产生逆反心理从而引发对立的危险。

80. 相互尊重，才是亲子关系融洽的基础，即便孩子还小，父母也应该尊重孩子。

81. 很多父母都愿意花费大量时间应酬陌生人，以便给他们带来事业上的收益，但在孩子身上，这些父母却不愿意多下功夫，总是随便对待自己和孩子之间的约定。这样做既不利于孩子的成长，也不利于父母与儿女之间建立深厚感情。

82. 要教育女孩子学会如何理解别人，如何与人为善。

83. 父母在费尽心血教育孩子的过程中，时常会忽视那些最有利于孩子健康成长的因素。如此一来，父母的不辞辛劳非但将化为泡影，孩子的童年也将被笼罩在痛苦的阴影中，甚至整个家庭的日常生活也会出现很多麻烦。

84. 父母在给孩子灌输知识或者培养一些技能的过程中，如果操之过急的话，只会让孩子对学习心生厌恶，甚至情绪低落，对孩子的生活造